清宫私房事儿

Qing Gong
sifangshi

李寅 ◎ 著

团结出版社

图书在版编目（ＣＩＰ）数据

清宫私房事儿 / 李寅著. -- 北京 ： 团结出版社,
2017.11
ISBN 978-7-5126-5348-1

Ⅰ．①清… Ⅱ．①李… Ⅲ．①宫廷－史料－中国－清代－通俗读物 Ⅳ．①K249.09

中国版本图书馆 CIP 数据核字(2017)第 171603 号

出　　版：团结出版社
　　　　　（北京市东城区东皇城根南街 84 号　邮编：100006）
电　　话：（010）65228880　65244790 （出版社）
　　　　　（010）65238766　85113874　65133603（发行部）
　　　　　（010）65133603（邮购）
网　　址：http://www.tjpress.com
E-mail：zb65244790@vip.163.com
　　　　　fx65133603@163.com（发行部邮购）
经　　销：全国新华书店
印　　装：三河腾飞印务有限公司

开　　本：163mm×240mm　　16 开
印　　张：16.5
字　　数：213 千字
印　　数：4045
版　　次：2017 年 11 月　第 1 版
印　　次：2017 年 11 月　第 1 次印刷

书　　号：978-7-5126-5348-1
定　　价：39.80 元

目　录

前　言

　　清王朝是由满洲贵族建立起来的一个政权，带有许多民族特点。尤其是它的宫廷制度，神秘而富有传奇色彩，是许多喜爱清文化人士追逐的热门话题。大清王朝自 1616 年起至 1911 年清廷逊位，先后历 12 帝，即太祖、太宗、顺治、康熙、雍正、乾隆、嘉庆、道光、咸丰、同治、光绪和宣统。期间，爱新觉罗家族坐拥天下，广涵九州，普天之下万物为之独有，包括女人。以文献所载，清帝后宫等级分明，秩序井然，列皇后、皇贵妃、贵妃、妃、嫔、贵人、常在和答应 8 个等级，虽不像汉唐那样美女如云，却也能达到三宫六院、妃嫔成群的程度。考之清宫后妃的生前死后，或争宠后宫，或随侍巡幸，或角逐帝储，或风花雪月……把这些女人日夜守望的大清后宫搅得沸沸扬扬。至今人们仍能通过这些冰冷的后宫建筑，窥视当年冷艳美妇的娇影。

　　清宫是一个永远也讲不完的话题，而生活在深宫中的那些女人们，则更加引人注目，尤其是近年来一些清宫剧的推波助澜，把清朝宫廷的是是非非、爱恨情仇尽情渲染，亦真亦幻，真假难辨。前几年上映的《甄嬛传》，以及后来的《如懿传》等，尽管甄嬛、如懿等人物的名字是作者虚构的，但在清宫等级制度、生活方式乃至文化的细节上都有了更进一步的体现。这里，仅以《甄嬛传》为例，大家确实看到很多与史实相符的情节和镜头：比如甄远道夫妇入宫见亲生女儿甄嬛，设计的情节是对的，在大堂之上，需先行君臣之礼，父母向女儿下跪；而进到里间，则要行家人之礼，女儿需向父母尽晚辈孝道。但是，影视剧的细致刻画仍然不能还原真实的历史原貌，比如《甄嬛传》中的女主们所戴护指，一律为金光闪闪的金护指，那是不对的，实际上，她们会根据季节变化而变换护指：冬季戴用棉护指，里面有棉花，可以保暖，防止指甲在低温中断裂；夏季戴用玉护指，凉爽宜人；春秋则戴用金护指和银护指。所以，我们很有必要以史实为依据，揭开清代后宫的神秘面纱，还原一个真实的清后宫世界。

为此，作者梳理了大量史料，以清宫人物为线索，以点滴史实为依据，为读者层层揭开大清后宫的神秘面纱，还原一个真实而生动的深宫世界。倘能如此，作者将无比欣慰。

李寅

2017 年 9 月

第一章

一入宫门深似海

一切事物都是一样，无规矩不成方圆。对于深宫来讲，只有一个成熟的男人，那就是皇帝，剩下的就只有后妃和宫女、太监了。多疑的皇帝担心后宫会出现种种问题，于是只好通过建立制度来约束这些生活在自己身边的熟悉又陌生的人们。而初进入深宫的女子，都会怀着一颗好奇的心，是惴惴不安的，也是充满希望的。

1. 地位的诱惑

女子进入宫廷，成为皇帝的女人，这件事情，除了新郎官也就是皇帝之外，两种人会非常关注。一是后妃们的父母，也就是外戚。他们当然抱有很大的希望，甚至准备大沾其光。二是后妃本人，作为当事人，在身份和地位发生变化的同时，心情也是复杂多变的，有期待、有幻想，神秘的宫廷生活会吸引和感染着她们，初期的心理反应是冲动和激动，接下来或许就有不同程度的失落感，会比较普遍。事实上，大多数妃嫔的婚姻不会如愿，巨大的心理反差会让她们郁郁寡欢。

从皇帝的角度而言，哪一个男人不喜欢漂亮的女人呢？皇帝也是一样。可是，清朝的皇帝由于受到时事的影响，往往很难像民间男人娶女人那样简单，尤其在建立政权之初，考虑更多的不是女人的美貌，而是政治问题，即这个娶进来的女人是否有利于政权的巩固，这就是所谓的政治联姻。

皇太极的政治联姻

关外二帝大体如此。努尔哈赤和皇太极两人出于政治上的和军事上的需要，通过联姻来巩固和扩充自己的军事实力。即努尔哈赤的部落通婚和皇太极的绥靖蒙古通婚政策。

努尔哈赤的孟古姐姐为叶赫那拉氏，是其父杨吉努为巴结努尔哈赤而形成的婚姻，其目的是为了达到与建州女真冰释前嫌的目的；而大妃乌喇那拉氏，则是乌喇部头领布占泰的侄女，为了回报他，努尔哈赤将侄女嫁给布占泰。通过互通婚姻使得努尔哈赤和满洲部落间的关系密切起来，为统一女真各部奠定了情感基础。努尔哈赤通过自身联姻形式，将满洲各部已基本稳控住了，为了实现自己远大的政治抱负，他采用绥靖蒙古的政策，他的后宫中就有寿妃和安布福晋均为蒙古博尔济吉特氏。而这两位妃子都是努尔哈赤的战利品，是努尔哈赤率军击败蒙古部族后，其部族首领送到手的佳人，而努尔哈赤也乐得其所。

皇太极的婚姻政治意味就更浓厚了，皇太极的后妃中，孝端文皇后、孝庄文皇后、宸妃海兰珠等，均为蒙古博尔济吉特氏，是蒙古部族的贵族世家，也是蒙元蒙古的后裔。而懿靖大贵妃和淑妃除了姓博尔济吉特氏外，又都是蒙古北元末代大汗——林丹汗之妻，不但拥有一定资财，还有很深的政治影响。所以皇太极的后宫中，前数诸妃都是蒙古贵宦之女，符合当时绥靖蒙古的战略政策。有趣的是，皇太极在接受林丹汗的妻室时，也曾有所顾虑，因为这些女人不但年纪老，而且长得不漂亮，使他很不情愿，但考虑再三，还是接受了她们。

海选秀女

入关以后，随着政权的稳固，清统治者爱新觉罗家族君临天下，在选择女人的问题上就不再那么委屈自己了。适时地规定了选秀女制度，就是说所有的满洲女子，都是皇帝的备选后妃，不经过皇帝选看是不准出嫁的，这真是历史上最厉害、最霸道的占有了。

选秀女是顺治帝的一大发明。其缘由是中宫皇后博尔济吉特氏被废，顺治帝在他年满16岁时，对自己的婚姻进行了冷静的思考，于是下谕："选立皇后，作范中宫，敬稽典礼，应于内满洲官员之女，在外蒙古贝勒以下，大臣以上女子中，敬慎选择。"这是选秀女的开始。以后历代清帝王的后妃，都是通过这种选秀的方式来实现后宫女子的选拔。

清入主中原以后，秀女是在八旗（包括满洲八旗、蒙古八旗和汉军八旗）中选择，共24旗。需要指出的是，寻常人家的女子结婚，娘家是要准备嫁妆的。可是，入宫的女子则一般不许准备嫁妆，乾隆皇帝有过明确的谕旨。如需嫁妆，要提前报皇帝批准，才可带进宫中。所选秀女不仅是皇帝后宫女子的主要来源，也是赐婚近支（即三代以内血亲）的主要来源。此外，还有内务府包衣三旗选秀女。八旗选秀每 3 年一次，由户部主持，包衣三旗选秀每年一次，由内务府主持，这些女子是承担后宫杂役的宫女。可是，这种选秀女的方式在咸丰年间曾有一段逸闻。传闻，文宗选秀女，有一女子直言道："东南发匪方炽，不闻朝廷选将命师，尚于此时循例选秀女耶？"语多侃直，文宗不治其罪，取消了此次选秀女的活动。这种选秀女的活动，一直持续到溥仪大婚，虽然清王朝已经覆灭，"逊清皇室"仍然为小皇帝大婚海选秀女。

在清廷 268 年的时间里，共选秀女 80 余次，而每次当送 2859 个秀女备选，数目相当可观。

父母之命　媒妁之言

清宫后妃的另一个来源是指婚。指婚或赐婚，指的是皇帝或太后为宫

清末秀女照

外的王公贵戚指定婚姻。实际上，在皇宫后院中，也存在这种指婚。皇帝或太后指定某女入宫，这些女子大多是从那些名门望族选拔出来，赐给皇子或指婚给小皇帝。如康熙帝的孝诚仁皇后为孝庄指婚给玄烨，雍正帝的孝敬宪皇后是康熙帝为其指婚，乾隆的孝贤皇后为雍正帝指婚，嘉庆帝孝淑睿皇后为乾隆帝指婚，道光帝的孝穆、孝慎二后均为嘉庆帝指婚，咸丰帝的孝德皇后为道光帝指婚。而同治、光绪两幼帝虽走了选秀女的过场，但他们的皇后必须由太后做主，选择那些名门闺秀入主后宫。同治之后阿鲁特氏由慈安做主，光绪帝的皇后则是慈禧的亲侄女，是正宗的太后指婚。

那么，作为堂堂的一国之主，皇帝对自己老婆的选择有没有自主权利呢？那要看皇帝是否已经成熟，是否有了自己的亲政经历，否则不可能实现自主婚姻。

比如顺治帝的董鄂妃、乾隆帝的香妃等，以及咸丰帝的"四春"之宠，都当视为皇帝成年后，在自己相中的女子中召幸为妃的事例。

为爱痴狂的顺治帝和董鄂妃

顺治帝独宠董鄂妃，当是皇帝自主婚姻的典范。

顺治乃多情帝君，尤其早期没有掌握权力，受多尔衮压制多年，性情暴戾。自董鄂妃入宫后，却表现得异乎寻常。

董鄂妃，即孝献端敬皇后，董鄂氏（1639—1660年），满洲正白旗人，为内大臣鄂硕之女。关于董鄂妃，历史上有两个传说，一是有人说她是名妓董小宛。有人说，满洲入关前，清豫亲王多铎率大军攻入南京，将绝代佳人董小宛掠入宫中，献给顺治帝。董小宛不顺从，不肯屈就清帝，自杀身亡。或说她为替丈夫报仇，委身于顺治帝，伺机报复，终未成功，含恨而死。这段哀婉的传说流行很广，并被搬上了荧屏。历史上，董小宛确有其人，她生于明天启四年（1624年），字青莲。她大顺治帝15岁，顺治帝出生时，她已是秦淮名妓了。她19岁时嫁给了江南才子冒襄。冒襄（1611—1693年），字辟疆，江苏如皋人，明末清初文学家。顺治二年

（1645年）董小宛23岁时，清军攻破南京城，冒襄为躲避清军，带着董小宛隐居乡下，屡次拒绝清官吏的举荐，立志不仕清廷。董小宛随夫辗转于乱世达9年之久，顺治八年（1651年）董小宛在贫寒中死去，年仅28岁。关于这个传说，台湾文史大家高阳先生引经据典，论证了董鄂妃就是董小宛，言之凿凿，令人不得不信。但是，严肃的史学家是坚决否定的。在此，本文不作争论。

第二个传说是有人说她曾是和硕襄亲王博穆博果尔的福晋。这一说法源于当时供职于清廷的德国传教士汤若望的回忆录，"顺治帝对一位满籍军人的夫人起了一种火热爱恋，当这位军人因此申斥他的夫人时，竟被当朝天子亲手打了一个极怪异的耳光。这位军人于是愤懑而死，或许是自杀而死。皇帝遂将这位军人的未亡人收入宫中，封为贵妃。"这位未亡的军人夫人就是董鄂妃，而那位死去的军人就是博穆博果尔。这种观点被电视剧作品广为使用，却早为严肃史学家驳斥，并引用史料加以考证，在此不作赘述。而这桩令顺治帝最满意的婚姻，在史料中也多有记载。

顺治帝对董鄂妃的特殊宠爱首先表现在封号的快速晋升上，董鄂妃18岁入宫，顺治十三年八月立为贤妃，九月即晋皇贵妃。这种直升机式的晋升速度是绝无仅有的。不仅如此，顺治帝还破例将此颁诏天下，普天同庆。按制，册封妃嫔，并无颁诏之举，更无为此而大赦天下的先例。

还有就是破格立董鄂妃所生之子为皇太子。这个小皇子于顺治十四年出生，实际是皇四子，顺治帝爱屋及乌，居然称为"第一子"，其用意至深。可惜，此子寿命不永，殁后称"荣亲王"。顺治帝为其修建了豪华的陵墓，葬黄花山。

董鄂妃死后，顺治帝悲痛过度，做出了很多过分的事情：（1）破格为之作传。顺治帝先是亲自为董鄂妃作《行状》，洋洋洒洒数千言，极力夸赞爱妃的一生。接着，又命大学士金之俊为董鄂妃作传。（2）破格为之大办丧事。顺治帝在董鄂妃死后第三天，即以皇太后的名义追封她为孝献端敬皇后；到棺椁出殡的时候，顺治帝更是很过分地令"八旗官员二三品者轮次抬枢"，让朝廷大员为妃子抬棺材，闻所未闻。（3）破例为董鄂妃殉葬活人。殉葬是个陋习，令人谈虎色变。可是顺治帝却残忍地命30名太监和宫女为董鄂妃殉葬。（4）大闹皇宫，意欲出家。顺治帝大吵大闹，寝食难安，有时甚至不思饮食，闹绝食、闹自杀，让皇太后无所适从。更有甚者，顺治帝居然自行剃掉头发，准备出家，还是孝庄太后采取了果断措施，闹剧才被终止。

麻雀一夜变凤凰

清朝皇帝一般情况下是不使用年轻的宫女的，可能这是象征清帝廉洁简朴的标志吧。但是，并不是每个皇帝都能如此自律，有的皇帝也会对漂亮的宫女想入非非。尤其当那些有身份的后妃年老色衰时，皇帝会逐渐与她们疏远。可是，她们怎么能甘心皇帝落入他人之手呢？于是，会想出利用自己身边漂亮的宫女来吸引皇帝的眼球，只要皇帝看上了自己的宫女，就不愁控制不了多情的皇帝。《金瓶梅》中的潘金莲就是通过这种办法，利用自己的侍女春梅来勾引西门庆，进而达到自己控制西门庆的目的。细查清宫档案，这种情况会有一些，因为皇帝在宫中临幸后妃时，随行的宫中的女子如果被皇帝看中，都可供皇帝宠幸，宫女们也愿意由此而改变自己的命运。

咸丰帝的玫妃，原为宫女，后被看中，一路攀升，居然有了身孕，生下一子，最终晋为贵妃。咸丰帝风流成性，放荡不羁，有民间传说他曾宠爱过市井汉人之女，拢入圆明园，日夜临幸为欢，称为"圆明园四春"。

考证"圆明园四春"，果有其人。查中国第一历史档案馆的原始档案，发现咸丰九年四月十一日敬事房传旨：长春宫女子海常春封为禧贵人，次序在吉贵人之次。"四春"分别为禧妃、璷妃、吉妃、庆妃，其出身均为宫女，他们的父亲不是厨役、主事，就是杂役和园户。由于长相俊美，颇得帝宠，可惜都未能生出一男半女。这恐怕是咸丰皇帝风流过度的结果，不仅"四春"娘娘没有生育，他的大多数后妃也都没有生育，自此敲响了大清王朝即将绝嗣的丧钟。

咸丰妃嫔行乐图

但这些人在宫中的地位还是相当低下的，她们不会作为皇后的候选人而主宰后宫。如乾隆帝的哲悯皇贵妃，姓富察氏，父亲是一个佐领，乾隆还是皇子的时候，她便侍奉在侧，就像《红楼梦》中的袭人侍奉贾宝玉一样，由于长相漂亮，做事得体，深得弘历之心，两个人偷偷相爱，并在弘历19岁那年为之生育了第一个皇子永璜，三年后再生皇二女。可惜，哲悯皇贵妃寿命不永，就在乾隆继位前一个月，她病逝了。乾隆为了表达对她的爱意，于乾隆十年追封她为皇贵妃，并在乾隆十七年恩准她葬进乾隆裕陵地宫，与皇帝合葬，这也许是她做梦都没有想到的事情吧。

2. 民族的烙印

我国是个多民族聚居的国家，清王朝是个以满洲贵族统治为主体的封建王朝，其后宫在民族构成上必然呈现出明显的民族特征。

清朝诸帝中后妃人数多寡不一，其中努尔哈赤16人，皇太极15人，顺治帝32人，康熙帝55人，雍正帝25人，乾隆帝41人，嘉庆帝19人，道光帝20人，咸丰帝18人，同治帝5人，光绪帝则只有3人，统计起来概为249人，这只是档案中明确记录的数据，实际上由于皇帝具有至高无上的权力，不可能受到人数多少的限制，真实情况比这些可能要多得多。比如，康熙帝的宫廷档案中，就有数百位大答应、小答应，不过由于她们没有生育或没有得到正式册封，而未能载入玉牒，最终不能葬入皇家陵园。

前文所述，努尔哈赤起兵之初，为了统一女真，将自己的婚姻定位在部落通婚上，也就是女真各部间互相通婚；而皇太极则采用满蒙联姻的政策，以达到满蒙军事上的合一地位。所以这两位首创帝王定下的婚姻格调一以贯之，从来没有改变过。大清后宫中，基本上是以满族和蒙古族这两个民族的女子占据主导地位。从现有档案分析，清宫后妃的民族构成主要有五类。

强势的蒙古贵族

主要是博尔济吉特氏家族的女子。强大的蒙古实力，使得清帝在择后时，不得不加以考虑。博尔济吉特氏，居内喀尔喀蒙古五部之一的科尔沁部，为蒙元成吉思汗的直系后裔，乃蒙古一大姓，世代贵族，人口繁衍兴盛，具有一定的政治势力。努尔哈赤兴起时，博尔济吉特氏尚认识不到他的前途。到太宗时，博尔济吉特氏台吉等诚心归服，太宗、世祖俱赐以宗室封号，亲如骨肉，结为姻亲，累世不替。在清朝27位皇后中，博尔济吉特氏女子就有6位。这一特点，在清初表现得最明显，皇太极朝2位，顺治朝2位。康熙以后，蒙古对清廷的影响越来越小，其后宫中女子的所占份额也就越来越少，雍正、乾隆、嘉庆时期基本上没有显赫蒙古女子入宫。而在清廷中所封的21位皇贵妃中，就没有蒙古族属，因为只有到康熙以后，皇贵妃这一等级才被正式载入史册，就充分说明了这一点。

血统纯正的满洲贵族

满族女子在清宫中的份额，自始至终占有绝对优势，其理由不言而喻，是为了保持满洲血统的纯洁。在27位皇后中，除去6位蒙古族，2位隶汉军旗外，其余的19位均为满洲女子。

清帝在满洲内部择后时，是很注意门第观念的。那些在满洲历史上正辉煌或曾经辉煌的大姓，是其选后的重要标准。如钮祜禄氏，是满洲八大姓之一，在清王朝鼎建时，其先祖曾发挥过重要作用，因而清王朝27位皇后中就有6位为钮祜禄氏，分别为康熙朝1位，雍正朝1位，嘉庆朝1位，道光朝2位，咸丰朝1位。而另一大姓叶赫那拉氏中占据3位，分别为太祖时1位，咸丰朝1位，光绪朝1位。乌喇那拉氏中占有2位，雍正朝1位，乾隆朝1位。所以，在清宫后妃中，满洲女子的门阀地位很重要，尤其是皇后、皇贵妃的重要位置，基本上为门阀大姓所垄断。而对于妃嫔的选择就不那么讲究了，不仅普通人家的满洲女子会当选，有的甚至会选那些奴仆的女子，也许这是对那些多情帝君的一种补偿吧。

风口浪尖中的满汉通婚

历来有一种说法，满汉不通婚。这种说法源于顺治初年，孝庄太后曾颁下懿旨："有以缠足女子入宫者斩"。此旨悬于神武门内，严厉而带有政治色彩，使本来轻松有趣的话题带有了些许血腥味道。吴士鉴有诗为证：

光绪帝大婚图

华风纤巧束双足，妙舞争夸贴地莲。

何似珠宫垂厉禁，防微早在入关年。

另外，光绪二十七年（1901年）十月，慈禧太后也曾下懿旨："我朝深仁厚泽，浃治寰区，满汉臣民，朝廷从无歧视。惟旧例不通婚姻，原因入关之初，风俗语言，或多未娴，是以著为禁令。今则同道一，已历二百余年，自应俯顺人情，开除此禁。"两位太后的懿旨相隔二百余年，似乎在此时间内，满汉没有通婚。

不仅不准通婚，连那些喜欢汉装的女子也不能如愿以偿。咸丰三年（1853年）上谕："应选女子禁止时俗服饰，衣袖不得过六寸，其时俗叉子高头燕尾，宽大袍袖，汉式衣服，概不准滥行装饰。"又有诗为证：

六宫粉黛不轻施，宫里梳妆禁入时。

昨日大堂严谕止，宽袍燕尾汉装衣。

这其实是一条霸王条款，大家知道，乾隆就曾有多幅着汉装的画像传世，雍正也有十二妃着汉装的画像，为什么不许应选女子穿汉装呢？

满洲不与汉族通婚的理由是什么？不外是想保持满洲自身的纯洁血统。清初，典籍中确有这样的记载，"在京城的旗人之女，不准嫁与民人为妻。"然而，真实情况下，满汉真的不通婚吗？

其实，早在顺治五年（1648年），顺治帝就曾谕礼部："方今天下一家，满汉官民皆朕臣子，欲其各相亲睦，莫若使之缔结婚姻。自后满汉官民有欲联姻好者，听之。"同时，又谕户部："嗣后凡满洲官员之女欲与汉人为婚者，先须呈明尔部，查其应具奏者，即与具奏，应自理者，即行自理。"这些谕旨，就为满汉通婚打开了方便之门。也可以说，清初满汉通婚是有明文规定的。后来，清世祖顺治帝竟率先垂范，公开纳汉女入宫。清宫词中，曾有《汉女石妃》一首，记道：

通婚满汉始章皇，入选蛾眉许汉装。

金谷园中好春色，弓弯云髻拜昭阳。

　　诗中所记女子为石氏，《池北偶谈》载，"石氏，滦州人，户部侍郎申之女也。"《后妃传稿》中也作了明确记录，而石申为汉人无疑。这位北方汉族女子，踏着三寸金莲，摇曳着进入了并不欢迎她的内廷，是有记载的第一个闯入清廷的汉族女子，可谓勇敢、果断和富有智慧，因为在当时的情况下，石氏不但没有丧命深宫，相反很得宠，在民间留下了好多关于她的传说。资料记载，世祖甚至想"以汉女备六宫"，不过遭到孝庄文皇后的阻止而未能如愿。

　　世祖风流偶傥，公开纳汉女为妃，其他帝王如何呢？我们再查史料，发现康熙帝的密妃王氏也是汉女。她的父亲王国正是个知县，没有入旗。入宫后，王氏很得宠，康熙三十二年生下皇十五子允禑，三十四年生皇十六子允禄，四十年再生皇十八子允祄。王氏身体一直不错，康熙死后，她又活了22年，直到乾隆九年才去世，历经了三朝，70多岁，可谓长寿。

　　而雍正帝敦肃皇贵妃年氏，则仍属汉军镶黄旗，其本质出身是地道的汉人。此外，还会有一些汉军旗的女子入宫为妃，而且地位也很高。如嘉庆帝生母孝仪皇后魏氏，史书记为"汉人而投旗者"。其实，她为汉军旗包衣管领下人，出身寒微。入旗后，赐姓魏佳氏。对于这个女人，需要介绍一下。

　　孝仪皇后，也就是"令妃"，她有两个特点：一是柔嘉的女人。乾隆帝一直认为，魏佳氏是一位性格柔嘉之人，乾隆十年，晋封魏佳氏封号，首次称她有"柔嘉之质"（《清列朝后妃传稿》）；乾隆十四年，乾隆帝再称赞她有"柔嘉之质"；乾隆二十四年，称赞她"居心柔嘉"（《清列朝后妃传稿》）；乾隆六十年，乾隆帝追赠她为孝仪皇后，称赞她"淑顺柔嘉"（《清列朝后妃传稿》）。可以说，在乾隆帝的眼中，魏佳氏就是一个柔嘉的女人。二是年轻的女人。魏佳氏出生于雍正五年，小乾隆帝16岁。这个年龄，在宫中非常占优势。因为，乾隆帝25岁做皇帝，之前与他结婚的女人，年龄也大体如此。而当乾隆帝做了25年皇帝以后，皇帝已经50岁了，那些与他早年结婚的妃嫔们也已经四五十岁了，而魏佳氏则刚刚三十几岁，正是一个女人最佳的年龄。所以，乾隆帝五十岁左右的时候，他眼中的貌美妃子，魏佳氏恐怕是最佳的人选。

也正因为这样，魏佳氏在宫中如鱼得水，顺风顺水，备受乾隆帝的宠幸，因而，也就有了最大的收获。

其一，封号稳步上升。魏佳氏初入宫的时候，仅是一个地位低下的贵人，在后宫之中，位次是倒数的了，根本无优势可言。经过她的努力，这个女人的封号，居然稳步上升：乾隆十年，被封为令嫔；乾隆十四年，晋升为令妃；乾隆二十四年，晋升为令贵妃；乾隆三十年，晋升为令皇贵妃。从魏佳氏的宫中封号，我们看出，她是扎扎实实地由最基层的贵人升起，几乎没有跨越任何一个等级，可谓稳中求进。到最终，她的封号已经是最高的了，因为到乾隆三十年，她晋封为皇贵妃，皇后在第二年去世，那么，直到乾隆四十年魏佳氏去世，这十年的光景，后宫之中没有皇后，她就是宫中的老大了。

其二，宠冠后宫。宠冠后宫的标志就是，魏佳氏与乾隆帝生育了6个孩子，这是很不容易的事情。因为，在乾隆帝的后宫之中，妃嫔成群，也有更为年轻的女子，只有她和乾隆帝生育子女最多，这是一件很荣耀又很不易的事情。我们看看她的生育情况：乾隆二十一年，生皇七女；乾隆二十二年，生十四子永璐；乾隆二十三年，生皇九女；乾隆二十五年，生十五子颙琰；乾隆二十七年，生皇十六子；乾隆三十一年，生十七子永璘。我们从魏佳氏生育的年份看，从乾隆二十一年开始，乾隆帝46岁，魏佳氏30岁，一直到乾隆三十一年，乾隆帝56岁，魏佳氏40岁，他们之间保持了10年的生育期，也就是在这10年里，魏佳氏最为得宠，这在宫中十分难得。可以看出，在这段时间里，魏佳氏宠冠后宫，是乾隆帝在这一段时间里最爱的女人。

其三，在宫斗中大获全胜。其实，魏佳氏的得宠远不止这些。乾隆帝宠她，爱她，信她，给她以最优厚的待遇，让这个女人尽享胜利者的快乐。毫无疑问，魏佳氏是一个敢于挑战的冒险家，她的对手就是中宫皇后乌喇那拉氏。在后宫之中，那拉皇后的下面是令贵妃，位置是最近的了。可是，令贵妃心气儿很高，她有更高的要求，就是晋封为皇贵妃。但是，她确实犯了忌讳，因为皇贵妃的位置直逼皇后，为了不给皇后压力，清朝皇帝一般不设皇贵妃。尽管如此，她还是要得到这个封号。就在乾隆三十年，陪同乾隆帝南巡途中，在杭州的"蕉石鸣琴"，这一问题被提上了日程。皇太后、皇帝都支持魏佳氏，决定晋升令贵妃为皇贵妃。可是，那拉皇后坚决抵制，最终竟然以剪发相威胁。其结果是：那拉皇后"论其行事，即予废黜，亦所当然"（《清列朝后妃传稿》），被打入冷宫，乾隆三十一年七月，黯然死去。而魏佳氏，在皇后被打入冷宫、备受煎熬之时，她却如愿以偿，"乾隆三十年六月，晋封皇贵妃"（《清列朝后妃传稿》）。魏佳氏打败了皇后，大获全胜。

其四，儿子被立为皇太子。打败了中宫皇后，晋封为皇贵妃，魏佳氏如愿以偿。但是，这不是她的最终目标。乾隆三十一年，她又生育了乾隆

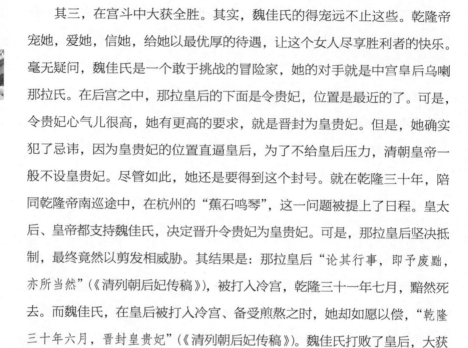

令妃

令妃，魏佳氏，嘉庆帝生母，即后来的孝仪皇后。

帝第十七子，使她达到生育 6 个子女的最高目标。那拉皇后去世后，她在宫中位置最高，到乾隆三十八年冬至节，她的儿子第十五子颙琰被"高宗密建皇储"（《清皇室四谱》）。虽然，魏佳氏并不能完全确定，但是，凭她的宫中地位，凭她的直觉，还是很有把握的。

其五，死后享哀荣。乾隆四十年，魏佳氏不幸病逝，走完了她 49 岁的人生。她的去世，使乾隆帝非常悲痛，他痛苦地写道："强收悲泪为欢喜，仰体慈闱屡念谆。"（《高宗御制诗四集》）表达自己悲痛而又思念的心情。到乾隆六十年，乾隆帝禅位，做太上皇，魏佳氏的儿子颙琰继位，她母以子贵，"著赠为孝仪皇后，升祔奉先殿。"（《清高宗实录》）她的神牌被摆放到太庙、奉先殿和陵寝大殿，她的棺椁被安放到裕陵地宫。这一切，都是那些宫中妃嫔们望尘莫及的事情，真是死后享哀荣。

由此，我们看出，魏佳氏这个女人真是太有心机了，不仅收获了最高封号，儿子也得以成为太子。更重要的，自己俘获了乾隆帝的心，使她成为乾隆帝后妃中生育最多的女人，也是乾隆帝最爱的女人。

诗人吴士鉴曾以《满汉通婚》为题，作诗一首：

> 汉姓难同色目侪，当年却特制诚乖。
> 东朝未下通婚诏，圣母曾闻氏魏佳。

有的专家称，康熙生母孝康皇后佟佳氏为汉人，说康熙大帝具有三个民族血统：祖母为蒙古族，父亲为满族，母亲为汉族。真是仁者见仁，智者见智。可是，笔者认为佟佳氏并非汉族，细考佟氏家族，原本女真，为辽东望族，但他们世代受封明朝官阶，被人误视为汉人，而他们本身也以汉人自居，说一口流利的汉语，汉化程度非常高，与汉人无异。后来，满洲人入关，定鼎天下，佟佳氏一族深感自己当年自称汉族有失远见，可是，要想族归满洲旗下，也并非易事，于是，他们被编入汉军旗下。到康熙时，以孝康章皇后、孝懿仁皇后母家为皇亲国戚，而将佟图赖、佟国维本支由汉军旗抬入满洲旗，所以，应排除在满汉通婚之列。

尽管如此，满汉通婚这一做法，在宫中总处在犹抱琵琶半遮面的状态之中，汉族女子和优秀的汉文化时刻在吸引着清代帝王。虽然，他们一再声称"宗室觉罗不得与民人结亲，违者按律治罪"（乾隆五十七年上谕），但处在大汉文化包围下的清代帝王，怎能做到这一点呢？所以，即使发生宗室联姻的事情，也只好听之任之，"不必离异"，只象征性地给一些处分而已。清史专家王钟翰先生曾就满汉通婚作过结论："恰恰相反，在清代官书《清实录》里即有大量准许满汉通婚的明文记载。"

维吾尔族传奇——香妃

乾隆帝的后妃中，居然有一位维吾尔族女子，这位女子在宫中封号为容妃。虽然她在宫中的地位不是很高，可是，近年来却被炒得红红火火，在画像上、在学术上、在影视作品上、在民间传说上、在葬地上都笼罩着神秘的光环，让人感到扑朔迷离，被当时和后世称之为"香妃"。关于她的真实情况，我们有必要揭开其庐山真面目。

关于香妃的身世，经过考证，她的真正封号为"容妃"。因她27岁入宫，有人推测她入宫前结过婚，但丈夫是谁无从考证，传闻她是叛乱酋首霍集占的王妃，乾隆平叛后，将其掠入宫中，强纳为妃。

《清史稿·后妃传》中记："高宗容妃，和卓氏，回部台吉和扎麦女。初入宫号贵人，累进为妃，薨。"其他资料中亦有类似的记载。容妃出生于雍正十二年（1734年）九月二十五日，小乾隆帝23岁。她的父亲为台吉和扎麦。实际上，"和卓"乃是对我国新疆及中亚、西亚等地伊斯兰教封建贵族上层的尊称，有创教者后裔和宗教学者两层含义；而"台吉"一词为爵位，为容妃之兄图尔都最初的封爵，而这一爵位又是世袭而来，所以推断，其父也应为台吉；"和扎麦"，却不是人名，而是称号，即"和卓木"，意为"我的和卓"，表示更加尊敬。那么，容妃之父真正的名字为"阿里和卓"，是回部第二十九世和卓。所以，按汉人的规矩，应记成这样："容妃，和卓氏，阿里和卓之女。"容妃的原名，史书上并无记载。只是到光绪年间，才在一些清人笔记中偶有出现。至于"香妃"名字的广泛出现，则是在清亡之后，一些关于清宫的疑案秘闻到处泛滥，就包括"香妃"的传说。近年学者考证其名为"伊帕尔罕"，"伊帕尔"乃为麝香，"罕"是维吾尔族女性名字常用的词尾。

容妃的哥哥名图尔都，反对割据，不屈服于叛酋霍集占兄弟，将全家从天山南路的叶尔羌迁往天山北路的伊犁定居。乾隆二十三年，当闻知清军征讨大小和卓叛乱之时，容妃的五叔额色尹偕同图尔都及堂兄玛木特，配合作战，平息了大小和卓叛乱，乾隆帝以功封额色尹为辅国公，玛木特被授一等台吉，图尔都也被封为一等台吉。乾隆二十五年四月初一日，额色尹、玛木特、图尔都等在京师落户，划享受朝廷俸米。

容妃一家定居京师后，于乾隆二十五年六月十九日，图尔都将妹妹送入宫中，封号为"和贵人"，时年 27 岁，而乾隆帝已 50 岁了。和贵人入宫后，在宫中受到特别礼遇，表现为：

位号屡封。乾隆二十七年五月十六日，奉皇太后懿旨，晋为容嫔，时年 29 岁。乾隆三十三年六月，奉皇太后懿旨，晋升为容妃，时年 35 岁，至此，封号不变。

民族信仰得到尊重。一是服饰上，在宫中允许穿维吾尔族衣服，并为其制作维吾尔族朝服。二是饮食上特殊关照。因为满族喜食猪肉，维吾尔族忌讳，于是，在宫中特为她准备有回部厨师名叫努倪马特，曾制作"滴非雅则""谷伦杞"两道名菜，并为其制作回子饽饽、羊肚丝、羊西尔占、五香鸡、羊肚片、羊他他士、酒炖羊肉、鹿筋羊肉等，并多次有鲜荔枝赏赐。三是允许回部杂技班入宫表演，以排解她的郁闷。其中玩小羊、玩绳杆、斗羊等都曾入宫表演，并得赏赐。四是多次随帝出巡，并多有赏赐，如南巡、东巡等。

容妃的得宠是个奇迹，因为在以满洲女子为主体的清宫后妃中，其他民族的女子是很难立足的，尤其是险恶的宫廷，加上挑剔的乾隆皇帝，会

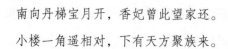

使得后宫妃嫔很难达到久宠不衰。但是容妃做到了。有诗为证：

> 南向丹梯宝月开，香妃曾此望家还。
> 小楼一角遥相对，下有天方聚族来。

乾隆宠爱容妃，世人多有流传，一些史学前辈也对其进行过多方考证。最具说服力的就是乾隆之建宝月楼。

史界近来反对宝月楼是乾隆为容妃而建的楼阁。因为宝月楼建于乾隆二十三年，而此时容妃尚未入宫。但史学前辈孟森教授仍认为宝月楼与容妃之宠关系匪浅。

孟森先生敬仰高宗之宠容妃，称其"兼露英主本色"。本来当时回部为"叛乱之邦"，其实正在平叛之内，回部之女不宜尊宠，但乾隆不能自持，牵爱于斯，孟森又解释为："夫尊宠其来归之女而灭其母家，是清室之家法。"并列举了太祖之于孝慈、太祖之于太妃（摄政王之母）等旧例，为乾隆纳容妃正名。

因而，孟森认为宝月楼初虽不是为容妃之设，但因高宗为宝月楼历年作有诗篇，如乾隆三十三年春节，有诗云：

> 淑气渐和凝，高楼拾级登。
> 兆杓已东转，西宇向南凭。

并有注：楼临长安街，街南俾移来西域回居之。

这首诗证实了宝月楼与回子营遥相对应，有人说，长安街迫近禁城，本不许民居相近，而刚刚平定的叛乱部族，却可在宝月楼前建回子营，是高宗为了慰藉容妃的思乡之情。

而且，孟森考证，乾隆帝多次御临宝月楼，在此娱乐作诗，抒雍雅之情。而《宝月尝荔图》正是这一时期的应景之作。所以，孟森教授以严谨的学识考证，宝月楼与容妃之宠大有干系。

关于容妃的画像，流传于世的主要有几种：香妃旗装像、香妃戎装像、香妃洋装像。此外，还有香妃"骑马递箭像"和"宝月尝荔像"。但这些画像一直有争议，有人认为根本不是容妃，又有人说其中的戎装像可能是惇妃所生的十公主，莫衷一是。经过专家考证，民国年间，陆夫人在清东陵裕妃园寝中发现的"容妃神像"是真实的香妃，我比较认可这个观点。细审这幅神像发现，容妃面容清瘦，长相端庄，是个美人胚子。

至于容妃为高宗生母赐死一节，则为笑谈。依宫廷档案，高宗生母孝圣宪皇后崩于乾隆四十二年（1777年）正月二十三日，寿86岁，而容妃则薨于乾隆五十三年（1788年）四月十九日，此时，皇太后已死去11年了。而且，容妃由贵人而容嫔而容妃，都是乾隆遵照皇太后的意愿而晋封的，何来太后赐死容妃之事！

容妃入宫后，身体一直很好，多次随帝出巡。但到乾隆五十二年十月初四日，太医向她进了平安丸一丸，看来她是得病了，直到乾隆五十三年三月十二日，首领刘芳传旨，赏容妃奶饼一盘。四月十四日，总管刘秉忠传旨赏春橘10个，5天后，即四月十九日，容妃死去，终年55岁。

容妃在宫中后妃的地位是一路攀升的。到乾隆四十二年，她

香妃洋装像

已名列第三，侍候她的太监、宫女就有 24 人。她死后，穿戴为：绣杏黄缎锦蟒袍一件、缂丝八团有水裙一件、桃红缎锦衫衣一件。身下铺：杏黄妆缎大褥一床、绿锦缎大褥一床、大红妆缎大褥一床。身上盖：大红妆缎被一床。身体旁边安放有：绣八团有水一套有衬衣。碧霞朝珠一盘，松石佛头塔记念坠角背云。玉如意一柄，表一个，容镜手巾、水晶鼻烟壶一个。福寿金正面簪三块，每一块上缀东珠三颗，小红蓝宝石五块，红宝石二块，螺子一块。金茶花一块，上缀六分重正珠一颗，正珠六颗，嵌金刚石。金火焰簪一块，上缀一钱六分重正珠一颗。金如意吉庆平簪一块，上缀正珠、东珠四颗，红蓝小宝石十一块，大蓝宝石一块。金荷叶扁豆蝈蝈簪一对，上缀正珠、东珠十八颗，红蓝宝石十四块。金荷叶蜘蛛簪一对，上缀大小东珠十颗，大小红蓝宝石十八块。金如意一支，金豆瓣簪四支，伽式正珠坠一副连金焰正珠六颗，重四钱。

关于容妃葬地。一说葬于新疆的喀什噶尔。其实，经考证，该墓为容妃曾祖父阿吉·穆罕默德·优素福·霍加的墓地，始建于 1640 年，位于喀什东门外，是一组大型的宗教建筑群。主要建筑有主墓室、四座礼拜堂和一座教经堂。而容妃真正葬地为河北省遵化市的清东陵裕妃园寝内。具体方位为前数第二排之东边第一号墓中。

乾隆五十三年四月十九日容妃死后，于同年九月二十五日葬入妃园寝中。容妃墓早年被盗，1979 年 10 月，雨季过后，墓前踏垛级石塌陷。经上级文物行政部门批准，对容妃地宫进行清理，发现其地宫结构完全为清式葬法，由两个券堂组成，金券内有青白石宝床，宝床上有一具旗材棺木。棺木红漆，与已发掘的清宫其他棺具无异，但是只有一层棺，无内棺，棺头正中有金漆的伊斯兰文数行，经辨认为"以真主的名义……"

在清理地宫中，发现了一具头骨和其他肢骨、体骨等，一条长 85 厘米花白发辫、吉祥帽、龙袍残片、宫中织物、如意、荷包、珍珠、宝石、猫眼石、钻石等物。

关于容妃的身体，说她"生而体有异香"，香气扑来，吸引了乾隆皇帝，使他魂不守舍，总想接近她。当时，"香妃"这个名字并不存在。查阅资料，最早出现"香妃"记载的是光绪十八年，肖雄在《西疆杂述诗》中留有记录。实际上，通过对容妃体骨进行科学检测，发现她具备维吾尔族人的体貌特征，却没有发现可以释放香味的特殊物质。"生而体有异香"的记载，应该是人为虚构的故事。

通过对香妃尸骨进行科学鉴定，得出如下结论：

从容妃头骨上分析，其方颅阔面而低额，是典型的维吾尔族的头型特征。

从她的头骨和花白发辫上分析，是一个年逾五旬的老年女子。

通过对其遗骨分析，人体汗腺及皮脂的分泌物应为一种特殊的气味，这主要是其中含氮物质腐化后产生出来的气味，确非香味。"香妃"之名，很可能是一种爱称，或她生前大量使用化妆品，或携香料所致。

朝鲜族佳丽

清代，朝鲜为清王朝的附庸国，诸事多报之于清廷，而且有岁贡。我们在查阅清宫棺椁的制作档案时，就看到好多关于高丽纸的记载。在清东陵，陪葬着一位朝鲜族女子朴氏，诏封为奉圣夫人。她曾抚育过顺治帝和康熙皇帝，死后，陪葬在东陵风水墙外东侧，其丈夫也一起陪葬。称为"奉圣夫人园寝"，立碑勒文，甚为壮观。

乾隆帝有一淑嘉皇贵妃，金氏，也一样是朝鲜族。不过，她出身不高，父亲为上驷院卿，名叫三保，是正黄旗下包衣人，典型的奴仆出身。她的哥哥金简，初隶汉军旗，后来沾了妹妹的光，得到了重用，不仅赐姓金，抬旗，还委以重任，授吏部尚书，掌控全国的官吏事务，颇有权势。

淑嘉皇贵妃早年入宫，时间不详，乾隆二年十二月封嘉嫔，四年即生下皇四子永诚，即被封多罗履端郡王。乾隆六年十一月晋嘉妃，乾隆十一年生皇八子永璇，即和硕仪慎亲王；乾隆十三年，再生皇九子，期间，画师为其画有半身像，但见她细眉杏目，十分妩媚，令人观之可亲。乾隆

淑嘉皇贵妃像

十三年再晋嘉贵妃，乾隆十七年生皇十一子永瑆。

淑嘉皇贵妃频繁地生育，说明其在宫中很得宠，生育的 4 个皇子，除皇九子早殇外，余者都成年分府出宫，其中，永璇活了 87 岁；而永瑆又十分擅长书法，是当时著名的书法家。裕陵大碑楼中的碑文就是永瑆书写的，颇见功底。

金氏死于乾隆二十年十一月十五日，终年不足 40 岁。乾隆帝以其入宫较早，诞育 4 个皇子，追封为皇贵妃，葬入裕陵地宫之中，位在地宫金券左侧垂手床上。1928 年 7 月，孙殿英盗掘裕陵地宫，淑嘉皇贵妃早已化为一堆朽骨。头骨、肢骨等漂于两米多深的积水之中。一个月后，清朝遗臣奉溥仪之命前去殓葬，因无法区分哪位是皇后，哪位是皇贵妃，怕失礼数，便请示逊帝，全部抬格，以皇帝之礼安葬后妃尸骨，即将 4 位后妃尸骨殓入乾隆帝的大棺之中：皇帝尸骨居中，左右各安奉两具尸骨，而那具未朽之女尸则单葬一棺。这样，淑嘉皇贵妃的大金棺就空空地放置一边了。

3. 后宫管理学

居住在后宫的后妃，由于人数众多，必须有一个成熟的制度加以约束，否则，就会出现皇家后院失控的状态，严重时会牵扯皇帝的精力。

顺治以前，天下甫定，典制未备，后宫没有现成制度可言。自康熙始，国家大局已定，后妃制度也随之制定出来，并历经各朝，逐步完备。

从家庭式管理到忠孝思想的控制

清朝的后妃制度，是一个逐步完备的过程。在关外时，没有严格的制度，努尔哈赤和皇太极的后宫其实就是贵族家庭式的管理模式，直到1636年，皇太极弃汗称帝，才有了后宫的雏形，但很不完善。

具体而言，努尔哈赤的中宫皇后在当时被称为大妃或大福晋，余者被称为小福晋。1636年，皇太极弃汗称帝时，册封后宫，有中宫皇后，又称国君福晋，另外，加封了东宫大福晋、西宫大福晋和衍庆宫淑妃及永福宫庄妃，至于其他宫中女眷，则概称侧妃、庶妃或格格。关于格格，在这里简单解释一下。"格格"，满语中小姐的意思。努尔哈赤时期，皇帝的女儿也称为"格格"；皇太极时期，皇帝之女一般就称之为公主了，而那些王公之女则多称之为"格格"了。到顺治时期，这些格格被规定出了严格的等级。此外，也有称满洲贵族的女儿为格格的，当然，这不符合清朝的封爵制度。

顺治一朝，虽备位中宫，先后有过4位皇后，但典制与等级仍未脱离皇太极时期的制度，皇后以下即为妃子。虽然董鄂氏曾被加恩封为皇贵妃，但并不能说明当时已建立了严格的后妃制度。比如孝东陵中就葬有4位福晋和17位格格，这种混乱不堪的后宫称呼，带有鲜明的关外色彩。

顺治亲政后，对后宫进行了整饬。尤其是当年后宫受多尔衮擅权的影响，无论王公大臣还是后宫妃嫔，都对皇权产生了弱化的影响，这是独裁天子所不能容忍的。于是，顺治帝首先提出了"自古平治天下，莫大乎孝，孝为五常百行之原"，把孝道作为建国立邦、教化黎民的根本。从一定意义上讲"孝"就是对皇权之"忠"。

顺治帝曾亲撰《御制孝经注》，更加明确地提倡遵循儒家的伦理之孝，移孝作忠，要人人做忠臣的典范。而对于后宫，福临于顺治十二年（1655年）推出《内政辑要》一书，该书收集了中国历代后妃的嘉言善行，共二十章，四十一则。顺治帝细心作注，并要求征引历代贤后、贤妃事迹，

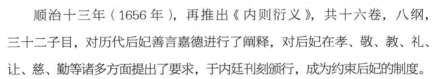

为当朝者借鉴。

顺治十三年（1656年），再推出《内则衍义》，共十六卷，八纲，三十二子目，对历代后妃善言嘉德进行了阐释，对后妃在孝、敬、教、礼、让、慈、勤等诸多方面提出了要求，于内廷刊刻颁行，成为约束后妃的制度。

康熙中叶，后宫制度井然，制度备位后宫，品级和册封礼仪基本完善，规定了后宫主位的称谓，尊帝祖母为太皇太后，母为皇太后，同住慈宁宫，太妃、太嫔随住；皇后居中宫，主内治；皇后以下设：皇贵妃1人，贵妃2人，妃4人，嫔6人，分居东西六宫，嫔以下有贵人、常在、答应无定数，随皇贵妃等分居12宫。

册封后妃制度。康熙一朝典制大备，册封后妃活动频频举行。关于皇后的册封确立，有三种形式：

一是皇帝举行大婚，迎娶入宫，如康熙的孝诚皇后，从大清门进入内廷，成为后宫的主宰。二是由皇贵妃、贵妃、妃等晋升而成为皇后，如康熙的孝昭、孝懿等皇后，一旦皇后去世，后宫不可没有主人，便按例将皇贵妃提拨为皇后。三是追封皇后，老皇帝死去，新皇继位，尊其生母为圣母皇太后，随即追封为先皇皇后，如雍正生母德妃，被上徽号为"仁惠皇太后"，慈禧太后也是一样，由贵妃一跃而成为皇太后。

册封妃嫔之礼与册封皇后之礼大同小异。

乾隆七年，弘历命敬事房修订内廷典制，遂成《钦定宫中现行则例》。卷首是乾隆及以前诸帝关于内廷之"训谕"，以下共分宫规18门，可归纳为四个方面：

一、规定后宫人员等级待遇，如名号、玉牒、册宝、服色、宫分、铺宫、遇喜7门。其中宫分最为详尽，对皇后等位分的宫中享用进行了明确的划定。

二、规定后宫礼仪、宴仪、典故、进春、谢恩5门，如宫中主位生日的称谓，就有万寿、圣寿、千秋、寿辰、生日等多种称谓，要视等级而定，不可称错。

三、规定后宫各项管理制度，如安设、岁修、钱粮等。

四、规定对宫中太监和宫女的管理制度，如品级、待遇、职责、赏罚等。

不可逾越的宫规家法

高高的宫墙，幽深而昏暗，给人以神秘莫测之感，将那些涉世未深的女子深深锁住；而在宫墙内，严厉的宫廷制度，层叠的宫规家法才是皇权之下最具权威的桎梏。

后妃不得干政，这应该是中国历朝历代对后妃女子的基本要求。在历史上，有好多由于女人干政而乱政的事例。比如汉朝的吕后专政、唐朝的武则天乱政、明朝的万贵妃专权等，都给清帝以借鉴。

清代后妃干政的始作俑者，当属努尔哈赤的大妃阿巴亥。大妃为努尔哈赤生育3个皇子：阿济格、多尔衮和多铎。大妃也因此恃宠而骄，频加干政，最终到努尔哈赤病逝之后，被皇太极等人逼迫殉葬，年仅37岁。

可是，清宫后妃，并没有因为大妃之死而终止干政的欲望。人总是这样，不会牢记教训，那些权力欲很强的后妃，纷纷粉墨登场，尽管会有惨痛的教训，也会在所不惜。

清初的孝庄太后和清末的慈禧太后可谓清代后妃干政的典型。孝庄太后还在皇太极时期，就对国事产生了浓厚的兴趣。传闻崇德六年，皇太极围锦州，将明将蓟辽总督洪承畴俘获。皇太极想尽一切办法，都未能说服洪承畴投降，正在一筹莫展之际，庄妃（后来的孝庄太后）自告奋勇，以其聪明和美貌打动了洪承畴，其降清后，成为一代开国名臣。庄妃初尝参政的喜果，便一发而不可收拾，尤其在其子福临继承帝位以后，她使用高超手段，笼络住多尔衮，促使其扶持福临，竟也传出"太后下嫁"的传闻。此后，她辅佐顺治、康熙两代幼主，在关键时候，能一语定乾坤。

清末慈禧太后，以低微的宫中封号，生育大阿哥。相传，她是个有心人，咸丰帝还在世时，她就曾在一旁侍立，帮助看奏章，引起权臣肃顺的不满。当咸丰帝病逝之前，托孤八大臣之时，肃顺力谏咸丰帝仿汉武帝行"钩弋故事"，诛杀叶赫那拉氏，防止她将来干政，祸乱朝纲。可惜咸丰帝心软，犹豫不决，终于酿成慈禧太后垂帘听政达 48 年之久的历史闹剧。

皇帝生前，因为过分宠爱某位后妃，也会出现干政局面。这种干政发生在皇帝还健在的时候，是心甘情愿的。清宫中，有两个这样典型的实例：

顺治帝自从倾心于董鄂妃，即使在深夜批阅奏章时，也要让董鄂妃陪伴一边，有时甚至让她同阅。董鄂妃一面"为国事"以身相谋，为顺治帝整饬吏治谏言，一面又极力避嫌，"妾闻妇无外事，岂敢以女子干国政！"为自己干政辩解。但不管怎样，董鄂妃言行举止止于可止之时，从不逾度，从而使迷恋她的顺治帝愈加宠爱。可是，当时健在的太后却看在眼里，对董鄂妃干政之事大为不满，却也无可奈何。直到顺治皇帝死去，才在对待董鄂妃的丧葬问题上大做文章，而使她死去的灵魂遭到冷遇。

而另一位有"干政"之嫌的宠妃则为光绪帝珍妃，相传珍妃经常到皇帝办公地——养心殿，陪伴皇帝批阅奏章。而且利用皇帝以权谋私，重用珍妃兄长志锐，卖官鬻爵。清末卖官早已公开化、制度化，形成所谓捐纳制度，不同的官阶有不同的价目。珍妃在宫中由于手头紧，也想借光绪帝的权势，卖官得些银两，多次得手，收获不小。可是，后来与慈禧太后和李莲英的利益发生了冲突，卖官丑闻败露出来。更严重的是珍妃在后来参与了帝党与后党之争，支持光绪帝变法革新。

戊戌变法中，形成了两大对立集团：以光绪帝和康有为、梁启超等人为核心，力主学习西方，变革现状，称为"帝党"；以慈禧、荣禄、刚毅等保守派为核心，极力反对变法，主张恢复旧制，称为"后党"。最终，光绪帝变法失败，珍妃自然成为了权力斗争的牺牲品。

所以，后妃作为生活在政治中心的群体，有时会被政治引诱得误入歧途，不自觉地卷入政治旋涡，不能自拔，多数难善其终。

严苛的宫规家法裹挟着皇宫里的女人，时刻提醒她们皇权的不可侵犯和尊卑有序的礼仪规范，不得越雷池一步。

一、在皇帝面前不得造次。

后妃虽为皇帝的老婆，但亦属君臣，名分已定，相见时绝不是寻常人家那样随意，而是有严格的宫中规定。比如大婚后，皇后要率众妃嫔向皇帝行六肃三跪三叩礼，皇后拜垫居中而前，后面依次递为左右，以示卑尊。而皇帝此时面对自己的后妃，则要郑重其事地升上宝座，接受众妃的叩拜。

即使同是后妃，由于皇后为六宫之主，地位相对低下的皇贵妃、贵妃等位，又要由皇贵妃率领，到皇后寝宫去行六肃三跪三叩礼，以示皇后为宫闱之主。

二、吃不踏实的御膳。

毫无疑问，宫廷的美食为天下之冠。可是，按照宫规，后妃却不可以随意和自己的丈夫共同享用。只有在皇帝万寿节这天，帝后妃才可以在一起会餐，同桌吃庆寿宴，还可以说些笑话，只有此时，才像是一家人。

如果给太后侍膳则大为不同，太后在那里坐享美食的时候，后妃则只能站在一旁，也不可随意取食。尤其给慈禧太后侍膳，连皇帝都很少被赐坐。众人还要用心看着太后的眼色，老太后用眼瞧哪样菜，太监就会挪哪样菜。但后妃们不可以劝膳，或贡菜（各地督抚进贡），或例菜（御膳房做），或时新菜，随由太后自定。否则，即使是妃子劝膳，也会遭到申斥或惩罚。

三、不得以色媚君。

宫中规定，皇帝在大年三十至初二3天，要由皇后侍寝，其余时间由皇帝自定。皇帝喜欢哪位妃子，便在其他时间召至养心殿。女主们若以色相媚惑君王，而使皇帝身体受损，皇后就要出面干涉，到时候，献媚的妃子就要按宫规处置。

四、穿衣不许流俗市井。

衣冠乃一代昭度，一代之兴，必有其衣冠之制。史载，清代宫廷服饰是孝庄太后等参与制定，由康熙逐步完善的。当时，孝庄太后聪明的侍女苏麻喇姑曾设计过宫服样式，颇有建树。所以，历代沿袭不替。可是，社会上则会有时下流行的服饰，难免会传入宫中，后妃们也想一试新鲜。但是，按照宫规是不允许的。而且，严禁穿奇装异服。

光绪帝珍妃入宫之初，喜欢追求新潮，做各种新款式时装，还喜欢穿戴男子的冠服，有时甚至与光绪帝互换装束，游戏取乐。结果忤怒了慈禧太后，她于光绪二十年十月初一日，下了一道懿旨：

"平素妆饰衣服，俱按宫内规矩穿戴，并一切使用物件不准违例。皇帝前遇年节照例准呈进食物，其余新巧稀奇物件及穿戴等项，不准私自进呈。如有不遵者，重责不贷。特谕。"

其中，还提到了向皇帝进呈礼物，除了一些如意、香囊之外，再就是在元旦进献苹果、青果、莲子等，苹果象征平安，青果象征长生不老等，其余新奇之物则不准进献取宠。

五、会见娘家人，有苦说不出。

后妃不许私自出宫，同太监和宫女一样，没有自由。有时后妃会很想娘家人，想在家里的自由和快乐，尤其是亲情。可是，出宫去谈何容易，要层层上报，还不会被允准，后妃只在特定的时间和节日里，会允许娘家的眷属进宫探望，称为"会亲"。但这种机会，在见面的时候，会很尴尬，即使是长辈见到女儿，也要先行君臣之礼，再行家人之礼，以君臣之礼为主。如果必须出宫到娘家省亲，则一样是这种礼数，而且，有些亲戚、兄弟等男眷不许走近相见。后妃在娘家或宫里，也绝对不许向娘家人谈宫里的事情或倾诉不快之事。

而且，后妃省亲时，宫中会派出护卫军人等，内务府会派出服务人员，会达到100余人跟随其后，一是彰显皇家的气派，二是限制其人身自由。

我们曾经看到过一幅光绪隆裕皇后回家时的画像，他的父亲桂公爷早早地跪在了自家大门外迎候，当女儿路过时，他必须低眉顺眼，等到皇后过去时，才可以在后面尾随而入；与此同时，她的母亲跪迎在大门内，同样的礼仪，使她伤心已极。最难受的是在大堂之上设有宝座，皇后下轿后，头也不回地走进大堂，升上宝座，父亲母亲这时候早已快步走进来，跪在了宝座前面，皇后接受父母的朝拜，不过，这时候，皇后会礼貌地站立接受拜礼。朝拜结束后，皇后会在父母的搀扶之下，走进里屋，这时候，没有了外人，皇后才可以抱住亲生母亲痛哭，表达思念之苦。母亲却不敢坐着接受，而要站立抱住女儿，不停地抚慰，但要特别注意措辞，会说"皇后保重，不要伤了身体"之类的话，其他的话就不敢说了。

六、走在路上，要知晓回避。

后妃在宫中不可单独行走，不论远近，必有本宫太监和宫女跟随。要有两名太监在前面喝道，皇帝叫"打吃"，后妃叫"关防"，低一等级听到后要闪在一旁为上级的主位让道，否则，就要因触犯宫规而受罚。即使是在宫外，也是如此。

有些太妃（母妃）在见到儿皇帝时，也应施之以礼。如垂目、低头、遇事让路等。可是，有的太妃却不这样。如雍正帝继位后，以45岁的年龄，曾与康熙帝宜妃发生冲突。

宜妃入宫较早，在康熙十六年就已册封为嫔，曾生育了3个皇子，资历很深，甚至老于雍正帝的生母。于是，雍正帝继位后，她很不服气雍正生母仁寿皇太后，而且见到雍正帝也表露出来。按制，雍正的母妃需超过50岁，才可和雍正帝见面，这也是汲取历朝后妃乱宫的教训。既已见面，应施之以礼，定君臣名分，宜妃却像没看见一样，气宇轩昂，架子十足。雍正帝大为恼火，多次想整治她。

后来，宜妃觉得宫中没有自己容身之处，只好屈尊，请示出宫，到自己儿子的王府中去了。

七、头饰要符合身份，不可喧宾夺主。

正式场合的后妃，头饰不会戴错，因为等级有差，会很规矩。可是，在平日里，这些爱美的后妃靠着手中的多年积蓄，会买一些上等首饰，尤其是名贵物料的头饰。偶尔戴上，会感到心中满足。但有的后妃由于疏忽大意，会在拜见上一级主位时戴华丽头饰，可能引起她们的不满或嫉妒，难免惹出事端。在光绪朝就发生过某王妃头戴华丽的头饰，去拜见慈禧太后，慈禧觉得这样的装束把后妃都比下去了，觉得很没有面子，因而大为不满。

尤其是后妃们见上级主子时，要行见面之礼。行礼时，要请安或磕头，头饰和耳饰要做适当摆动，头叩得不要太正，也不要太偏。这时，其头饰、耳饰就会引人注目，喧宾夺主时就会遭到处罚。

有时，皇帝也会关注后妃的首饰。咸丰二年十二月十四日，咸丰帝为约束后妃穿着，使其保持满洲古朴之风，曾下旨：

"朕看皇后及嫔、贵人、常在等服饰未免过于华丽，殊不合满洲规矩，是用定制遵行，以垂永久。

簪钗等项悉遵旧样，不可竞尚新奇，亦不准全用点翠；梳头时，不准戴流苏、蝴蝶，亦不准缀大块帽花。帽花上不可有流苏、活镶等件，钿上花亦同。

耳挖上不准穿各样花、长寿字等项。

耳坠只准用钩，不准用花、流苏等项。

小耳钳不准点翠，亦不准雕花。

寻常帽飘带，皇后用黄色，皇贵妃同贵妃至嫔俱用杏黄色，贵人以下无论何色，俱二根同色，缘五分宽片金花边，不准缘花绦。

不准戴大耳钳、玉耳环。

皮至纱敞衣、衬衣袍、窄袖衬衣、紧身衬袖，俱不准缘边。

皮至纱敞衣、衬衣袖，不准宽俱倒卷。"

又规定，"寻常所带棉夹领，不准有花边，绦边，青缎边。"规定可谓细之又细。同时，咸丰帝命人将此谕挂于皇后以下各宫之中，随时戒勉。

至咸丰四年，又规定："梳头时，只准戴两支花，若有戴三支花者，即应惩办。手上所带镯子不准用响镯。"

八、不许招惹已出宫女子。

《国朝宫史》规定："应出宫女子，既已出宫，即系外人，不许进宫请安。"宫中后妃或因留恋宫女，而召其进宫叙旧，将受到惩处。同样，奉旨进宫女子，不许将宫外之事向宫内传播。

九、太妃、母妃、皇妃，不可将宫中之物移入娘家。

《国朝宫史》载，乾隆六年，上谕："诸太妃（圣祖妃）所有一切，俱系圣祖皇帝所赐；诸母妃所有亦是世宗皇帝所赐；即今皇后所有，是朕所赐。各守分例，撙节用度，不可将宫中所有移给本家，其家中之物亦不许向内传递，致涉小气。嗣后本家除来往请安问好之外，一概不许妄行。"后妃和娘家基本处于隔绝状态。

为了使后妃行止有度，乾隆时曾制《宫训图》12幅。选择古代以美德贤淑著称的12名后妃，乾隆为之作赞，称颂她们的美德懿行，分别挂于东西十二宫内，宣传封建妇道、礼教，来约束后妃。12宫训图为：燕姞梦兰、徐妃直谏、许后奉案、曹后重农、樊姬谏猎、马后谏衣、西陵教蚕、姜后脱簪、太姒诲子、婕妤当熊（仅载十图之目，缺二图）。这些宫训图每年十二月二十六日挂于各宫之中，次年初三撤下。

这些清规戒律，就像枷锁一样，牢牢束缚住了这些后妃，使其透不过气来。难怪珍妃姐妹入宫前，到大堂拜别母亲时，这位慈祥的母亲竟抬手打了她们每人一个嘴巴道："只当我没有生你们两个。"然后，泪流满面地走进里屋，不忍相送。当时，懵懂无知的姐妹两个，觉得莫名其妙，母亲何以做出如此乖戾的举动。果然，珍妃入宫后，受到了非人的折磨，惨死于宫内。多年后，珍妃落葬崇妃园寝，其母参加了女儿的葬礼，她痛哭失声，觉得女儿入宫实在是一个天大的错误。

霸权太后

嘉庆以后，清廷呈现明显的衰败之象，对宫中规定虽然屡有增益，但总的说是恪守成宪，无甚创举。

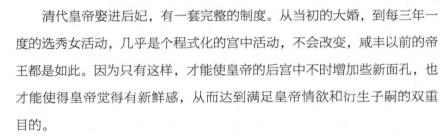

　　清代皇帝娶进后妃，有一套完整的制度。从当初的大婚，到每三年一度的选秀女活动，几乎是个程式化的宫中活动，不会改变，咸丰以前的帝王都是如此。因为只有这样，才能使皇帝的后宫中不时增加些新面孔，也才能使得皇帝觉得有新鲜感，从而达到满足皇帝情欲和衍生子嗣的双重目的。

　　1861 年，咸丰帝去世以后，25 岁的慈安太后和 27 岁的慈禧太后垂帘听政。权柄多操纵在慈禧太后手中，而作为宫廷后妃制度的衰败迹象，表现最为明显的就是太后包办了后宫的一切，皇帝管不了自己的后妃，一切均由太后做主。

　　同治帝 6 岁继位，到同治八年，他已经 14 岁了，若按清初顺治、康熙两朝旧制，两宫太后应撤帘归政小皇帝。可是，两位太后似乎都不想交出大权。直到同治十一年，载淳已经 17 岁了，大婚在即。在这个问题上，两宫太后是如何表现的呢？

　　首先是包办婚姻，以达到控制皇帝的一切，这就是两宫太后的想法。但在选择皇后的问题上，慈安、慈禧意见相左。慈安属意长皇帝两岁的阿鲁特氏；而慈禧却执意立满洲镶黄旗员外郎凤秀之女为后，最终同治帝违背了亲生母亲的意愿，立阿鲁特氏为皇后，封凤秀之女为慧妃，加封知府崇龄之女为瑜嫔，前任副都统赛尚阿之女为珣嫔。这种选择，在迎合慈安太后的同时，忤怒了慈禧，为以后宫闱失和埋下了祸根。

　　同样，光绪帝 4 岁继位，一直由两宫皇太后垂帘听政，光绪七年，慈安暴亡，慈禧太后独掌天下。直到小皇帝长到十四五岁时，理应大婚和亲政。可是，到光绪帝 17 岁时，慈禧太后才不得不放权给皇帝，但还要"训政数年"。光绪十四年，18 岁的皇帝必须大婚亲政了。揽权的慈禧太后绞尽了脑汁，决定通过皇帝后妃来掌控皇权。慈禧太后不顾光绪皇帝本人的反对，硬把自己亲弟弟桂祥 21 岁的女儿指配给皇帝为皇后。这位皇后比光绪帝大 3 岁，又无才华，长相也不漂亮，光绪帝十分不情愿。

　　其次是对皇帝感情的强迫。皇帝大婚后，其后宫生活本应由皇帝自己做主。可是，慈禧太后却一意孤行，总想把一切强加给皇帝，包括感情在内。

　　同治帝皇后，阿鲁特氏，蒙古正蓝旗，尚书崇绮之女，生于咸丰四年（1854年）。同治十一年，敬事房传旨，册封其为皇后，迎入宫中，为慈安太后所喜爱。同治帝本来比较喜欢皇后的文采，加之皇后比皇帝大2岁，在生活上会多方照顾皇帝，同治帝喜欢召皇后过夜。可是，慈禧总想让皇帝和慧妃一起生活，将来生了皇子，做了皇帝，才遂心愿。这样，同治帝怎能顺从呢？

　　同样，光绪帝喜欢珍妃，不喜欢皇后，可是，慈禧却总想着撮合两位。于是，在某年过年时，慈禧太后借光绪及后妃向其请安的机会，讲了一个螽斯门的故事。螽斯门，紫禁城内的一个宫门，这个名字本是明朝的旧名，

养心殿东暖阁垂帘听政处

[第一章] 一入宫门深似海

清廷占领后，欲全部废除明宫旧名，但当看到螽斯门这个名字时，特旨留下。螽斯，一类昆虫，虽为害虫，但繁殖能力特别强，"宜子孙"，因而清廷在希冀皇家子孙兴旺愿望的驱使下，保留下了这个门的名称。慈禧太后敲山震虎，警告光绪帝要多召幸皇后，以便生下更多孩子。

在慈禧太后的干预下，清朝后期，皇帝后宫妃嫔的基本人数都不能保证。按康熙制度，皇后以下迄嫔位，人数可达 14 人，贵人、常在、答应无定数。可是，在同治、光绪时期，由于慈禧太后的淫威，皇帝后宫之中的正常选妃活动一直未能进行，都还只是皇帝初婚时期的后妃人数。同治帝有 5 位后妃均为同治十一年进宫，以后再没有后妃选进；光绪帝的后妃就只有他初婚时的叶赫那拉皇后和珍妃、瑾妃 3 人。所以，清末，东西十二宫中就不像清初康乾盛世时那样，热热闹闹地住着皇帝成群的后妃，这些后妃为皇帝生下几十个孩子，宫廷之中不时传来婴儿的啼哭之声，有时一年之中要生下数位皇子、公主，所以婴儿啼哭之声是此起彼伏，不绝于耳。而到同、光时期，由于清王朝进入没落时期，皇帝后妃人数少得可怜，东西十二宫中冷冷清清，居然再也没有孩子出生，王朝气数已尽了。

4. 独特的荣耀——满洲抬旗制度

抬旗，在清朝可以改变一个人的地位和命运，这恐怕是满洲所独有的制度。

清宫后妃的抬旗，是由下五旗抬入上三旗，这是一种重要的荣誉，不是特别得宠的后妃不会有此殊荣，因而对后妃来说很重要。

清代八旗有上三旗和下五旗之分。上三旗为镶黄旗、正黄旗、正白旗。上三旗中把镶黄旗置于首旗的地位，是与早期皇帝曾亲掌此旗大有关联，而时下一些人士总是以正黄旗为最高地位，其实是错误的。下五旗为：正红旗、镶白旗、镶红旗、正蓝旗、镶蓝旗。上三旗归属皇帝直辖，地位尊贵，与下五旗有着明显的区别。

虽在旗籍上有上下之分，但选秀女入宫却不分上下，一同选择，同时验看。所以，被选中的女子身份会很不一样，有高有低。

从现有档案分析，清帝后妃中的旗籍会有一个变化的过程，主要是身份最高的皇后，由下五旗旗籍抬入上三旗。

皇后抬旗。清人笔记《养吉斋丛录》记载，"皇太后、皇后丹阐（汉意：母家之意），在下五旗者，皆抬旗。"

顺治以前，典制未备，后妃的身份变化不大，因而，没有抬旗现象。最早实现抬旗的皇后是顺治帝的妃子佟佳氏，也就是皇三子玄烨的生母。因为她的父亲佟图赖隶汉军旗，康熙帝继位后，为了抬高生母的地位，于康熙十六年将佟佳氏抬入满洲镶黄旗，为八旗中的首旗。

这种抬旗的皇后还有很多，比如乾隆帝孝仪皇后，她本为汉军旗，为正黄旗包衣，由于她的皇十五子后来当了皇帝，便被抬入满洲镶黄旗。慈禧太后也是一样，其父惠征本旗为镶蓝旗，载淳继位后，她被抬入满洲镶黄旗。

但是，如果皇后本来出生在上三旗之中，就无需抬旗了，即使她并不是镶黄旗也是如此。比如顺治帝孝献皇后为正白旗满洲、康熙帝孝诚皇后为正黄旗满洲、雍正帝生母为正黄旗满洲、雍正帝孝敬皇后为正黄旗满洲、乾隆帝乌喇那拉皇后为正黄旗满洲、嘉庆帝孝淑皇后（道光帝生母）为正白旗满洲等。

蒙古贵族之女，由于当时其自身的高贵血统和历史上的原因，一般不抬旗，比如清初诸后等都未进行过抬旗。可是也有特例，比如奕䜣生母孝静成皇后，虽为蒙古博尔济吉特氏，却也被抬入满洲正黄旗，同治帝皇后阿鲁特氏入宫后，也由蒙古旗抬入满洲镶黄旗。因为在那个时代，满洲毕竟为正统的统治阶级。

皇贵妃抬旗。皇贵妃作为仅次于皇后的女主人，在宫廷中有着特殊而敏感的地位。按照规制，皇贵妃在后宫中只有一位，如果皇后不在或皇后死去，要由皇贵妃代皇后行使职权，管理六宫事务。可是，为了解除皇后的心理压力，皇贵妃之位往往虚位不设。平时，皇贵妃则辅佐皇后处理事务。查阅史料，我们发现清宫中的皇贵妃大多数是上三旗中人，如康熙帝敬敏皇贵妃章佳氏为满洲镶黄旗人、悫惠皇贵妃为满洲镶黄旗、雍正帝纯懿皇贵妃为满洲镶黄旗，等等。

　　皇贵妃中明确记载抬旗的当为乾隆帝的两位皇贵妃，即慧贤皇贵妃和淑嘉皇贵妃。前者初隶出身卑贱的包衣，后被抬入满洲镶黄旗；后者初隶内务府汉军旗，后抬入正黄旗包衣，并赐姓金佳氏，实际上她本是一名朝鲜族女子。

御膳的奥秘

在清宫戏中，我们会经常看到后妃们在内廷之中的生活场景。那些有头有脸的主子，会有一群太监宫女陪伴，用膳时，还会大讲排场。可是，真正的后宫女主在传膳、用膳中的盛大排场，在电视剧中是很难表达出来的。豪华而精致的餐具、色味俱全的美食、鱼贯而入的侍膳人流无不反映出皇家用膳的奢华和气派。

1. 御膳房里的大学问

皇帝处理完政务后，一般要到后殿去休息，这时候也该传膳了。平时，由于皇帝使用御膳房的膳食，后妃则各有自己的小食堂，或几个人共用一个食堂。所以，一般皇帝用膳时，不需后妃侍膳。但是，凡遇有节日，皇帝则喜欢传部分后妃侍膳。侍膳的后妃虽然比在自己寝宫用膳辛苦，但是会有一种优越感，觉得皇帝这个时候想着自己，就预示着好运来了，因而格外小心、珍惜。

传统两餐制

清宫里用膳有别于汉族的习惯，沿袭着入关前的习俗，采取了比较合理的膳食制度，即定时、定质、定量。

清宫每日两餐制，因为在关外时勤劳的满洲人在出去劳作之前，要吃一次早餐，吃完早餐就要到山上、草原上、大河里去辛苦劳作。中午他们是不回来的，因而不吃午饭，实在饿了，就会用一些小干粮，直到下午时分才回来，这叫"一开箱"。回来后，已是饥肠辘辘，便赶紧用餐。所以，在关外时，由于受到生活条件的限制，满洲人民实行两餐制。清帝入关后将这一制度带进宫廷，相传勿替。早膳在卯时（早6点半到7点半），晚膳在酉前（下午2点至3点）。两膳之间有一次点心；晚膳之后有一次酒膳。

另外，清帝很注意饮食有度，切忌暴饮暴食。康熙讲过："各人所不宜之物，知之即当永戒。"要求节制饮食。对于饮酒，康熙"平日膳后或年节筵宴之日只饮小杯一杯。"乾隆三十五年曾明确规定，宫廷筵宴时，每桌用玉泉酒四两，不得超量饮用。

定质量，是饮食的关键。质量包括荤素搭配、物料来源、营养齐全等方方面面。以乾隆为例，每晨起空腹吃一碗"冰糖燕窝"，早晚各备荤素菜肴八品，佐餐小菜二品，饽饽、米膳四品，粥、汤各一品，共十六品。晚膳为酒膳，小菜四品，玉泉酒一杯。还要随季节变换而适当调换：秋末冬初，早、晚膳加两个热锅菜；四月，换凉拌菜；六月至八月增凉拌藕、江米藕；冬三月则加食鹿肉、羊肉；夏三伏，加绿豆粥、糊米粥。可是，这种质量的膳食，也只有皇帝才可能办到，作为一般老百姓，连温饱都成问题，哪里还要这么讲究呢！

马虎不得的养生搭配

常人理解，皇帝的御膳一定都是山珍海味，昂贵的不得了。其实，我们看一下档案就知道并非如此。清宫饮食首重平衡膳食。如乾隆野意酒膳中，有高热的鹿肉，高蛋白的野鸭、鸡肉，又有老虎菜、榆蘑、菜面合一的包子、烫面饺、炸盒子……是一餐滋养清热的酒膳。平衡了食品中的热量、蛋白质和营养纤维的吸收。这里的老虎菜、菜面合一的包子、烫面饺、炸盒子等都是很普通的菜肴，寻常人家也能做到。

其次是佐餐。宫中称配盘小菜，如腌菜、芥菜缨、酸黄瓜、酸韭菜、葫芦条、蜜山楂、狗奈子等佐餐配菜。

最后是粥。有粳米粥、红豆粥、小米粥、绿豆粥、大麦粥、黄米粥、百果粥、紫米粥、老米粥。最有名的为八珍粥，以小米、冬瓜皮、白扁豆、山药、薏仁米、莲子、人参等为原料同煮而成，营养价值极高。

所以，我们看到，皇帝、后妃们的每日饮食也有接近百姓生活的一面。但是，他们还是喜欢大讲排场给别人看，来显示皇家的威严和奢侈。

下面是最能说明皇家奢侈的一份档案了。我们从中可以看到皇帝、后妃们吃的不是饭，而是白花花的银子。

皇帝：盘肉 20 斤、汤肉 5 斤、猪油 1 斤、羊 2 只、鸡 5 只、鸭 3 只，白菜、菠菜、香菜、芹菜、韭菜共 19 斤，大萝卜、水萝卜和胡萝卜共 60 根，包瓜、冬瓜各 1 个，茎蓝、干闭蕹菜各 6 斤，葱 6 斤，玉泉酒 4 两，酱和清酱各 3 斤，醋 2 斤。早、晚膳饽饽 8 盘，每盘 30 个，御茶房备茶乳等。皇帝用牛乳 100 斤，玉泉水 12 罐，乳油 1 斤，茶叶 75 包。

皇后：盘肉 16 斤，菜肉 10 斤，鸡、鸭各一只，白菜、香菜、芹菜共 20 斤 13 两，水萝卜、胡萝卜共 20 根，冬瓜 1 个，干闭蕹菜 5 个，葱 2 斤，酱 1 斤 8 两，清酱 2 斤，醋 1 斤。早、晚膳饽饽 4 盘，每盘 30 个，用乳牛 25 头，每天用乳 50 斤，每日用玉泉水 12 罐，茶叶 10 包。

皇贵妃：盘肉 8 斤，菜肉 4 斤，每月鸡、鸭 15 只。贵妃：每日盘肉 6 斤，菜肉 3 斤 8 两，每日鸡、鸭各 7 只。妃：盘肉 6 斤，菜肉 3 斤，每日鸡、鸭各 5 只。嫔：每位盘肉 4 斤 8 两，菜肉 2 斤，每月鸡、鸭各 5 只。贵人：盘肉 4 斤，菜肉 2 斤，每月鸭 8 只。常在：盘肉 3 斤 8 两，菜肉 1 斤 8 两，每月鸡 5 只。而所需其他菜蔬则共同调配：每日共需白菜 40 斤，香菜 4 两，芹菜 1 斤，葱 5 斤，水萝卜 20 个，胡萝卜、茎蓝、干闭蕹菜各 10 个，冬瓜 1 个，酱、醋各 3 斤，清酱 5 斤。

此外，菜房备办皇贵妃、贵妃每日用乳牛各 4 头，得乳 8 斤；妃日用乳牛 3 头，得乳 6 斤；嫔为乳牛 2 头，得乳 4 斤，以上各位每日用茶叶 5 包。贵人以下没有乳牛，随本宫主位赏用。

这些帝后妃们每日所用巨大，是普通人很难想象的。而这也是他们享用的其中一部分，各种时鲜及进贡（食用）尚不包括在内。足见举国供张的清宫内廷消费之巨。但是，我们可以推测，这些后妃们每日养尊处优，活动量极小，能吃多少东西呢？所以，她们往往将剩余之物精装打包，赏人了事。或上一级主位赏给下一级主位，或赏宫外王府、公主府，或赏太监、宫女，有时，也赏用外戚。而在禁城内值宿的军机及章京们有时也可得到赏食。

日用

皇太后　猪肉一口、盤肉用，重五十斤。羊一隻、鷄鴨各一隻、新粳米二升、黃老米一升五合、高麗江米三升、粳米粉三斤、白麪五斤、蕎麥麪一斤、麥子粉一斤、豌豆一升三合、芝蔴一合五勺、白糖二斤一兩五錢、盆糖八兩、蜂蜜八兩、核桃仁四兩、松仁二錢、枸杞四兩、曬乾棗十兩、猪肉十二斤、香油三斤十兩、鷄蛋二十個、蘋筋八兩、豆腐二斤、甜醬二斤十二兩、清醬二兩、醋五兩、鮮菜十五斤、黃蠟二枝、茄子二十個、王瓜二十條、白蠟七枝、内重五兩三枝各重三兩三枝各重一兩五錢、羊肉十五盤、重一兩五錢、羊油更蠟二枝、夏重五兩，冬重十兩。紅籮炭、夏四十勤，冬二十勤，冬四十勤。黑炭。

皇后　猪肉十六斤、盤肉羊肉一盤、鷄鴨各一隻、新粳米一升八合、黃老米一升三合五勺、高麗江米一升五合、粳米粉一斤八兩、白麪七斤八兩、麥子粉八兩、豌豆三合、白糖一斤、盆糖四兩、蜂蜜四兩、核桃仁二兩、松仁一錢、枸杞二兩、曬乾棗五兩、猪肉九斤、香油一斤六兩、鷄蛋十個、蘋筋四兩、豆腐一斤八兩、粉鍋渣八兩、甜醬一斤六兩五錢、清醬二兩五錢、鮮菜十五斤、茄子二十箇、王瓜二十條、白蠟五枝、内一枝重三兩、四枝各重一兩五錢、黃蠟四枝、各重一兩五錢、羊油蠟十枝、各重一兩五錢、羊油更蠟一枝、夏重五兩，冬重十兩。紅籮炭、夏三十勤，冬六十勤。黑炭。

皇貴妃　猪肉十二斤、羊肉一盤、鷄鴨一隻，或鴨一隻。陳粳米一升三合五勺、白麪三斤八兩、白糖三兩、核桃仁一兩、松仁一錢、枸杞二兩、曬乾棗五兩、猪肉九斤八兩、香油一斤六兩、鷄蛋八個、蘋筋四兩、豆腐一斤八兩、粉鍋渣八兩、甜醬六兩五錢、清醬二兩五錢、鮮菜十斤、茄子八個、王瓜八條、白蠟五枝、黃蠟四枝、羊油蠟十枝、各重一兩五錢、黑炭。六安茶葉十四兩。每月。天池茶葉八兩。每月。

貴妃　猪肉九斤八兩、陳粳米一升三合五勺、白麪三斤八兩、白糖三兩、核桃仁一兩、曬乾棗一兩六錢、香油六兩、鷄蛋八個、蘋筋四兩、豆腐一斤八兩、粉鍋渣八兩、甜醬六兩、鮮菜十斤、茄子八個、王瓜六條、白蠟二枝、黃蠟二枝、羊油蠟二枝、黑炭。羊肉十五盤。每月。六安茶葉十四兩、紅籮炭。天池茶葉八兩。每月。

羊肉十五盤。每月。

妃　猪肉九斤、陳粳米一升三合五勺、白麪三斤八兩、白糖三兩、核桃仁一兩、曬乾棗一兩六錢、香油六兩、豆腐一斤八兩、粉鍋渣八兩、甜醬六兩、鮮菜十斤、茄子八個、王瓜六條、白蠟二枝、黃蠟二枝、羊油蠟二枝、黑炭。夏重五兩，冬四十勤。羊肉十五盤。每月。六安茶葉十四兩、紅籮炭。天池茶葉八兩。每月。

嬪　猪肉六斤八兩、陳粳米一升三合、白麪二斤、香油五兩五錢、豆腐一斤八兩、粉鍋渣八兩、甜醬六兩、鮮菜八斤、茄子六個、王瓜六條、白蠟二枝、黃蠟二枝、羊油蠟三枝、黑炭。羊肉十五盤。每月。六安茶葉十四兩。每月。天池茶葉八兩。每月。

貴人　猪肉六斤、陳粳米一升二合、白麪二斤、香油三兩五錢、豆腐一斤八兩、粉鍋渣八兩、甜醬二兩、醋二兩、鮮菜六斤、茄子六個、王瓜六條、白蠟一枝、黃蠟一枝、羊油蠟二枝、黑炭。羊肉十五盤。每月。六安茶葉七兩。每月。天池茶葉四兩。每月。

鷄鴨共八隻。每月。羊肉十五盤。每月。天池茶葉四兩。

常在　猪肉五斤、陳粳米一升二合、白糖二兩、香油二兩、豆腐一斤八兩、粉鍋渣八兩、甜醬六兩、醋二兩、鮮菜六斤、茄子六個、王瓜六條、黃蠟一枝、羊油蠟一枝、黑炭。羊肉十五盤。每月。鷄鴨共五隻。每月。羊肉十五盤。

答應　猪肉一斤八兩、陳粳米九合、隨時鮮菜二斤、黃蠟一枝、羊油蠟一枝、黑炭。羊肉十五盤。每月。

皇子公主同　白蠟一枝、黑炭。夏五勤，冬十勤。

皇子福晉　猪肉二十斤、陳粳米一升二合、老米六合、紅小豆六合、白麪八斤、香油八斤、陳粳米一斗二合、白糖一斤、澄沙六合、白糖一斤五兩五錢、鷄蛋八兩、豆腐一斤、豆腐皮三張、粉鍋渣二斤八兩、甜醬八兩、醋四兩、白鹽四兩、醬瓜一片、半、醬茄半枚、醬擘藍半枚、花椒五分、大料八分、薑五錢、蒜五錢、鮮菜五斤、白蠟一枝、黃蠟六枝、各重一兩五錢、羊油更蠟一枝、夏重五兩，冬重一兩五錢。

皇子　猪肉二十斤、陳粳米一升二合、老米六合、芝蔴六合、澄沙六合、白糖一斤五兩五錢、鷄蛋五個、蘋筋八兩、豆腐一斤、木耳五錢、甜醬一斤、清醬八兩、醋四兩、白鹽四兩、醬瓜一片、醬茄四兩、薑五錢、蒜五錢、鮮菜五斤、白蠟一枝、黃蠟二枝、羊油蠟十枝、各重一兩五錢、羊油更蠟一枝、夏重五兩，冬重一兩五錢。

皇妃　猪肉九斤八兩、陳粳米一升三合五勺、白麪三斤八兩、白糖三兩、核桃仁一兩、曬乾棗一兩六錢、香油六兩、鷄蛋四個、蘋筋四兩、豆腐一斤八兩、粉鍋渣八兩、甜醬六兩、清醬八錢、鮮菜十斤、茄子八個、王瓜八條、白蠟二枝、黃蠟二枝、羊油蠟五枝、各重一兩五錢、紅籮炭、夏十勤，冬十五勤。黑炭。羊油更蠟一枝、夏重五兩，冬重十兩。天池茶葉八兩。每月。六安茶葉十四兩。每月。

貴妃　猪肉十二斤、羊肉一盤、鷄蛋一隻，或鴨一隻。陳粳米一升三合五勺、白麪三斤八兩、白糖三兩、核桃仁二兩、松仁一錢、枸杞二兩、曬乾棗五兩、豆腐一斤八兩、王瓜八條、粉鍋渣八兩、核桃仁二兩、甜醬八兩、鮮菜十斤、茄子八個、王瓜八條、白蠟五枝、黑炭。六安茶葉十四兩。每月。天池茶葉八兩。

鷄鴨共十五隻、每月。羊油蠟五枝各重一兩五錢。紅籮炭、夏三十勤，冬六十勤。炭、夏三十勤，冬六十勤。鷄鴨共十五隻、每月。六安茶葉十四兩、每月。天池茶葉八兩。每月。

《国朝宫史》卷之十七所载的清朝后宫日用经费详单

火锅的诱惑

清宫饮食，不言而喻，少数民族的特点十分浓厚，表现在：

喜食野味。野菜类：各种山菜、菌；狍、鹿、野猪、野鸡、鹌鹑；野果：如榛子、松子。乾隆曾有"野意酒膳"。这部分野味，完全靠各地进贡，其中，还是东北进贡得多些。

喜食杂粮：米、麦、豆、高粱、玉米、糜子做成各种美食。这也和满洲人在关外时所处的环境有很大关系，在东北广袤的黑土地上，到处都是五谷杂粮，使他们养成了食杂粮的习惯。

喜食奶茶：清宫食奶量很大，皇帝及后妃每日有定额：皇帝日用 50 头牛交乳共 100 斤，皇后每日 25 头取乳 50 斤，其余递减。制成奶制品有奶皮子、奶卷、奶饼、奶酥油、奶饽饽。无论是会面、宴请，还是出征之前，满洲人都喜欢喝一碗奶茶，暖身，保健，还壮胆。

喜食火锅。满洲人对火锅的钟爱，源于其先世女真人，而女真人喜食火锅则受一千多年前契丹人的影响。在满洲，尤其是贵族人家，遇有喜庆、年节时，都要食火锅，而在平时，则不食用，视其为奢侈之物。在清宫中，历代帝王、后妃都喜食火锅。无论在档案上还是在清宫文物中，我们都看到了火锅的影子。如现在于清东陵发现的清宫银火锅，制作异常精美。在民间的贵族之家，则很难看到金银之器，概以锡为之，据记载："火锅以锡为之，分上下层，高不及尺，中以红铜为火筒，著炭，汤沸时，煮一切肉脯鸡鱼，其味无不鲜美。冬月居家，宴客常餐，多喜用之。"引文对火锅形制、质地、使用方法及所涮之料都做了详尽说明。其实，我们在清宫千叟宴中，就看到使用火锅的记载。如乾隆六十年，以明岁丙辰，纪年周甲，元旦举行授受大典，改元嘉庆，决定于次年正月初四日在皇极殿举办千叟宴，参与活动的人数达 8000 余众。进馔时，分出一等桌张和次等桌张两种，其中"一等桌张用火锅"，也就是说，在盛宴菜谱中，以火锅为核心，为元菜，被记录在档。

"子孙饽饽"的故事

饺子也称"水点心"、"扁食"、"饽饽",是清宫帝王、后妃十分喜爱食用的面食。饺子在民间十分普遍,最早见于唐代史料,明代称之为扁食,清代承之。饺子之所以受到青睐,与其名字有直接关系。"饺"与"交"谐音,取"岁更交子"之意,所以人们在除夕之夜,子时一到,都要放鞭炮,吃饺子,辞旧迎新。而到正月初五,人们又要包饺子,其用意是将来年的破烂东西全部包住,尽纳其中,将其吃掉,以求新的一年吉祥如意。

皇家会在吃饺子时增加一些趣味活动,通常像民间一样,在一锅饺子之中,拣极少的几个饺子中包有小金银锞或宝石,谁吃到了,就意味着新的一年内大吉大利。不仅如此,清代帝王为了祈求代代衍续,香火鼎旺,还要在皇帝大婚时吃饺子,宫中称为"子孙饽饽",这在清宫档案中常有记载:如同治十一年九月十五日,同治帝与皇后举行大婚礼,夫妇二人在洞房花烛之夜,先吃子孙饽饽,再吃长寿面。

皇帝吃饺子与寻常百姓不同,要吃出派头。从食具上,太监先端上配有食盖的彩色小瓷盆一个,内装有不同皮、馅的饺子,再端上小瓷碗、小瓷碟数个,均彩绘"万寿无疆"图案,最后,端上铜胎嵌珐琅浅碗3个,分别盛有南小菜、凉菜、醋等。档案记载,御膳房的厨役们煮饺子的时间必须十分精确,皇帝一到昭仁殿,饺子要刚好出锅,热气腾腾端上来。清宫规定,元旦前后,皇帝出门都要放鞭炮作前导,听炮之远近,即可推测出皇帝的行止处所。皇帝吃饺子从来不忘佛祖,所以,皇帝所吃饺子与敬佛的饺子要在同一锅中煮出来。但敬佛必须用素馅,有长寿菜、金针菜、木耳、蘑菇、笋丝等馅。乾隆吃饺子之前,要先到钦安殿、天穹宝殿、奉先殿、坤宁宫等处佛像前拈香祷告,经过一系列繁文缛节之后,直到凌晨3点忙完一切,才安心吃上饺子。

[第二章] 御膳的奥秘

光绪帝由于有遗精的毛病，吃了好多养精固本的药也不见效果。因而，清宫在每年正月初一都要格外关照皇帝。光绪帝也十分卖力气，一次就吃20个饺子，其中有猪肉长寿菜馅13个，猪肉菠菜馅7个。可是，尽管他吃了这样多的饺子，还是未能生出一男半女来。

清宫不仅各主位吃饺子，太监、宫女、杂役等都会被赏吃饺子。如果哪个奴才被罚不许在正月初一吃饺子，那真正是很严厉的处分了。不仅如此，皇帝或后妃们还会吩咐，在宫里的墙根下、老鼠洞前，也放一些饺子，表示清宫的主子们恩泽天下，普度众生。

迷醉味蕾的小食点心

漂亮的鲜花不但是装饰品，可供人观赏，还可以做成各种食品、菜肴，供人食用。清代宫廷就曾制作过许多以鲜花调配的美味食品，后妃们尤其喜食，有的还流传至今。

菊花。用菊花调制的宫廷菜很多，其一是"菊花火锅"。做法是采摘白菊花一两朵，将花朵上焦黄的或曾沾过污垢的花瓣剔除，再于温水中漂洗一二十分钟，接着再放入溶有稀矾的温水中漂洗。准备好盛有大半锅原汁鸡汤或肉汤的小暖锅，和一碟盛有去掉皮骨的薄生鱼片或生鸡片，少许酱、醋。揭开暖锅盖，将鱼片和鸡肉片适量投入汤中，盖盖蒸煮五六分钟，再揭开盖，将适量菊花瓣放入汤中，封盖约五分钟，即成味道鲜美、清香可口的佳肴。

其二是"清蒸什锦豆腐"。需备物料为：豆腐8两，口蘑4钱，竹笋3个，木耳2钱，菊花2钱，莲子20粒，银杏20个，藕1两，冬菜6钱，黄瓜1根，黄豆芽9两，鲜姜2钱，油6两。做法是：在大锅内倒入半锅水，放进黄豆芽，煮30分钟，然后去掉豆芽，留汤备用。用开水泡木耳、莲子、银杏、冬菜、黄瓜等各切成条或丝状。菊花仍用开水泡10分钟，洗净后，切成长约3厘米的细丝备用。一切准备妥当后，在大碗内放入口蘑、竹笋、木耳、菊花、莲子、银杏、藕、冬菜、鲜姜、豆腐，最后倒进已调好的豆芽汤半碗，加入油和盐，上笼用大火蒸 30 分钟，再用小火蒸 30 分钟，最后将黄瓜片码在豆腐上，趁热食用。

玫瑰花，可做成玫瑰饼。清代每年农历四月，宫廷大量采买玫瑰花，将其中鲜嫩、色正的花瓣洗净后晾干，制成粉，再和以面粉，调入少量蜂蜜，做成饼，放入蒸笼中蒸，约半小时即成美味食品。另外一种玫瑰食品是明宫元宵，元宵是一种流行很广的食品，而明宫元宵用糯米、细面为皮，以核桃仁、白糖、玫瑰花为馅，甘甜爽口，清宫后妃喜食。

桂花，可做成芸豆卷。芸豆是豆科植物菜豆的种子，芸豆卷的做法是将 1 斤芸豆以水泡发，放入锅中，加水煮熟，待冷后，搓成泥状。取红枣5 两，以水泡发，去核煮熟，趁热加红砂糖 3 两，桂花适量，相拌成泥状，最后，将芸豆泥与枣泥相间平铺，卷成。另外一种桂花食品是清宫元宵，它与明宫元宵不同之处在于明宫用玫瑰花为馅，清宫用桂花、白糖、核桃仁、豆沙等为馅，爽口味甘。

玉兰花，是清宫菜"金鱼鸭掌"的重要佐料，其做法是将鸭掌放入锅中，清水煮 15 分钟，五成熟取出，剔掉骨头与掌心硬茧。将香料和玉兰花放入其中，混煮，清爽可口。

2. 由内而外的皇家华贵

皇家的华贵是名副其实的，是由内而外的。造成这种实实在在的华贵，其实是举国供张的结果。全国人民供养一个皇宫，那当然是应有尽有，最华丽、最精美的东西都在这里。

揽天下精品——进贡

普天之下，莫非王土。所以，作为各地的封疆大吏，要通过进贡来博得皇帝的欢心，谁进贡的东西好，皇帝会很高兴，各官僚的地位也会很巩固。

宫中所需各种厨上物料，除米、面、蔬菜、酒、醋等，肉食、野味、鱼类及南果子、茶叶等主要靠各地进贡。如：

盛京将军，每年贡鹿780只，狍210只，鹿尾、鹿舌各2000个，鹿筋100斤，其他野味如野猪、野鸡、树鸡等无定额。盛京佐领，每位每年额交鹅60只、腊猪20只、咸鱼1500斤、杂色鱼40尾等。盛京三旗网户，每年额交杂色鱼两万四千斤……打牲乌拉总管等，每年交进的鲟鳇鱼、鲈鱼、杂色鱼等，均无定额。

吉林将军、黑龙江将军和张家口外牛羊群总管、达里冈爱羊群总管等，每年定交鹿尾、野猪、鲈鱼、细鳞鱼、野鸡和树鸡等，并交乳油750瓶、乳酒365瓶、大乳饼2石一斗等。

蒙古王公每年要进献许多煺羊、黄羊、鹿尾和野猪。各地庄头、园头、三旗果园头也要交额定的鸡、鸭、交鹿、鹿尾、鹿肉干等。

南方的消费珍品，自然也要进贡宫廷。在那个时代，看看这些东西是如何走进宫廷的：

贡荔枝，由福建等地进贡，有鲜荔枝和荔枝干。产地距北京达三四千里之遥，运输过程十分不易。但自雍正年间至道光年间，从未间断过，达百年时间。进入宫廷的鲜荔枝，皇帝要赏给每位后妃，即使每次不过只有1颗，已属不易，后妃们更多食用的则为荔枝干，有时赏有数瓶之多。

贡普洱茶，由云南进贡，每年五月端午节进贡最多，终清一世，皇帝不仅自己享用，还大量赏人。

贡黄茶、芽茶，由浙江进贡，其中，上用黄茶每年28篓（每篓百斤），内用黄茶92篓，芽茶2000斤。

南果子，由广东进贡。广东官员为迎合皇帝的喜好，大量进贡时令水果，主要有荔枝、桂圆、甜橙、酸橙、香柚、椰子等。由于水果不易长期保存，因而不可能建立大件档案，只见于小型贡典之中。

此外，还有出巡进贡和西洋进贡等。

出巡进贡。皇帝出巡，排场很大，地方官多有进贡。除去奇珍及地方特产之外，进贡食用品是地方官的当务之急。皇帝出巡时，所用食物出自内帑，并将宫中所带食物赏给地方，如：鹿肉、糟鹿尾、糟野鸡、马奶酒等。地方官也要极尽心力，进奉美食，以取悦帝王、后妃。如康熙四十四年三月南巡时，浙江、江西、河南、山东各乡绅即进献长生果、樱桃肉、烛酒、荤素蜜饯、小菜、果点等物；而在天津，则有新雨前茶、鲜毛笋、糟火腿、糟鸭、糟油等物。

西洋进贡，也是清廷贡物的来源之一。创立于康熙盛世的广州十三商行充当了这一角色。除了进贡西洋的奇巧之物如珐琅、鼻烟、钟表、仪器、玻璃器、金银器等外，对南洋水果等海外美食也多有进贡。尤其是嘉庆帝偏爱南洋热带水果，便下旨广东督抚、粤海关监督采买进贡。

……

尽管各处进贡东西很多，但仍不敷使用。清廷还要责成内廷向户部支银每年达 3 万两之多，向各地购买。宫廷档案留下了不少这样的记录。

美食不如美器

皇帝不仅要享用天底下最好的食品，还要使用最好的食具，才与美食相配。毫无疑问，皇家美器，显得比美食更重要。

乾隆说过，美食不如美器。精美迷人的食具、餐具确实给人以赏心悦目的感受，提升人们的食欲。清宫廷的美食餐具追求美食与美器的和谐统一，力图通过精美而至尊、至荣、至崇的食具来体现皇帝与皇权的至高无上，给人以高山仰止之感。所以，其御膳美器体现出装饰性、华贵性、夸耀性等特点。

宫廷所用食器，多为金银、玉石、象牙等高级质料，由专门作坊制作。但需要说明的是，即使皇家食器豪华，非金即银。但是，满洲朴素的生活习俗并没有完全摒弃。顺治帝时，中宫皇后不知节俭，所用食器如果不是金银，就要大发雷霆，顺治帝以此为借口，将其废掉。

为了保障皇家食器精美，皇室精心安排。不仅委托造办处，打造相关精美的食器，比如珐琅器，还要钦定御用窑厂，专门为皇家烧造精美瓷器。比如景德镇官窑，不仅日常承办皇家瓷器烧造，还要在重大节日比如万寿节打造专门名款的特殊瓷器。其中，也成就了很多陶瓷艺术大家，比如唐英，他以自己的努力，积累了丰富的制瓷经验，烧造出无数精美的瓷器，深得雍正、乾隆的嘉许，他主持的窑厂称之为"唐窑"，名震古今。

清宫美食器具种类繁多，但都有专门账目管理。以乾隆二十一年十一月初三日《御膳房金银玉器底档》为例，有：

乾隆款青花梵文勾莲高足碗

金羹匙一件。金匙一件。金叉子一件。金镶牙箸一双。银西洋热水锅二口。有盖银热锅二十三口。有盖小银热锅六口。无盖银热锅十口。银锅一口。银锅盖一个。银饭罐四件。有盖银桃子六件。银镟子四件。有盖银暖碗二十四件。银盖碗六件。银钟盖五件。银錾花碗盖二件。银匙二件。银羹匙十三件。半边黑漆葫芦一个，内盛银碗六件。银桶一件，内盛金镶牙箸二双，银匙二件，乌木筷十双，高丽布三块，白纺丝一块。黑漆葫芦一个，内盛皮七寸碗二件，皮五寸碗二件。银镶里皮茶碗十件。银镶里五寸无分皮碗一件。银镶里磬口三寸六分皮碗九件。银镶里三寸皮碗二十二件。银镶里皮碟十件。银镶里皮套杯六件。皮三寸五分碟十件。汉玉镶嵌紫檀银羹匙、商丝银匙、商丝银叉子、商丝银筷各二件（或二双）。银镶里葫芦碗四十八件。银镶红彩漆碗十六件。

以上各件，为乾隆帝一日餐具之用，而且，也只是其中的一部分。皇家美器云集，可见一斑。

3. 令人惊叹的国宴

清宫筵宴。皇帝设宴款待宾客不仅仅是为了吃饭，政治意义远远胜过其他。国宴一方面体现了皇帝的恩惠，对被宴请的人来讲则是一种荣誉，一种拿钱都买不到的政治待遇。

清宫筵宴很多，场面极为壮观。主要有三大节，即元旦、冬至、万寿三节。元旦乃一岁之始，冬至乃一阳之始，万寿乃人君之始。筵宴（在太和殿）主要有乾清宫家宴、太后圣寿筵宴、皇帝万寿筵宴及千叟宴。

乾清宫家宴

是皇帝与后妃共同与宴，一人一桌。但这样的机会很少，平时各宫妃嫔在各宫进膳，节庆时才举办乾清宫家宴。

《甄嬛传》中演绎了一段乾清宫家宴的场景。场景表现虽然宏大，但是出现了一个小错误，那就是果郡王出席了这个宴会，并在这里产生了感情，为日后甄嬛"红杏出墙"打下了基础。实际上，皇帝的家宴程序复杂，场面非常壮观。需要说明的是，清代宫廷家宴，果郡王不会出现。这很好理解，既然是"家宴"，就不会有外人参加。果郡王作为成年分府出去另过的王爷，属于帝王家庭的"外人"了，按理，皇帝不会请他参加家宴，尤其是后妃在场，更不会让果郡王出席。

乾清宫家宴

以乾隆二年为例，《国朝宫史》记载，与宴时，主位均穿吉服，皇帝升座奏中和韶乐，后妃行礼奏丹陛大乐。进馔、进果、进酒时奏丹陛清乐、中和清乐，并演戏助兴。皇帝宝座前设金龙大宴桌，摆群膳、冷膳、热膳40品，有各式糕点、果品、小菜、青酱，金匙、牙筷、花瓶、纸花。左首皇后，头等宴1桌，摆群膳32品及各式点心、花瓶、纸花；娴妃，二等宴1桌；嘉嫔、陈贵人，三等宴1桌；右首贵妃，头等宴1桌；纯妃，二等宴1桌；海贵人、裕常在各三等宴1桌。各坐于椅上，先摆热膳，进汤饭，后进奶茶，最后为酒膳、果茶。

千叟宴

始于康熙，盛于乾隆。各时期不仅人数不同，其应宴老人年龄也各不相同。

康熙时，召八旗满洲、蒙古、汉军旗的文武大臣及退闲人员、兵丁、闲散人，年满65岁以上，有1000多人；乾隆年间，还加进了朝鲜、暹罗、安南、廓尔喀4国的使臣，其年龄放宽至60岁以上，而在乾隆六十年时，又限制在70岁以上，其受宴人数达8000余众。筵宴地点也不尽相同，康熙时在乾清宫前，乾隆后期则在皇极殿。

8000余人的千叟宴，凭借紫禁城的御厨们做饭菜，那是无法完成的。怎么办呢？小说家们虚构了民间厨师对此大有作为的故事，我想，这也许是真的。

千叟宴实际上是"康乾盛世"的表现，国家富裕才可以实现。乾隆以后，国势日衰，清廷再也没有举办过"千叟宴"。

太后圣寿宴

太后圣寿宴和皇帝万寿宴更为隆重，尤其是整寿之时，举国为之庆贺。太后圣寿大宴，仅以乾隆生母50岁生日为例：

乾隆六年十一月二十五日，钮祜禄氏（孝圣太后）50岁大寿，宫中大摆筵席，每日早、晚两膳各摆：膳9桌，奶皮敖尔布哈1桌，大寿桃1桌，干、湿点心1桌，猪肉六方3桌，羊肉六方3桌，小食9桌，酒膳9桌。

其膳谱略为：

高头类，5种30类；主食类，有寿桃、寿面、糕点、米饭共65类；果品类，共有果脯63类；菜谱类，达到81种；汤类，6种；酒类，3种，共计248品，可谓洋洋大观。

清宫筵宴，帝后妃们所用当为精致而华美的各式美器，尽享人间荣华。

清末慈禧太后用膳排场非常大。不仅在御膳上有丰足供应，自己还设立私厨，称西膳房，有荤菜局、素菜局、饭局、点心局、饽饽局之设，每餐耗资巨费。慈禧太后的御厨房能做各式点心，达400余种，菜品4000余种，花样翻新，应有尽有。慈禧平日锦衣玉食，搞不清她喜欢吃什么。但有宫女、太监回忆，她对以下食品还是情有独钟的：

小窝头：由玉米面、小米面、栗子面、糜子面、爬豆面、红枣面（或枣肉）加红糖和成，蒸食。

饭卷子：由米饭加白面混合而成，有甜有咸。咸的加花椒盐，或五香椒盐；甜的加枣泥、豆沙、松子、核桃仁，有陈米饭卷、籼米饭卷、粳米饭卷等多种。

炸三角：芝麻酱加水和面，擀成面片；猪肉绞成碎末，加虾米、口蘑、火腿，切碎，搅拌，加进佐料，拌成馅，将馅放进面片中，做成三角形，入油锅炸成黄色，外酥里软，可口香甜。

炸糕：用油和面，做成面皮；将白糖、芝麻、山楂绞碎，加进奶油，成馅，做成圆饼，烧饼大小，入油锅炸酥。

烧麦：即开口包子，其馅为猪肉加口蘑，上笼蒸20分钟即可。

菜包鸽松：用羊油、黄酱炒麻豆腐，把各种青菜炒成碎末，把二者混合拌进饭里，再以嫩白菜心为皮将混合饭包好，连菜叶一起吃。

和尚跳墙：做法是用4个熟鸡蛋，将皮剥去，再在屉上放好酥造肉，将4个剥皮鸡蛋嵌于其中，上屉蒸熟。由于光滑的鸡蛋一半露于外面，像光头的和尚，慈禧便赏名为"和尚跳墙"。

饸饹：相传，慈禧来遵化谒陵时，东陵守护大臣绞尽了脑汁，命厨役们做出各种山珍海味来讨好慈禧。可是，慈禧什么没吃过呀，均觉得平淡无奇。厨役们想来想去，便把一种用绿豆面做成的食品，用醋熘成后，给端了上去。慈禧尝了一口，觉得很新鲜，爽口不腻人，便又吃了一口，吃到第三口时，旁边的老太监就要叫停，因为宫中规矩，帝后不可贪食喜爱食品，以免被奸人看出，在菜中下毒。有鉴于此，侍膳的后妃们便欲叫人将此菜撤下。慈禧看了看，有些舍不得，但又不好再伸筷去吃，只好说："搁着吧。"意思是不要撤下，先放在一边。这时，东陵守护大臣立刻叩首道："谢老佛爷赐名。"从此，这种食品就有了自己的名字，叫作"饸饹"。传说，后来饸饹进了宫廷，成为慈禧喜食的美味。

其实，饸饹就是一种绿豆食品，由绿豆面做成，佐以淀粉、姜黄等。淀粉就是红薯淀粉，目的是增加饸饹的韧性，同时，也会起到滑韧的作用；姜黄是一种纯天然草药，颜色很黄，将其晒干研成很细的粉，目的是为了调色。其配料比例会因季节不同而有所区别：在冬季，绿豆面和淀粉的比例大约是1∶10，其他季节则有所改变，会适当减少淀粉的比例。如果比例不适，做出来的饸饹会颜色不好看，或者质地很脆，就属于没有做好的饸饹。其做法很独特，是在很大的平底锅中制作，将一定比例的绿豆面、淀粉、姜黄放入容器中，加入温水，调成稀粥状。其所用燃料是非常严格的柴草，因为柴草的火不是太硬，火苗软中带硬，而且火源均匀，使得铺撒上去的料面受热均匀。受热的料面约莫过去几分钟就可以出锅了。出锅的饸饹是直径大约50厘米的薄薄的饼，颜色为黄中透着淡淡的绿色。这是一种经验性很强的手艺活，师傅要经过反复练习才可以上灶，否则做不出上等饹馇。在东陵老满族聚居地，这种工艺得以流传下来，手艺人还严格按照当时的工艺，一丝不苟地制作出地道的饹馇。

饹馇制成的食品多种多样，可以煎、炒、烹、炸，制作出：饹馇盒儿、玻璃饹馇、饹馇角、醋熘饹馇、浇熘饹馇、佛手饹馇、铜钱饹馇、菊花饹馇等数十种精美菜肴。如今，中外贵宾来东陵做客时，当地人仍喜欢拿出自己的手艺，烹饪出千姿百态的饹馇宴，来款待最尊贵的客人。

西瓜盅：将西瓜瓤挖去，仅留西瓜皮，把切好的鸡丁、火腿丁加新进鲜莲子、龙眼、胡桃、松子、杏仁，封严，在文火中炖几个小时。

清炖肥鸭：将整个鸭肉加进调味品，放进罐子里，在钳锅中用文火蒸3天。

响铃：把带皮猪肉切成小方块，放进猪油中煎着，这样猪皮很脆，嚼起来带响，称为响铃。

樱桃肉：把上好的猪肉切成棋子大小，加进新鲜樱桃、调味品和清水，

紫光阁赐宴图

一起装进瓷罐中，用文火炖 10 小时。

蔬菜：豌豆、萝卜、胶菜、蘑菇、银耳、猴头菇、发菜、寒葱。

海味：鱼翅、鱼唇、鱼肚、燕窝、海参。

慈禧每次正餐都备有 100 多道菜，而她吃的也不过三四道菜。吃之前，由尝膳人（如李莲英等）先用银筷子吃过，确认安全后，她才动口吃菜。吃完后，剩下的菜品要打好包装，遵懿旨赏人。有人估计，慈禧伙食费每餐至少要 200 两银子。真可谓慈禧一餐之费，百姓万家之炊。

尽管清宫餐品十分丰盛，但这些主子们还不时出宫赏玩，品遍天下美食。如康熙六下江南，乾隆六下江南等，就曾在秦淮河边、西子湖畔，一面赏景吟诗，一面品茗宴饮，尽享人间荣华。

满汉全席

此名记载最早见于雍正、乾隆朝。满汉全席主要由满点与汉菜组成。满点即满洲饽饽席，席面以点心为主，菜肴极少，做法也十分简单。汉菜则种类繁多，做法讲究，味鲜色美。这两个民族，两种风味的席面合在一起，配以精细的组合，称"满汉全席"。其内容多种多样，文献记载一种"满汉全席"分为五步品尝：

一是头号五簋碗 10 件，如燕窝鸡丝汤、海参汇猪筋、鲜蛏萝卜丝羹、海带猪肚丝羹、鲍鱼烩珍珠菜、淡菜虾子汤等；二是二号五簋碗 10 件，如鲫鱼舌烩熊掌、糟猩唇猪脑、蒸驼峰、梨片伴蒸果子狸、野鸡片汤等；三是细白羹碗 10 件，如鸭舌羹、猪脑羹、假班鱼肝、芙蓉蛋鹅掌羹、甲鱼肉肉片子汤茧羹等；四是毛鱼盘 20 件，如挂炉走油鸡、鹅、鸭、鸽、白蒸小猪仔、小羊仔，什锦火烧，梅花包子等；五是洋碟 20 件，热吃鸡 20 味，小菜碟 20 件，枯果 10 彻桌，鲜果 10 彻桌……

还有一种：宴会酒席中食品多至 50 余种，开宴以 20 品侑酒，记有四鲜果、四干果、四蜜饯果、八冷荤（或用四大拼盘，每盘二种）。首用八宝果羹或蒸莲子，用大海碗，次用燕窝，加之鱼翅，再加烧整猪、整鸭片上，或以整鸭、整尾鲜鱼。大件五簋碗，中碗炒菜八品，中间心点三道，每人一份，分别为甜点心、奶点心、荤点心。最后用四大汤菜，什锦火锅。大致如此。

守望四季好时光

清朝后妃生活在深宫之中，每天都做些什么呢？她们的喜怒哀乐能否得到尽情的释放呢？通过档案的解读，可以管窥这些高贵而可怜的女人们的生活和内心世界。

1. 尚武与怡情

清宫的后妃被宫墙锁住，一面享受锦衣玉食，一面任凭时光匆匆逝过。这些养尊处优的女子，由于不同于寻常一夫一妻制的小家庭，为了打发无聊的时光，平时她们都做些什么呢？

宫中的后妃由于受满族尚武精神的影响，也很想一试身手，一方面消遣郁闷，一方面又锻炼身体。但是，由于后宫后妃身体尊贵，一般在公共场合又都穿有高底的花盆鞋或元宝底鞋，很不适宜活动。所以，她们在宫中体育项目中多是充当观众的角色。

端阳竞渡

端午日，宫中历来不朝会，皇上带后妃到圆明园福海的蓬岛瑶台观看龙舟竞渡，十分有趣，这样的活动有时也在避暑山庄举行。本来，旧历五月端阳竞渡是南方人的盛大节日，因为水乡才方便竞渡龙舟。可是，圆明园的蓬岛瑶台周围，水面很大，也给皇帝端阳竞渡提供了可能。所以，到乾隆时期，这个风流天子也会凑热闹，赶这个日子与妃嫔们共享天伦。

冰嬉娱乐

冬至以后，或腊八日，清帝带后妃在西苑太液池去观赏冰上运动，被称为"国俗"，世行不替。这个冰嬉活动，本来就是满洲人在关外的拿手戏，无论男女老幼，大家都很喜欢。实际上是有很多好处，不仅可以锻炼身体，还能考验参与者的合作精神。尤其是士兵，他们会组成各种阵势，有梅花阵，有海棠阵，也有太极阵，高空观赏非常漂亮。当年乾隆还作御制冰床联句诗，以记其事。冰嬉之人在冰上起舞游戏，十分壮观。皇宫的女主们也盼望着这个日子，出来观景散心，愉悦身心，但需要更正的是，在《甄嬛传》中，安陵容苦练冰嬉，并以此重获圣宠。事实上，这并不符合历史真相，后妃们只是观赏，皇帝不会允许后妃们参与这种事情，更不要说是安陵容自作主张，给皇帝"惊喜"。

狩猎和布库

每年秋季，皇帝要到木兰去围猎，以不忘国本和表达尚武精神。届时，往往有后妃随往，甚至有后妃参与哨鹿的行为。如乾隆之容妃，就有策马递箭的画留传于世。

布库是一种赤膊相扑的活动。布库，满语译音，即为角抵、掼跤、武术戏，类似今天的摔跤。康熙初年，辅政的鳌拜结党营私，把持朝政。足智多谋的年轻康熙，挑选十几名八旗子弟，入内苑陪侍康熙练"布库戏"。一日，康熙独召鳌拜入宫，当场宣布他的罪行，十几名少年闻声而至，当场擒拿鳌拜。这是清宫廷史中关于布库的生动记载。

乾隆帝观马术图

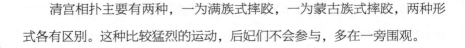
清宫相扑主要有两种，一为满族式摔跤，一为蒙古族式摔跤，两种形式各有区别。这种比较猛烈的运动，后妃们不会参与，多在一旁围观。

水猎与踏雪

淀园有水围，乾隆年间，高宗后妃曾在昆明湖观赏水猎，取乐嬉戏。还在关外的时候，满洲人就喜欢下河渔猎，那个时候，主要是生活所需。入关后，资料中多次记载康熙帝亲自下河网鱼，还记载他到盛京谒陵时，路过黄河的时候，下河网鱼，命人将新鲜的鱼运回皇宫，给皇太后和后妃们品尝，令宫里的妃嫔们非常感动。

寂寞的后妃，有时会在大雪纷飞的冬季，纷纷走出户外去踏雪，净化心情，倒也有无穷乐趣。在夏季，后妃有许多排遣寂寞的方式，皇帝会安排她们到行宫，比如圆明园或者其他的离宫别苑去，享受别样生活。可是，冬天就必须回到紫禁城。这里不仅规矩多，而且天寒地冻，女主们只有待在寝宫中，无所事事，寂寞万分。所以，反而在大雪纷飞的时节，妃嫔们会愉快地走出户外，堆雪人，打雪仗，做些游戏。

另外，观看烟火表演也是后宫喜闻乐见的重要娱乐活动。乾隆以后，每年正月十九，在圆明园山高水长放烟火，宫中后妃随帝观赏取乐。当五彩缤纷的焰火腾空而起，后妃们会高兴地跳起来，宣泄积郁已久的心绪，是后妃们最快乐的事。有资料记载，圆明园放烟花，燃过的烟花纸片落下来，堆成厚厚的一层，五彩斑斓。这种过度的烟花燃放，在紫禁城内是不允许的，因为他们惧怕因此而发生火灾。当然，在圆明园也曾经因为燃放烟花而起火，朝廷也是三令五申，娱乐的同时，不可引发火灾。

高规格的旅行——南巡

随帝出巡游玩，这其实也是后妃与皇帝一起进行的娱乐活动。

后妃平日不许随意出宫，连见娘家人省亲也是如此。但皇帝有时为了排解她们的郁闷，会在适宜的季节，带着后妃出巡。如康熙、乾隆都曾六次南巡，东巡齐鲁，幸五台，谒盛京，都有带着后妃的记录。如康熙奉孝庄、孝惠，率后妃到京畿；乾隆带皇后、容妃等去南巡等。她们一面欣赏一路美景，一面品尝天下美食，好不快活。档案记载，康熙六次南巡如下：康熙二十三年九月二十八日始，一路南下，至十月二十六日，在苏州回銮；康熙二十八年正月初八日始，二月二十七日至杭州后回銮；康熙三十八年二月初三日始，三月二十九日自杭州回銮；康熙四十二年正月十六日始，二月十六日自杭州回銮；康熙四十四年二月初九日始，至杭州后回銮；康熙四十六年正月二十二日始，至扬州后回銮。

乾隆皇帝仿祖父康熙六巡江浙，乾隆六下江南的情况如下：

第一次为乾隆十六年正月十三日出发，五月初三日返京；第二次为乾隆二十二年正月十一日出发，四月二十六日返京；第三次为乾隆二十七年正月十二日出发，至五月初四日返京；第四次为乾隆三十年正月十六日出发，四月二十一日返京；第五次为乾隆四十五年正月十二日出发，至五月初九日返京；最后一次即第六次为乾隆四十九年正月二十一日出发，至四月二十三日返京。这六次南巡，一般都要到江宁、苏州、杭州、扬州，后四次都到过浙江海宁。

皇宫戏迷

清宫的后妃基本上都是戏迷，因为唱戏、听戏是当时人们最愉快的休闲乐事。每逢节庆，如皇帝登极、万寿节、后妃千秋节、皇子或公主生日、后妃生育、立春、上元、端午、七夕、中秋、重阳、冬至等，都要上演不同的戏目。戏目无非是帝王将相、神仙鬼怪的故事。有《万寿长生》《福寿双喜》《四海升平》等曲目。戏种有昆腔、弋阳腔等。

一般唱戏时间在早6点至7点开戏，下午2点至4点散戏。地点会有很多，但外东路宁寿宫阁是楼院内的畅音阁大戏台最有名。

关于宫中唱戏娱乐，有许多故事。

一个是雍正皇帝。雍正向以勤政著称，但却留下了"杖杀优伶"的传闻。

《啸亭杂录》记载，雍正帝有一次看杂剧，演的是有关常州刺史郑儋打子的故事，扮演常州刺史的伶人艺术高超，"曲仗俱佳"，雍正帝十分高兴，大加赞赏，给了这位伶人许多奖励。可是，这位伶人竟有些忘乎所以，问皇上当今常州刺史为谁，雍正帝立即翻了脸，喝道："汝优伶贱辈，何可擅问官守？其风实不可长！"接着下旨，将此优伶立即打死。刚才还是晴空万里，一会儿就乌云密布。真是伴君如伴虎。因为一句话就丢了脑袋，谁还敢说话呢？

另一个是咸丰皇帝。咸丰虽然政治作为不大，但在看戏上却有一套。他是个戏痴，曾亲自上演一部思春戏《小妹子》。

咸丰帝钟爱戏曲，中外闻名。他荒唐而庸俗，在他所点的戏目上颇有反映。

咸丰六年正月，档案上记载着咸丰帝与升平署太监的一段对白。

问：有会唱《小妹子》的吗？

答：没有。

问：原先谁唱过？

答：吉祥、李福唱过，已故了。

……

咸丰帝非常失望，他多么希望马上看到这出戏。随即，他给升平署下旨：迅速学出《小妹子》来。

这出戏是什么内容，对咸丰帝有这么大的吸引力，竟达到着魔的程度？

《小妹子》又名《思春》，原为昆腔戏，曾被收入清刻印的剧本《缀白裘》里。它是一部典型的思春戏，其中心情节是，被情夫抛弃的妇人，哀怜地发出对负心郎的怨恨。

其中的部分唱词是：当初呀，我和你未曾得手的时节，怎说道如渴思浆，如热思凉，如寒思衣，如饥思食。你便在我的跟前，说姐姐又长，姐姐又短，又把那甜言蜜语来哄我。到如今，才知道你得手的时节，便远举高飞……负心的贼！可记得，我和你在月下星前烧肉香疤的时节？我问你那冤家呀，改肠时也不改肠？听信你，说永不改肠，才和你把那香疤来烧。谁想你忘恩薄幸，亏心短命的冤家！

这段唱词，咸丰帝都能背下来，台上演员稍有差错，他都能给指出来。为了迎合咸丰帝，升平署特地请来师傅，并招选貌美如玉的姑娘，学演《小妹子》。经过20多天的赶排，于三月十五日在同乐园演出。女演员搔首弄姿，颇得帝宠。咸丰帝看得非常认真，他边看，边唱，边指点，最后，他竟上台与演员对白。以后，这出戏多次在宫中上演。

2. 深宫逗趣

皇宫中的后妃，不仅参与有趣的体育锻炼，同时，她们也喜欢游戏活动，既养生又愉悦心情。

在宫中，后妃们在规定的范围内想方设法找些有趣的事情来做，以磨炼心志，排遣寂寞。

琴棋书画

其实皇帝很重视有才华的女子，聪颖而贤惠的后妃自然受宠。因而，她们平时也注意加强修养。

下棋，如围棋等，慈禧有弈棋图传世：图中画一方桌，桌上摆着一盘正在进行的对局棋。慈禧端坐于桌的左方，面带微笑，手拈棋子，桌右一陪弈男子，持子侍立，有说为太监李莲英者。从这幅画中，丝毫看不出慈禧是一个大权在握的女独裁者。

书法练字，陶冶情操。《养吉斋丛录》记，自康熙开始，除夕前一日，皇帝会向近臣、近侍等赐"福"字，以后相传不替。至于后妃，则会仿效皇帝，有时皇帝会请些女师傅来教授，她们也会练写"福""寿"等字。如慈禧太后在听政之余，颇感宫闱寂寞，便找来笔砚，绘画练字。慈禧虽天资聪颖，但字画的纯熟需要真功夫练就，慈禧有些望而生畏。恰此时，有一位云南督抚的夫人缪嘉惠，颇具丹青书法，又中年丧夫，生活无着，以卖字画为生，于是，被及时推荐入宫。慈禧果然十分赏识缪嘉惠，特免行跪拜礼，赐穿三品服色，月银200两，每日在后宫指点慈禧练字绘画。慈禧性情急躁，稍不顺心则推翻桌案，抛掉笔管。缪嘉惠不慌不忙，命人扶好桌案，重整笔砚，凝神坐下，挥毫泼墨，一行行秀雅玲珑的字体映入慈禧眼中。她转怒为喜道："缪卿果然真功夫。"缪嘉见慈禧高兴，便开始指点她作画写字。慈禧喜欢祥瑞，作画多为"海屋添寿"，有云水殿阁及仙鹤飞翔；"灵仙祝寿"，有蟠桃、灵芝、蝙蝠、水仙；"富贵长寿"，有牡丹、青松、绶带鸟。画完，由缪嘉惠校正后，加盖"慈禧皇太后之宝"印章。慈禧像其他帝王一样，喜欢赏字于臣，于是，便练写大字，主要有"福""寿""龙""凤""美意"等。由于慈禧年事已高，练大字颇感吃力，但她十分自信，坚持不懈，终于有所长进，不久，便有许多加盖慈禧印章的大字赏人。这些大字笔条流畅，遒劲有力，颇见功底。一些臣子颇以得此字为荣幸之至，便争相乞赐。但慈禧觉得力不从心，干脆由缪嘉惠代笔书写，照样加盖印章赏人。

后宫妃嫔中作画作诗者有之，如号称"懒梦山人"的同治帝瑜妃，精通文墨，擅作诗文；而同治帝皇后阿鲁特氏，不仅知书达礼，书法还特别好，尤其擅长左手写大字；光绪帝瑾妃，也有山石扇画留传于世，其画线条细腻，颇有古风。

有时为了排遣时日，皇帝会为后妃们请来技法高超的画师，为后妃们画像。如乾隆时期，意大利人郎世宁进入宫廷，结合中国绘画高手，将东西方画技结合起来，为清宫中的帝后妃绘画，有肖像画，也有风景和出巡画像等。历代后妃都有传世的画像。其中有朝服像、常服像、汉装像和戎装像，五花八门，虽不见得十分真实，却也可从中看出清宫后妃的容貌大概。后妃们坐在那里，等着画师们一点一点画，如果是脾气好的，会一直

慈禧太后弈棋图

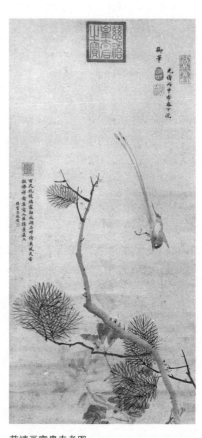

慈禧画富贵寿考图

等下去。但慈禧却不然，当美国人卡尔为其画像时，她嫌画得太慢，走开了。卡尔只好先画好衣服，再请出太后来补画面部。

九九消寒

"九九消寒"是一种流传很广的宫中文化娱乐活动。冬至开始，漫长难熬的冬天来临了。于是，宫妃们采用九九消寒之法来打发冬日。即选出九个字，或"雁南飞哉柳芽待春来"，或"亭前垂柳珍重待春风"或"春前庭柏风送香盈室"，各句中每字均为9笔（繁体字），头九第一天写一笔，每日一笔，写完第一个字，头九过去了，书完9个字，81天之后，冬去春来。这些有的是皇帝御制，如"亭前垂柳珍重待春风"为道光御制，也有说为乾隆御制。并有许多诗传世，如《九九消寒诗》《寒梅吐玉诗》《管城春满消寒诗》。

九九消寒诗

头九初寒才是冬，三皇治世万物生，尧汤舜禹传桀世，武王伐纣列国分。

二九朔风冷难挡，临潼斗宝多逞强，王翦一怒平六国，一统天下秦始皇。

三九纷纷降雪霜，斩蛇起义汉刘邦，霸王力举千斤鼎，弃职归山张子房。

四九滴水冻成冰，青梅煮酒论英雄，孙权独占江南地，鼎足三分属晋公。

五九迎春地气通，红拂私奔出深宫，英雄奇遇张忠俭，李渊出现太原城。

六九春分天渐长，咬金聚会在瓦岗，懋公又把江山定，秦琼敬德保唐皇。

七九南来雁北飞，探母回令是延晖，赍夜母子得相会，相会不该转回归。

八九河开绿水流，洪武永乐南北游，伯温辞朝归山去，崇祯无福天下丢。

九九八十一日完，闯王造反到顺天，三桂令兵下南去，我国大清坐金銮。

玩偶与宠物

玩偶，在民间会为成年人所不屑，然而，在宫中却不然。起初，这些木偶玩具是小皇帝或小皇子、小公主们的玩具，后来宫妃们无聊时，也会一起玩要。玩偶的种类很多，有戏剧形象，也有小动物模型，有会动的，有会发出各种声响的，也有智力测试的，制作十分精巧，妙趣横生。

清宫的御花园设有鹿苑，放养着仙鹤；内务府有养牲处、养狗处、养鹰鹞处等，东华门内东三所，是内养狗处。这些动物在宫里待遇很高，有吃，有穿，还有养牲账簿进行记录，记录着日拨口粮。雍正帝有"狗癖"，曾亲自设计狗窝、狗衣等，计划周详。慈禧太后留传于世的照片中，就有其与爱犬的合影，而且，竟有大臣祈斌为其爱犬画像，敬献给慈禧。慈禧的爱犬也有狗衣流传下来，为绿缎做成，做工精细，令人咋舌。

吸水烟

清宫后妃吸水烟，而且有许多烟具流传下来。一些资料中明确而详尽地记录了水烟袋的构造及吸水烟的过程。尤其是慈禧太后几乎天天吸，而且是饭后吸。吸水烟成了她每日必不可少的习惯。慈禧饭后有吸烟的习惯，但她不吸旱烟。清宫里忌讳"水烟"二字，因与"水淹"谐音，所以，储秀宫管水烟叫青条。此烟为南方专门进贡，也叫潮烟。

以慈禧为例：有4个宫女伺候慈禧吸烟。敬烟前要准备好6样东西：火石、蒲绒、火镰、火纸、烟丝和烟袋。宫女在慈禧面前点火敬烟，必须十分小心，万一火星溅到慈禧脸上，她一发怒，宫女本人连同祖宗三代就会遭灭顶之灾。

所用烟丝细薄而长，约 10 厘米。烟丝有一股清香味，用青绿色纸包裹，长方条状，所以叫青条。水烟袋全为银制，有两缸，一为烟缸，一为水囤，长长的烟管弯如鹤腿，叫鹤腿烟袋。慈禧的这柄水烟袋，银体外饰烧蓝釉，再外包锦套，上绣花卉、卍、蝙蝠、烟嘴上挂的穗上是用真丝编成的长寿字。这柄烟袋高 40 厘米，重 608 克。

慈禧吸烟时，敬烟宫女必须跪下，用手托起水烟袋，当慈禧轻轻用眼一看烟袋时，宫女便把烟嘴送到太后嘴前约一寸远地方，慈禧根本不用手接，只略一伸嘴便能含入口里。慈禧一次要吸两缸水烟。吸烟时，宫女不能正面对着慈禧，怕出气吹着她，但也不能背过脸，必须恭敬地微侧脸，低眉顺眼，呼吸轻微地伺候。吸完烟后，宫女不可背过身，扬长而去；而要弯腰低头，趋脚倒退而出。

康熙大帝的蟒式舞

在关外时，满族人其实也是载歌载舞的，清宫活动中有时也跳舞，但不多见。比如孝惠章皇后七十大寿时，康熙帝以 57 岁高龄，还走上戏台，为太后跳蟒式舞，以助其兴。

康熙四十九年正月十六日，是孝惠章皇后 70 大寿。宫里宫外格外忙碌，到处张灯结彩，呈现出一派喜气洋洋的气象。孝惠章皇后生于崇德六年，是科尔沁蒙古的名门望族。她是在姑母被废的第二年，即顺治十一年入宫为妃的，当年六月十六日，即被册封为皇后。可是，由于孝惠章皇后不善逢迎，入宫后，年轻风流的顺治帝并不十分宠爱她。之后，董鄂妃入宫，顺治帝更想废掉皇后，以董鄂氏取而代之。可以说，在顺治一朝的 7 年中，孝惠章皇后并未得到过真正的爱情。顺治帝死时，她才 21 岁，开始了她漫长的寡居生涯。

然而，孝惠章皇后也从此时来运转，康熙帝尊称他为母后皇太后，对她十分孝顺。孝惠章皇后长玄烨 13 岁，虽不是他的亲生母亲，但由于玄烨生母在康熙二年即死去，孝惠章皇后便协助孝庄太后担负起共同辅育小皇帝的义务，因而，母子间关系十分融洽，加之玄烨是一位孝顺的皇帝，对皇太后十分敬重。玄烨多次到外地巡视时，都要有侍奉皇太后同行，在宫中，也是每日亲自去太后宫中行礼问安。皇太后十分感动。

皇太后生日在宫中称"圣寿节"，历来十分重视，尤其是遇到皇上、皇太后整寿，宫中便早作准备，大加庆贺。这次皇太后70岁整寿，玄烨决心大办一番，以表达自己的孝心。正月十六日这天，宫中大宴宾客，又召来戏班子，一时间灯红酒绿，好不热闹。

康熙帝一面陪太后看戏，一面说些为太后祝寿的吉祥话，一场戏下来，57岁的玄烨突然走上戏台，要为太后祝寿跳蟒式舞。太后忙站起，要劝阻皇帝，因为皇帝年岁实在太大了，不宜跳舞。可是，康熙帝兴致勃勃地朝太后施礼祝寿后，便跳了起来。

蟒式舞，为满洲传统的筵宴歌舞，在民间早已流传，不知何时传入宫中。舞蹈形式为九折十八式，舞者举一袖至额头，反过一袖至后背，盘旋作势，形式巨蟒跳跃，所以叫蟒式舞。九折即9组动作，一为起式，二为摆水即打鱼动作，三为穿针即织网动作，四为吉祥即欢庆动作，五为单奔马即打猎动作，六为双奔马即出征动作，七为怪蟒出洞即龙舞动作，八为大小盘龙即龙戏水动作，九为大圆场即欢庆动作，与四同。十八式即18个舞蹈姿势，有手、脚、腰、转、飞各三式，肩二式，走一式。做完这些动作，康熙帝额头已微微出了一些汗，皇太后感动得站了起来，连忙说："皇帝孝心，天地昭昭，请歇息，不要累着。"母子亲情，油然而生。

纸牌的流行

中国是纸牌的发源地，玩纸牌兴于唐朝（618—907年），距今已有千余年的历史了。清宫造办处中有纸牌木模子，用来印制纸牌，供后妃娱乐。纸牌的形制有两种，一种为"幺万"—"九万"、"幺饼"—"九饼"、"幺条"—"九条"等，每种图形4张，共120张；另一种为《三国演义》《水浒传》人物，30个人物各4张，共120张。其玩法和打麻将相似。那些宫中太后、太妃，及当朝后妃们为打发难熬的无聊时光，便会在本宫中与太监宫女们斗牌玩。

此外，宫中不允许赌博（太妃们除外，她们会斗牌赌博），但有时也玩掷骰子，但不玩钱的，输赢看主子的赏钱。

3. "万岁"养生秘笈

世间有没有长生不老之术呢？长生之术不仅普通老百姓在追求，帝后妃们同样企图通过养生办法达到长寿的目的。帝后妃这些主位，作为天下的王者家族，至尊至重。他们在享受天下锦衣玉食的同时，又十分注重养生、保健和美容，来使自己延年益寿，拥有更多的时间去享受。

帝后妃试图长命百岁，长生不老。但是清宫中有这样的百岁寿星吗？我们查阅大量史料，发现其中确实有高寿者，帝王之中60岁以上者6人，其中，最高寿者为乾隆帝，他活了89岁，其次是圣祖和宣宗为69岁，太祖为68岁。这12帝的平均年龄为53岁，总的来说，还算可以。

后妃之中，按现有资料统计活到60岁以上的为：

皇太极的孝庄文皇后，75岁；顺治的孝惠章皇后，77岁，淑惠妃70岁；康熙的孝恭皇后，63岁，顺懿密妃70岁，定妃97岁，悫惠皇贵妃76岁，惇怡皇贵妃86岁；雍正帝孝圣皇后86岁，纯懿皇贵妃96岁；乾隆帝愉贵妃79岁，颖贵妃70岁，婉贵妃92岁，惇妃61岁；嘉庆帝孝和皇后74岁，恭顺皇贵妃74岁；道光帝佳贵妃75岁，成贵妃76岁，预嫔82岁；咸丰帝慈禧太后74岁，端恪皇贵妃67岁，婉贵妃60岁；同治帝珣妃64岁，瑜妃75岁，瑨妃77岁。

这25位较高寿的后妃中，有3位是90岁以上，即康熙的定妃、雍正的纯懿皇贵妃和乾隆的婉贵妃。3位老寿星在丈夫生前地位均比较低下，定妃和纯懿皇贵妃仅为嫔位，而且也只有纯懿皇贵妃生有1子，其他两位终生未孕。

所以，对清宫帝王和后妃的养生与保健有必要进行探讨，从中得到一些启发。

乾隆的长寿秘法

乾隆号称"十全老人""古稀天子"，活了 89 岁。

长寿秘诀，清代御医后裔总结为"吐纳肺腑、活动筋骨、适时进补"、"十常"、"四勿"。"十常"即齿常叩、津常咽、耳常弹、鼻常揉、睛常运、面常搓、足常摩、腹常旋、肢常伸、肛常提；"四勿"：食勿言、卧勿语、饮勿醉、色勿迷。这套养生之法，为乾隆皇帝所接受，并灵活运用，达到了预想的效果。

后妃成群，御之有度。乾隆有名姓记载的后妃为 41 位，可谓多矣。可是乾隆皇帝并没有一味沉浸在后宫之中，而是御之有度，从其均匀的生育中即可悟出这一道理。

营养合理搭配，饮食有度。一年四季中，乾隆每膳前必先吃一碗冰糖炖燕窝。在早、晚两正膳中，也常有燕窝菜，即燕窝红白鸭子、燕窝炒鸡丝、燕窝拌白菜、燕窝白菜滑熘鸡鸭等。他还注意用鹿肉滋补身体。对于成群后妃，他并不是疲于应付，而是按时、按节接纳，并十分注重营养滋补。尤其喜食鹿肉。中老年以后，他几乎天天以鹿肉进补，保持体力精壮。

应节气适当调节饮食有益无害，如春季食榆钱饽饽、榆钱糕、榆钱饼；端午节吃粽子，重阳节食花糕等。他还注意以粗补细，以野补身，如百姓常食的黄瓜蘸面酱、炒鲜豌豆、蒜茄子、芥菜缨、酸黄瓜、酸韭菜、秕子米饭等，他都适量进食。

乾隆帝注意适量饮用玉泉酒。玉泉酒是宫中专门酿造的，供帝王、后妃饮用。此酒选用玉泉山的水酿造，甘醇可口，弥足珍贵。乾隆帝每日分次饮用，总量不超过 4 两。乾隆十分重视玉泉酒的分配和使用情况，有时会亲自过问。乾隆四十七年，因宫中使用玉泉酒过量，乾隆震怒，下旨命军机处严查。内廷里面因为这样的生活琐事而要军机处参与查案，在清宫史中从未有过。军机处不敢怠慢，很快查明了真相。原来，这一年事情很多，有阿哥娶福晋、公主下嫁等，所以，这一年用掉 1039 斤玉泉酒，比平时多好多。

康熙的养生之道

康熙帝活了 69 岁，一生历经诸多坎坷，达此寿龄已属不易。其规律为：

一日只两膳，不进小吃。他说："朕每日进膳二次，此外不食别物，烟酒及槟榔等物皆属无用。"

不吃补药。宫中补益类的药品非常多，太医也不断献方，地方臣僚也多有进奉，但他概不使用。饮食有节，起居有常。再好吃的东西，他也不多吃，按量进补。

适量饮用葡萄酒，达到养生保健的效果。葡萄酒传到北京的时间，是在明末清初，由耶稣会士带来或由西洋进贡。自康熙废皇太子后，他得了一场大病，尽管御医使尽了浑身解数，仍不见效果。西洋传教士请他喝葡萄酒试试："西洋上品葡萄酒，乃大补之物，高年饮此，如婴儿服人乳之力，请皇上饮用。"康熙帝试着饮用，感觉不错。于是，每天饮用几次，居然增加了食欲，精神也好了许多，这是康熙帝没有想到的。

心态平和，不求长生之术。他说："人之有生必有死，如朱子之言，天地循环之理。""朕之生也，并无灵异；及其长也，亦无非常。"坚决摒弃《炼丹养身秘书》。

御用之物，不尚奢华。这是康熙皇帝最与众不同之处。

内外兼修的保健良方

清宫有太医院，院中有御医 13 人，吏目 26 人，医士 20 人，医生 30 人。这些御医全为汉人，医术高明，日夜为宫廷服务。举例说明如下：

酒类：龟龄集、龟龄酒、松龄太平春酒、椿龄益寿药酒、健脾滋肾状元酒、如意长生酒等。

丸剂：健脾滋肾状元丸、密寿固本仙方、清暑益气丸等。

代茶饮：解表代茶饮、清热代茶饮、去暑代茶饮、温中代茶饮、补益代茶饮，其配方并不是茶，而是一些人参、黄芪、甘草之类。

八珍糕：有党参、茯苓、薏米、白术、芡实、扁豆、白糖、白米粉等物，研成粉蒸成。

······

清宫对人参的异常重视，人参产于我国东北，与貂皮、鹿茸并称"关东三宝"。人参是传统的中医补药，功能主治：补元气，生津液；主治虚脱、虚喘、崩漏失血、惊悸，以及一切元气虚弱、气虚、津少等症。清王朝发兴于东北，皇室对人参更是钟爱有加，从人参的种植开采、分配、使用到出售，几乎统归皇室。人参成了皇家独有享用的宫廷用品。

清政权入关以前，满洲人所采人参，是作为珍贵稀罕物品，或进贡朝廷，或交换物品以维持生计，是他们经济收入的重要来源。入关后，清政府对人参的开采采取了垄断政策，将采参大权高度集中于中央，并制定了一系列保护国家参源的法律政策。

清皇室内务府垄断采参后，采参任务主要由盛京内务府上三旗兵丁和吉林打牲乌拉总管衙门的牲丁承担。这样，大量上等人参每年源源不断地被运到清宫。据不完全统计，康熙四十八年，交送宫中人参 1000 斤，康熙五十八年，交参 3000 斤，乾隆十年交参 1439 斤，乾隆三十年交参 2059 斤······这些源源而来的人参，均进入内务府广储司茶库。

进入宫中的这些人参，共分十二类：大枝、特等、头等、二等、三等、四等、五等、芦须、渣末、参叶、参籽、参膏。而只有四等以上的人参才是专供帝后享用或御用入药的人参。此外，还可作为赏赐官员和少数民族王公贵族及外藩等使节，有时，多余人参也要到外地贩卖成银两入库。

清宫帝后使用的人参，一般为特等、头等和二等参。如雍正十年五月二十二日，一天就用一号特等参 5 斤 10 两 2 钱，头等参 10 斤 12 两 4 钱

5分，三等参106斤，四等参217斤9两。此外，皇帝出巡、狩猎、祭祖扫墓等，也随身携带备用人参。如乾隆元年十月十一日，乾隆帝恭送雍正梓宫，就备有三等人参3斤，四等人参5斤，五等人参10斤。

人参为大内补药，御药房在研制各种成药时，一般加入人参。雍正十二年，御药房全年用于入药的各等级人参就在384斤以上。

关于赏参，数目更是惊人。主要用于对各少数民族的上层头人，如对蒙古王公贵族、外藩、各国来华使节、年迈体弱的功臣、官员等的赏赐。如雍正十二年，用于赏赐的人参就达172斤。

饮用水质也很重要，因此清宫用水很讲究，只用玉泉山的专用水，不用其他。其实，玉泉山的水自元代起，就已成为帝王专用水。玉泉山的水质是经过严格测量的。早在乾隆年间，乾隆帝命内务府制银斗一个，较量天下名泉名水，质量以北京西郊玉泉山水最轻，玉泉水也被称为"天下第一泉"。这样，清宫便派出专车每天去玉泉山拉水。拉水车早上出神武门，待下午太阳西斜时再拉回神武门。帝后妃们每日御膳、泡茶之水都用玉泉山之水。而慈禧太后在洗澡时也用此水，为的是保持她的肌肤细腻光滑。

另外，清朝皇家很注重沐浴保健，主要有两种途径，一种是汤泉洗浴，利用地下热水中丰富的矿物质，来治疗各种皮肤病。北京的汤泉有昌平小汤山温泉，还有河北遵化的汤泉，孝庄、康熙都曾来此，沐浴疗疾；另一种是人工制作洗浴水。宫中后妃，有在冬季使用木瓜汤洗浴，因为木瓜有舒筋活血的功效，夏日则用杭菊粉洗浴，因为杭菊具有醒神明目的作用。慈禧太后就曾用过此方剂。后妃所用温泉有三处，即河北赤城、遵化汤泉、北京昌平小汤山。

赤城温泉的浴疗效果相当好，因其高温弱碱，主要成分为硫酸钠，对皮肤病、关节炎、牛皮癣、坐骨神经痛疗效明显。尤其是每当桃花盛开的季节，赤城温泉被誉为洗桃花水，一条白浴巾会染成粉红色，趣味无穷，康熙帝后曾侍奉孝庄多次前往洗浴。

遵化汤泉是在康熙十年开始见诸记载的。因为此处距顺治孝陵近，康熙在奉太皇太后谒陵的同时，便去汤泉疗疾，有时一住就会有 40 多天，说明效果是不错的。直到今天，遵化汤泉还保留有流杯亭、六角石幢等建筑，记录下了汤泉曾经有过的辉煌。

小汤山汤泉在北京昌平，那里泉水如煮，矿物质丰富，备受帝王后妃青睐。每年都有后妃前往洗浴。晚清慈禧太后有时也会前往坐汤，并在档案中留下了记录。

还有就是清宫之人对鼻烟的钟爱。清初，宫廷内禁止吸食烟草，皇太极曾颁告示，力主禁烟。可是，雍正继位后，认识到鼻烟有诸多好处，它不仅可以治疗头疼、咳嗽、风湿等病，而且还可以缓解疲劳，提神醒目，具有一定的保健功能，对于工作狂雍正来说，鼻烟就是保健养生的一剂良药。因此，他非常喜欢，并不时命造办处制造各式鼻烟壶进献，有时，自己还会提出一些修改意见，十分内行。清宫造办处也极尽心力，制作出牙雕、玉器雕、铜雕、珐琅、瓷制、黄铜、景泰蓝、料器、漆雕等多种式样。

孝庄太后便装捻珠像

[第三章] 守望四季好时光

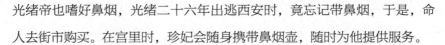

光绪帝也嗜好鼻烟，光绪二十六年出逃西安时，竟忘记带鼻烟，于是，命人去街市购买。在宫里时，珍妃会随身携带鼻烟壶，随时为他提供服务。

清宫崇信佛教，信佛，向佛，清心寡欲，在清宫复杂多变的斗争环境中，那些结有佛缘的后妃，往往闭目静神，向佛捻珠，陶冶心性。孝庄太后就有便装捻珠像传世，看上去十分安详、宁静。慈禧太后在心绪烦乱之时，就会到静室中向佛祈祷，直到心绪平静下来才肯出来。苏麻喇姑，一生崇信佛教，她认为人生有诸多罪恶，所以在年三十夜洗浴时，要将脏水喝下赎罪。她死时，已有90多岁了，是个老寿星。

此外，锻炼必不可少，清宫后妃们已经认识了锻炼的重要性。如清宫每年的狩猎、冰嬉等运动，还有在御花园等处遛弯儿。慈禧等常去遛弯儿，消食、醒脑、健身。

第四章

珠光宝气

深宫中的女人不比寻常人家，普通人家的女人不仅要操持家务，还要为生计而奔波。皇帝的女人们就只有享受的份儿了，她们穿金戴银，珠光宝气，尽情享受世上的宝物。所以，女人们在深宫中梳头、美容、养颜等等那些事儿，就成为她们的生活主业了。

1. 女为悦己者容

驻容有术

后宫佳丽们深居简出，极狭小的活动范围内所能自主做的事情，就只有打扮自己，以使自己青春永驻。这样，皇帝才能更多地关注自己，也才会有出头之日。

六宫粉黛们一定会挖空心思钻研此道，宫外投机之人也会将美容法宝献进宫廷。此外，皇帝出于自己的考虑，也会极力支持后妃们打扮自己。

美容和养颜，坐在镜子面前辛苦地打扮自己，是后妃们常做的功课。她们时刻关注自己和往常有什么不同，是否有皱纹不经意地爬上来。因而，平时，她们就十分注意保养容颜。

遍查史料，终于发现了晚清慈禧太后美容的种种方剂和做法。慈禧皮肤历来不白，肤质不细，为了嫩面、润肤，达到增白、防皱功效，她采用了以下办法（这些方剂均来源于清宫档案）：

宫粉：由米粉、益母草粉、珍珠粉加香料配制而成。慈禧入睡前，在脸、脖子、前胸、手臂上大量使用宫粉。

胭脂：由新鲜玫瑰花制成。每年五月，北京妙峰山的玫瑰专门进贡清宫，提炼成玫瑰油，再将玫瑰油加工成胭脂。

沤子方：由8味中药研成粗渣，与3斤烧酒同煮，去渣留汁，兑上白糖、白蜂蜜、冰片粉、朱砂面搅匀即可。涂于脸部，有嫩面、滋养、润肤功效。

玉容散：由白芷、白牵牛、白丁香（麻雀粪）、鹰条白（鹰粪）等 16 味中药组成，可去除面部黑斑、粉刺、斑纹。用时，将散剂用水调和，搓搓面部，再用太平车在面部反复滚动。

藿香散：由藿香叶、香白芷、零陵香、檀香、丁香、糯米、广明胶等 7 味组成。可以通经络，除面黑，增加皮肤弹性，润肤香肌。

栗荴散：将栗子的内皮晾干，研细面成散剂。使用时，用蜜调和涂于脸上。能祛雀斑，减少皱纹，光洁面部。

加味皂：在皂中加入檀香、排香草、广陵香等香料，长期使用，可嫩面玉容。

护发术有：

香发散：由 14 味中药细研，加苏和油拌匀，晾干后再研成粉。梳头时将香发散喷于发中，用篦子反复梳理，头发蓬松、柔顺，既可养发，又可防白。

菊花散：用 9 味中药研成粗渣，加浆水煮沸后去渣，用药汁洗发。

抿头方：由香白芷、荆穗、白僵蚕、薄荷、藿香叶、牙皂、零陵香、菊花 8 味中药，加水同煮，冷却后加冰片，可使发质软化，清神醒脑，防止脱发。

长春益寿丹：由 32 味中药制成，每早空肚，用淡盐水送服，可防止发白。

固齿术有：

固齿刷牙散：由青盐、川椒、旱莲草、枯白矾、白盐等组成，研成细粉，早晚漱口，可防止牙齿变黄。

固齿方：用生大黄 1 两、熟大黄 1 两、生石膏 1 两、熟石膏 1 两、骨碎补 1 两、银杜仲 1 两、青盐 1 两、食盐 1 两、明矾 5 钱、当归 5 钱、枯矾 5 钱。每天早晨以此散剂擦牙根，用冷水漱吐。当归、杜仲养血补肾坚骨骼；石膏固齿；食盐、明矾杀虫解毒；大黄、石膏可消胃热，止火牙痛，每日擦用齿固无摇。

此外，慈禧在日常生活中，还喜欢用茶水漱口，每次饭后，她都要嚼槟榔，长期坚持，可除掉牙酸，清除口腔腐气。

沐浴方：用宣木瓜 1 两、薏米 1 两、桑枝叶 1 两、茵陈 6 钱、甘菊花 1 两、青皮 1 两、净蝉衣 1 两、萸连 4 钱。将以上配料和为粗渣，盛布袋内，熬水浴之。此方可清风散热，平肝明目，又可杀菌，对皮肤真菌有抑制作用。其中蝉衣、薏米可加强散风热、透风疹，能防治皮肤病。如果是

慈禧对镜簪花照片

在夏季，慈禧则喜欢用杭菊粉兑水沐浴，因为夏季炎热，暑气上升，使用杭菊水洗浴，能起到清心醒目的良好功效。

食补膳丸：

延年益寿丹：用茯神 5 钱、远志 3 钱（肉）、杭白芍 4 钱（炒）、当归 5 钱、党参 4 钱（土炒焦）、黄芪 3 钱（炙焦）、野白术 4 钱（炒焦）、茯苓 5 钱、橘皮 4 钱、香附 4 钱（炙）、广木香 3 钱、广砂 3 钱（仁）、桂圆 3 钱（肉）、枣仁 4 钱（炒）、石菖蒲 3 钱、甘草 2 钱（炙），共研细面，炼蜜为丸，成绿豆粒大小，朱砂为衣，一日 3 次，每次服 2 钱 5 分。对因思虑过度导致心脾受伤，营血虚少，进而并发失眠、健忘、眩晕、盗汗、饮食少、体倦有功效。方刘中桂圆、枣仁、远志、茯神、当归等补心养血；党参、黄芪、甘草、白术等，补脾生血；木香舒脾理气，增强补气生血功能；白芍，养阴补血，治血亏、月经不调；香附，解郁开气；石菖蒲，开心利窍；橘皮，健胃利气；广砂，行气破滞；茯苓，渗湿利窍。此方，拟于 1880 年。

五芝地仙金髓丹：由 11 味中药加蜂蜜配制而成。服用百日后，可五脏充实，益气生津，肌肤润泽，延缓衰老。

平安丸：由 9 味中药调配而成，即檀香、沉香、木香、白蔻仁、肉蔻仁、红蔻、神曲、麦芽、山楂等。连服数日，消化有力，气血旺盛，皮肤营养充足，面色逐渐红润。

保元益寿丹：用人参 3 钱、炒于术 3 钱、茯苓 5 钱、当归 4 钱、白芍 2 钱（炒）、干地黄 4 钱、陈皮 1 钱 5 分、砂仁 1 钱、醋柴 1 钱、香附 2 钱（炙）、桔梗 2 钱、杜仲 4 钱（炒）、桑枝 4 钱、谷芽 4 钱（炒）、薏米 5 钱（炒）、炙草 1 钱，共研成极细的面，每次服用 1 钱 5 分，老米汤调服。主治血虚、血亏引起的精神不振，肢体疲倦，面色黄萎，饮食少，虚热等症。人参补元气，当归生血养血；砂仁、香附、陈皮理气，舒肝，化痰；

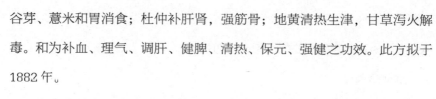

谷芽、薏米和胃消食；杜仲补肝肾，强筋骨；地黄清热生津，甘草泻火解毒。和为补血、理气、调肝、健脾、清热、保元、强健之功效。此方拟于1882年。

十全大补丸：人参2钱5分、白术5钱（土炒）、当归5钱、川芎5钱、白芍5钱、黄芪1两（蜜炙）、茯苓1两、肉桂1两、熟地1两、甘草2钱5分，共为研末，水叠为丸，每次服用1—2钱。此方主治血虚引起的精神不振，肢体疲倦，面色黄萎，饮食少。所用熟地，滋阴补血；当归和气生血，白芍敛阳益血，川芎调和血气，人参大补元气，白术健脾强胃，茯苓渗湿利窍，甘草补脾益气，黄芪益气，肉桂温血，和为助阳，固卫，保元，大补秘方。此方拟于1884年。

这些美容健身之术，使得慈禧皮肤状况有所改善，加上她富有心计，又擅唱南曲，终于引起了咸丰帝的注意，临幸过后即怀孕生子，幸运之神终于向她招手了。

咸丰死时，她年方27岁，正是风华之年。她一面追逐权力，一面更加刻意地打扮自己。她甚至养成了喝人乳的习惯，将那些刚刚生产过的（一定是二胎，因为二胎的产妇奶水纯正而旺足）相貌漂亮的旗人（只有旗人才放心）少妇弄进宫来，奶水旺足，供其服用，每天常用这样的奶母就有3人。服用时，有时要加进少量珍珠粉。久而久之，慈禧的皮肤越发白皙。

香料的调制

关于宫中"香料"，《甄嬛传》塑造的两个人与之产生了关联：一是安陵容亲自调制香料，并且是个"香料"高手；二是最爱欢宜香的华妃。根据清宫档案，清宫主位确有熟悉医道之人，比如康熙、雍正、乾隆、慈禧，也有慈禧亲自指导宫人配制胭脂的记载。可是，妃嫔们配制香料的档案却不见记载。究其原因，普通妃嫔们地位不高，其生活细节不会被记录在档；另外，这些人也不可能深谙香料的制作工艺。尤其是安陵容这种作为雍正帝的嫔御，约束甚严，并不敢在后宫大行其道。

据不完全统计，宫中女人每年光脂粉一项开销不下四万两白银，将香喷喷的胭脂装在漂亮的盒子内，既实用又好看，后妃们乐此不疲。这些胭脂有自制的，也有从广州进口的，还有外国使臣或公使夫人献上的。六宫粉黛通过使用高档脂粉，越发美丽动人。资料记载，光绪二十六年，隆裕皇后随慈禧西逃时，仓促间，未带脂粉盒，一路上没有脂粉用，很不方便，直到太原、长安才命人到民间去购买。

清宫中曾有玛瑙太平车传世，其实是后妃脸部按摩器。按摩前，后妃们先用鹰粪、珍珠粉兑上乳汁，做成膏状物，再将其涂于脸部，然后用太平车来回揉搓，不仅使其皮肤不易衰老，还会缓解面部疲劳。有时按摩，会在面部涂一些增白的膏剂，有利于皮肤白皙。

另外，清宫女人是否会使用香料呢？民间盛传乾隆香妃体有异香，有专家考证，香妃自身不可能发出香味，极有可能是其随身携带并大量使用香料，久而久之，香味渗透到了皮肤里面，才散发出了奇异的香味。

又有人考证香妃之"香"，可能与一种沙枣树有关。沙枣树产于新疆，叶子为银，花为金色，开花时芳香无比，沙枣树素有"金花银叶铁干干"之称。香妃入宫后，相传她要在宫中种植沙枣树，以解思乡愁绪。乾隆依了她，种植大量沙枣树，花香味熏染了香妃，从此她身上也带有奇异的香味。

华贵护指

清宫后妃有留指甲的习惯，一般在大拇指、无名指和小拇指留有长长的指甲。这些长指甲极易折断，尤其是在冬季，指甲脆弱。所以，太医院的太医们便为后妃们研制了软化指甲的药水，定时由宫女们伺候浸泡。不仅如此，为了美化和保护指甲，要制作漂亮的甲套，有金护指、银护指、玉护指和棉护指，适用于不同季节：冬季，会用棉护指，甲面有棉；夏季用玉护指，玉石的质地会很凉爽；春秋季节，则使用金护指或银护指。从慈禧太后的照片中我们可以看出她的指甲足有 7 寸长，不仅有华丽的甲套，还要涂进口的甲油，并有专门宫女按时伺候泡洗，宫中为她的指甲准备了一套专用工具箱，内有小刷子、小剪子、小刀子、小锉子之类。慈禧太后在 1900 年西逃前，怕暴露目标，狠心剪掉了自己多年养起来的指甲，当时还为此大哭了一场。

实际上，清代的女子们并不都留这种指甲。这么长的指甲，会影响她们干家务，这对于务实的满洲人来讲是不现实的。而只有那些深宫中的女子，也包括王公贵族之家的女子们，为了显示高贵的身份，养尊处优的生活方式，或许会留下这些指甲示人。需要强调的是，并非每一个女人都有留指甲的习惯；也并非每个皇帝都喜欢自己的女人留下长长的指甲，所以，影视剧中的女人护指有些艺术夸张的成分了。

2. 当窗理云鬓，对镜贴花黄

珍贵的金发塔

好多电视剧导演都认为后妃是用太监来梳头的。其实，像梳头这种工作属于细活，一般不会由太监来做，而是使用经验丰富的宫女来完成。但是，晚清的慈禧太后确实使用过太监李莲英梳头，这应当是一个特例。

后妃除了日常活动以外，总爱在梳妆台前逗留。宫里有专门的梳头宫女或太监，他们侍候着这些女主们。除了梳好头发外，还要趁此时加深与后妃们的感情，讲些宫外时新的话题，或是后妃感兴趣的话题。

后宫的女人们梳下的头发，要加以保留，因为她们认为父精母血给予之物不可轻易扔弃。关于头发的重要性，《孝经》这样记载："身体发肤，受之父母，不敢毁伤，孝之始也。"至于明清之交，明朝的遗臣们面对多尔衮气势汹汹的剃发令，也十分伤感和不愿，清初散文三大家之一的侯方域说："身体发肤，不敢毁伤，圣人之训也"。这是汉族男人的态度，同样，满洲男人也是一样，他们爱发如命，并不轻易剃去。至于男人发式中剃掉前额头发，只是一种习惯而已。

　　满洲女人遇有大丧事件，比如长辈去世，则要表达一种丧葬中的孝顺之意，把头发披散开，剪掉耳边的一绺头发，是以发代头，表示殉葬先人之意。所以，清朝的男女，都非常珍视自己的头发。慈禧入葬时，就把她生前梳落的万缕青丝随葬地宫之中；而乾隆皇帝的生母孝圣皇太后去世后，乾隆帝为其铸造了黄金塔，用来存储孝圣皇太后梳落的头发，后人称为金发塔。

　　乾隆为其母制作金发塔，靡费颇巨。当初，拟造高2尺1寸6分，但由于其中需供无量寿佛法身大，原高度容纳不下，于是，再行加高到4尺6寸，用金数量颇为巨大。宫廷里的承办人员想方设法，把一份金册、一枚金印、寿康宫茶膳房金器及所存盆、匙、箸等金器等尽行搜罗，共得黄金2300余两，仍不敷使用。于是，福隆安想出用白银添铸的办法，乾隆允诺，将700余两白银熔入其中，共有3000余两。承办大臣由福隆安和和珅共同负责，职能部门有工部、户部和内务府，具体操作施工由内务府造办处

保存完整的金发塔，现珍藏于北京故宫博物院。

负责办理，互相监督，以防怠惰和克扣。经过3个多月的紧张劳动，金发塔终于完工。金塔由下盘、塔斗、塔肚、塔脖、塔伞、日、月和松石璎珞等部分组成。纹样端庄，构图完美。其中金塔内的盛发金匣是关键，乾隆帝从样式到刻画纹样都一一过目。

清宫发式

东西六宫中，每宫必有一处梳妆台。身份高的后妃会有十分高档的梳妆台，梳妆台可以折叠，并配有各种小抽屉，可以装进脂粉或梳具等物。梳妆台的质地有紫檀和红木，有嵌螺钿的，异常华美。梳具中，有各种质地，如黄杨木和象牙等类。梳具按盒装，盒中按梳具形状设置出各种凹槽，有梳门发、鬓发、边发等具，也有刷子和篦子，齿疏密不等，用途各异，每盒梳具总有十来件。

后妃梳头时，为保持头质柔软而光亮，会使用头油来护发。如康熙历次南巡时，各地大臣的贡单中就有"香头油""梳妆香油"等进奉。

流连在梳妆台前，有得意，有失意。失意的后妃会不时地叹气，哀怨时光不饶人，年老而色弛。但她们很多人并不会因为顾虑皇帝喜新厌旧而离开梳妆台。相反，一旦她们认识到自己已经老了，就会更加刻意地装扮自己，因为漫漫的人生余路不会因为皇帝失宠而断绝，生活还要走下去，直到人生尽头。

清宫后妃的发式，受封建礼数的约束，不可过分张扬和造次。但当外界广泛流行时，也会很自然地将各种发式流入宫中。而且，随着时代的变化，宫中后妃的发式也会变化。主要有：

孩儿发：清代，无论男孩和女孩，都剃去周围的头发，只留颅后发，编结成辫，盘于脑后。女子待成年后，开始蓄发，缩髻。

知了发：乾隆、嘉庆时期，满洲妇女时兴头顶盘发一窠，耳前两旁作

"双垂蝉翼"式，形如知了，故此得名。

宫头：盛行于光绪年间，其发式为总全发于颅顶，束之以绳，复分两缕，缠成两把，再行加高，以桦皮桶2个，长约3寸，红绳缠束，穿假发套，以丁字形铁叉穿桶中，布发于叉，构成两硬翅，又加1尺左右长之扁方，缚令平立，两翅余发双搭扁方之上，交叉盘绕，涂以发油，余梢缠绕头顶。发短则以假发，外边用红绳围上，再在上面插上各式花朵、簪、钗等。

软翅头：盛行于清朝嘉庆、道光年间。方法是绾全发于头顶，束之以绳，再分成两缕，各用红绳缠成两把，长约三五寸，双垂于脑后，略呈"八"字形。咸丰、同治朝以后，其两把结构由矮而高；由竖垂脑后，演变成横卧头顶。

高把头：由软翅头演变而来。方法是绾全发于头顶，用头绳束住，再分成两缕，用红绳缠成细而短的两把，用铁叉支住，再在铁叉上缠线。挽发如双角，作朝天马镫状，颈后缀一燕尾发髻。流行于旗人世家仆妇中。

旗髻：方法是绾全发于头顶，盘成一圆髻，这种简便的发式，在出阁后的妇女中，均可梳之。

但若有事出门或喜庆大事时，则改梳庄重头型。

大拉翅：盛行于光绪、宣统年间。其式为顶发梳成圆髻，脑后发呈燕尾式，另以黑缎、绒或纱制成"不"字形皂板，称为"头板"。它的底部用铁丝制成扣碗状，称为"头座"。扣于头顶发髻上，并用发缠绕，使之固定。在头板中戴彩色大绢花，称为"头正"，或"端正花"，并加饰珠、翠、玉簪、步摇和鲜花，或于右侧缀一彩色长丝穗。

燕尾：清朝满族妇女在梳两把头时，将脑后发左右分开，下成两歧，梳成两尖角燕尾式扁髻，垂于脑后，再用线缝制固结，以防其松散。开始时，燕尾窄小平拢，后来耸起且长。在清朝末年，市肆上甚至有卖假燕尾的，以比其长短。

3. 金玉珠钗，满目琳琅

德龄公主在《清宫二年记》中这样记录初见到的慈禧太后，"我们一眼就看见一位老太太，穿的黄缎袍上绣满了大朵的红牡丹。珠宝挂满了太后的冕，两旁各有珠花，左边有一串珠络，中央有一只最纯粹的美玉制成的凤。绣袍外面是披肩。我从来没有看到过比这更华丽、更珍贵的东西。这是一个渔网形的披肩，由三千五百粒珍珠做成，粒粒如鸟卵般大，又圆又光，而且都是一样的颜色和大小，边缘又镶着美玉的璎珞。此外，太后还戴着两副珠镯、一副玉镯和几只宝石戒指。在右手的中指和小指上，戴着三英寸长的金护指，左手两个指头上戴着同样长的玉护指。鞋上也有珠络，中间镶着各色的宝石。"通过这样的记述，我们可以想象到作为当时紫禁城中最尊贵而有权势的女人是什么装扮和模样。

朝冠之礼

宫中后妃的头饰，在节日或重要场合要具朝冠，有严格的规定。朝冠有季节之分。皇太后、皇后的冬朝冠，其朱纬之上，周缀金凤7只，每只金凤上饰东珠9颗，猫睛石1颗，珍珠21颗。冠后有一金翟，其上饰猫睛石1颗，珍珠16颗。翟尾垂珠，共五行，每行为两段，每行大珍珠1颗，共垂珍珠302颗。中间有金衔青金石结1个，结上饰东珠、珍珠各6颗。末缀珊瑚。

皇贵妃、贵妃的冬朝冠，其朱纬上，周缀金凤7只，每只金凤上饰东珠9颗，珍珠21颗。其冠后有一金翟，其上饰猫睛石1颗，珍珠16颗。翟尾垂珠，三行二就，共垂珍珠192颗。中间有金衔一青金石结，结上饰东珠、珍珠各4颗。末缀珊瑚。

妃的冬朝冠，其朱纬之上，周缀金凤5只，每只金凤饰东珠7颗，珍珠21颗。其冠后有一金翟，其上饰猫睛石1颗，珍珠16颗。翟尾垂珠，三行二就，共垂珍珠188颗。中间有金衔一青金石结，结上饰东珠、珍珠各4颗。末缀珊瑚。嫔的冬朝冠，其朱纬之上，周缀金翟5只，每只金翟饰东珠5颗，珍珠19颗。其冠后有一金翟，其上饰珍珠16颗。翟尾垂珠，三行二就，共垂珍珠172颗。中间有金衔一青金石结，结上饰东珠、珍珠各3颗。末缀珊瑚。

此外，皇子福晋、亲王福晋、固伦公主、亲王世子福晋、和硕公主、

慈禧身穿珍珠披肩照

郡王福晋、郡主、皇孙福晋、皇曾孙福晋、皇元孙福晋、贝勒夫人、县主、贝子夫人、郡君、镇国公夫人、县君、辅国公夫人、镇国公女乡君、辅国公女乡君、民公侯伯夫人以下至七品命妇的冬朝冠在配珠，装饰上各有区别，等级极其分明。

从皇太后下至七品命妇的夏朝冠，按《大清会典》的规定，皆以青绒制作。其冠顶、冠饰及垂绦、冠带皆与其各自的冬朝冠制同。也就是说，除冠质之外，冬、夏朝冠其制相同。按《大清会典》的规定，每年于秋季始换暖朝帽，春季始换凉朝帽。

等级分明的金约

金约，为清代后妃、福晋、夫人、淑人、恭人及公主下至乡君、命妇穿朝服时，佩戴在朝服冠下檐处的一种圆形类似发卡的装饰品，其上饰以不同数量的珠宝，以此作为区别身份、地位的标志。按《大清会典》的规定，皇太后、皇后的金约，镂金云13个，其上饰东珠各1颗，间以青金石。金约后系金衔绿松石结，结上贯珠下垂，五行，每行三段，共24颗，每行大珍珠1颗。中间有金衔青金石结2个，每结上饰东珠、珍珠各8颗。每行末缀珊瑚。

皇贵妃、贵妃的金约，镂金云12个，其上饰东珠各1颗，间以珊瑚。金约后系金衔绿松石结，结上贯珠下垂，三行三就，共珍珠204颗。中间金衔青金石结2个，每个结上饰东珠、珍珠各6颗。每行末缀珊瑚。妃的金约，镂金云11个，其上饰东珠1颗，间以青金石。金约后系金衔绿松石结，结上贯珠下垂，三行三就，共珍珠197颗。中间金衔青金石结2个，每个结上饰东珠、珍珠各6颗。每行末缀珊瑚。嫔的金约，镂金云8个，其上饰东珠1颗，间以青金石。金约后系金衔绿松石结，结上贯珠下垂，三行三就，共珍珠177颗。中间金衔青金石结2个，每个结上饰东

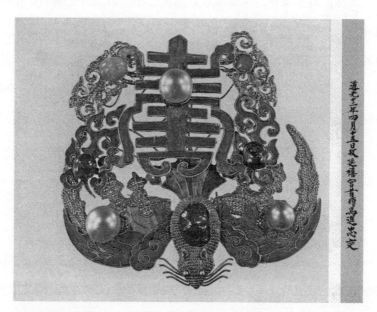

后妃用寿福形发簪

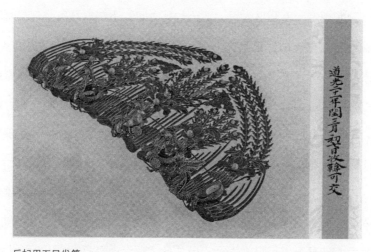

后妃用五凤发簪

珠、珍珠各4颗。每行末缀珊瑚。

此外，皇子福晋、亲王福晋、固伦公主、亲王世子福晋、和硕公主、贝勒大人、且主、郡王福晋、郡主、贝子夫人、郡君、镇国公夫人、县君、辅国公夫人、镇国公女乡君、辅国公女乡君、民公侯伯子男夫人、镇国将军夫人、奉国将军淑人、奉恩将军恭人以下至七品命妇的金约，在装饰上各等级有差别。金约后垂青缎带2条，其带以红色片金织物为里。不论是皇太后，还是七品命佩戴的金约，皆以红色片金织物为里，垂珠于颈后。金约和朝服、朝冠的应用场合相一致。

珠翠满头

耳饰，为清代后妃、福晋、夫人、淑人、恭人及公主下至乡君、命妇穿朝服时所佩戴的耳坠。这种耳坠，在平日可以随意佩戴；可是，在重要的场合，却要像朝冠和金约一样，按制佩戴。

制度规定，上至皇太后，下至七品命妇，皆左右耳各戴三具耳坠。按《大清会典》的规定，皇太后、皇后的耳饰，每具金龙衔一等东珠各2颗。皇贵妃的耳饰，每具金龙衔二等东珠各2颗。贵妃的耳饰，每具五爪金蟒衔二等东珠各2颗。妃的耳饰，每具五爪金蟒衔三等东珠各2颗。嫔的耳饰，每具五爪金蟒衔四等东珠各2颗。皇子福晋、亲王福晋、亲王世子福晋、郡王福晋、贝勒夫人、贝子夫人、镇国公夫人、辅国公夫人、固伦公主、和硕公主下至乡君的耳饰，每具皆为金云衔珠各2颗。民公侯伯子男夫人、镇国将军夫人、辅国将军夫人、奉国将军淑人、奉恩将军恭人下至七品命妇的耳饰，每具亦为金云衔珠各2颗。上至皇太后，下至七品命妇佩戴的耳饰，皆为三具纵向排列。其应用场合会各有区别。

钿子，始于金，而盛于清。清代的钿子，以铁丝缠线制成骨架，将孔雀的羽毛粘上，上面再饰以各种纹饰。形状前高后低，与凤冠有些相似。

其钿有凤钿、翟钿和各种花钿。按清代的冠制，皇太后、皇后、皇贵妃、妃皆戴凤钿；嫔以下至辅国公妇女乡君均戴翟钿；民公侯伯夫人以下至七品命妇俱戴各种花钿。

钿子，也可以做成各种簪花。簪花上嵌以各种珍珠、各色宝石，并拼成各种富有寓意的吉祥图案。钿子，虽不比朝冠庄重，但由于饰物珍贵，反而显得华丽。如：镶珠翠青钿子、金镶二龙钿口、银镀金嵌珠双龙点翠条，其用质有金、有珠，有各色宝石，拼成各式图案。扁方是后妃簪头用的，有金质、玉质、翠质，有累丝，有镂空，有雕刻，有嵌宝；此外，还有各式簪子、结子、钿花、帽花、流苏、耳坠、手串、戒指、镯、佩、囊、背云、别针等，真是五花八门，应接不暇。其做工，其用料都是既精细又考究的上上品。

后妃的头花还会有各种贵重金属如金银制品，金托做成各式，上嵌珍珠、宝石等。当然，也有宝石如祖母绿、翡翠、红宝石、青金石、珊瑚等各种质地的簪子、头花和扁方。

其实，清代后妃的头饰也会随着时代的进步而有所发展。自西方侵略者入侵，欧风东渐，钻石越来越为后妃所青睐，相比之下，珠玉有些相形见绌了。《清宫词》中这样记录：

服饰官妆总别裁，明珠约指制尤佳。

舶来钻石连城璧，贱却金梁耀月钗。

4. 旗装的标配——花盆底鞋

满洲"天足"

高高的宫鞋，穿在脚上，既好看又显得高挑，后妃们很喜欢。

后妃们平日即使在休闲时，也爱穿高底的宫鞋。满洲女子不裹脚，因而是大脚，称为天足，因为在入关之前的满洲，男人在外征战，出生入死，女人在家里也要干东做西，甚至还要到地里去干农活，所以，不会像汉人女子那样裹山粽了一样的小脚，在家里养尊处优。这样一来，满洲的女子就不会像汉族女子那样饱受裹脚之苦。可是，入关以后，满洲女子看到汉女的三寸金莲，很羡慕，便效仿着也开始裹起了小脚。这种做法引起了清帝的恐慌，于是，乾隆皇帝下旨，严禁满洲女子裹脚，认为这样做会丢掉满洲简朴的传统。

清宫"高跟鞋"

宫鞋有花盆底和元宝底之分，其鞋跟也有高低之分。之所以将鞋跟做成那么高，是因为满洲起源于白山黑水之间，那里气候潮湿，女子们在劳作时，怕露水打湿了裤脚，便做成高跟鞋。跟为木胎，以白细布包成。跟部有时要装饰各种宝石，那要看主人的贫富程度了。鞋面则绣有各种图案，十分华丽。慈禧太后十分爱穿这种高底鞋，鞋上缀满粒大而莹润的珍珠。她死后，穿进棺材的是一双元宝底鞋，约合现在的 38 码鞋子。这种宫鞋也只有皇宫后妃或贵族妇女可以穿用，试想，那些辛勤劳作的妇女，穿上这种高高的宫鞋，行动都不方便，怎么能干活呢？

可是，咸丰帝在世时，为杜绝奢华之风，曾于咸丰四年二月十四日，颁下特旨，规定："鞋底只准一寸厚，若有一寸五分者即应惩办，虽年节穿朝服、蟒袍时，亦只准一寸厚。"其实，这种规定，并未很好的执行，尤其是咸丰帝死后，慈禧太后专权，她本人就爱穿厚底鞋。从此之后，再无人约束了。

5. 汉服之美

说到满洲人的旗装，可分为男装和女装。关于男装，一般解释为紧身箭袖，满洲人还称为女真人的时候，就是这样。主要是打仗和生产生活便利，才得以施行。

其实，早在皇太极时期，就有人主张满洲人也效仿汉人一样，穿宽衣大袖的汉服。雄才大略的皇太极当时就坚决予以驳斥，认为一旦穿用汉服，有敌人突然来袭击，就会因为行动不便而束手就擒。入关后，康熙和乾隆也反复强调语言、骑射和服饰不能丢弃，把它作为一种永世不变的国策。直到清朝灭亡的几百年间，再也没有人敢提易服的事了。

然而，任何事情都有变数，清帝极力坚持的事情，却在宫中给率先破坏了。根据现有的资料，我们发现了好多清宫汉装像。主要有雍正十二妃汉装像、乾隆帝后汉装像等，乾隆帝也有汉装像传世。喜着汉服的风气愈演愈烈，竟无法控制，于是，咸丰三年，谕："应选女子禁止时俗服饰，衣袖不得过六寸。"指的是那些选秀的女子在入宫选看时，不可穿用汉族服饰。但事实上根本控制不住。

乾隆帝汉服蕉叶写经图

　　至于女装，它的发展有一个过程。清朝时期的满洲女装，是现代旗袍的前身，一般来讲，满族妇女所穿用的一种服装，两边不开衩，袖长八寸至一尺，衣服的边缘绣有彩绿，比较汉族女装是简单的。

　　清宫后妃绝大多数为满洲女子，因而，在其服饰上以满洲传统服饰为主色调。尤其在朝堂之上，更是不得有丝毫改变。日常生活中，后妃们穿传统的旗服或吉服常服。但由于受汉文化的影响至深，她们觉得汉装十分漂亮，便跃跃欲试。

　　但是，并非爱美，皇帝就会宠爱。有的后妃似乎摸不准皇帝的脾气，一味只顾自己爱美，过着骄奢的生活，最后却为节俭的皇帝所不齿。

　　顺治帝元后博尔济吉特氏，长相十分漂亮。可是她嫉妒成性，容不下别人。另外，她十分奢侈，"凡诸服御，莫不用珠玉绮绣缀饰"，在用品上，"有一器非金者，辄怫然不悦"。福临十分厌烦她，开始与其分居，后来干脆将其废为静妃，改居侧室，她也成为清代宫廷中，唯一一位被废掉皇后名号的可怜女子。

　　相反，顺治帝的董鄂妃，不仅举止有度，胸襟广阔，而且在衣饰上，也是"绝去华彩，即簪珥之属不用金玉，惟以骨角者充饰"。资料上作此记录，顺治帝给了她中肯的评价：

　　"（董鄂妃）宽仁下逮，曾乏织芥嫉意。善则称奏之，有过则隐之，不以闻。于朕所悦，后亦抚恤如子，虽饮食之微有甘毳者，必使均尝之，意乃适。宫闱眷属，大小无异视，长者媪呼之，少者姊视之，不以非礼加人，亦不少有诤诟。故凡见者，蔑不欢悦，蔼然相视。"

　　这是顺治帝对董鄂妃的评价，也是他对后宫女子提出的至好标准。所以他以"贤"字作为爱妃的封号，这已是宫中女子的最高封号了。

第五章

愿为情痴不思量

清朝皇帝后妃成群，三宫六院，佳丽虽不及三千，也是寻常人家无法比拟的。那么，皇帝与这些后妃们到底有没有爱情呢？自古就有多情帝君的说法，显然皇帝和后宫的女人是有感情的。而在帝王与妃嫔的生命里，又有过什么样的爱情故事？

1. 高处不胜寒的帝王情爱

许多资料记载过清朝皇帝对爱情的忠贞不渝，皇帝对心爱之人确实有着不同寻常的宠爱。皇帝也是人，也有七情六欲，也有爱情，有时甚至会爱得死去活来。清帝中不乏其人其事。

皇太极与宸妃

皇太极是位枭勇之君，35 岁继承汗位，大智大勇，堪称一代名君，而他与宸妃的感情却也似梁山伯与祝英台、罗密欧与朱丽叶，柔情似水，传

沈阳故宫关雎宫斗匾

为千古佳话。

宸妃，名海兰珠，满语的意思是"珍爱之女"，舍不得的女孩，有的文艺作品称之为"哈日珠拉"。蒙古族，孝庄文皇后的亲姐姐。宸妃入宫的时间较晚，天聪八年（1634年）嫁过来时，她已26岁了。海兰珠以其成熟女子的美丽赢得了皇太极的宠爱。崇德元年，皇太极称帝册封后宫王妃时，赐她居"关雎宫"。关雎语出《诗经·周南·关雎》，有"关关雎鸠，在河之洲，窈窕淑女，君子好逑"之句，此诗有序称"后妃之德也"。皇太极以此表达爱意。

皇太极十分宠爱宸妃，宸妃也是备极温柔，朝夕问醒，终于在崇德二年有了结果，海兰珠生下了皇八子。皇太极决定立此子为皇太子，可能出于两点考虑：一是宠爱宸妃，二是此子排序与自己暗合，都为皇八子，认为可能是天意遂立其为皇储。可是，皇太子不足7个月就夭亡了（感染天花），宸妃受的打击非同小可，不久病倒，日渐沉重。

崇德六年（1641年）九月，皇太极正在松锦前线指挥同明军作战，战况正紧，却在九月十二日传来宸妃病讯。他焦急万分，星如急火地返回沈阳。可惜，尽管他日夜兼程，也未能见上最后一面。十七日这天，天还未亮，宸妃就撒手西去了，年仅33岁。

皇太极得到宸妃病逝的消息大悲过度，表现出了异乎寻常的举动。他直入关雎宫，全然不顾帝威，扑在宸妃的尸体上，放声痛哭。一旁的大臣苦心劝解，都无济于事。皇太极为宸妃举办了极为隆重的丧礼，厚葬从优，超越规制，达到国葬程度。皇太极还是无法排解自己对宸妃的思念。崇德六年二十三日中午，他竟然饮食失常，疾病袭身，最后昏迷倒在了地上，语言无序。宸妃入葬后，皇太极不顾一切地跑到宸妃墓前哭丧。

做完这一切，皇太极回想宸妃病逝以来，辅国公扎喀纳、承政索海等王公大臣在治丧的过程中，并不尽心尽职，于是重惩临丧不利之王，并破例夺爵，很多人都不理解，皇帝为何为了一个女人而重惩有功大臣。

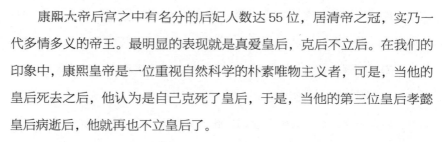

康熙帝的殷殷情愫

康熙大帝后宫之中有名分的后妃人数达 55 位，居清帝之冠，实乃一代多情多义的帝王。最明显的表现就是真爱皇后，克后不立后。在我们的印象中，康熙皇帝是一位重视自然科学的朴素唯物主义者，可是，当他的皇后死去之后，他认为是自己克死了皇后，于是，当他的第三位皇后孝懿皇后病逝后，他就再也不立皇后了。

康熙生前共立过 3 位皇后，分别是孝诚、孝昭、孝懿皇后。孝诚皇后难产而死，康熙帝十分悲痛，当时就承诺立孝诚皇后之子允礽为皇太子。继后孝昭只做了半年皇后，就死去了。此后他十多年不再立后，直到康熙二十八年，皇贵妃佟佳氏病笃，他才想以立后为之冲喜，结果佟佳氏只做了一天皇后即仙逝。所以，他认为自己克后，从此不再立后，以表达自己对后妃生命的珍爱。

另一个细节就是带爱妃远征漠北，出巡塞外。一般来讲，皇帝出征，是不带后妃的。康熙皇帝出于对后妃的真爱，在出征时携后妃前往。征战不比巡幸，条件很恶劣。但玄烨仍乐此不疲。由于出发时准备不足，后妃的衣物没有准备齐全，康熙皇帝居然放下皇帝身段，向蒙古王公夫人寻借衣物。

康熙皇帝在新疆一带巡视时，发现那里的季节性食物很好吃，有别于宫中，于是，他命人飞马送给宫中后妃，不时将一些外地纪念品托人带给众妃，还托人捎话说："这是我的一点心意，别见笑。"

更为有趣的是，康熙帝在外巡幸时，很思念宫中的妃嫔，便向宫中后妃传递情书。情书传出去了，他还急切地等待回音，不时地问："有书信捎回来吗？"飞鸿传书，以表达思念之情，这在寡情的封建帝王中是不多见的。

帝后和谐的典范——乾隆帝与孝贤皇后

孝贤皇后，是乾隆帝的第一位皇后富察氏。雍正五年，她 16 岁的时候，被雍正帝指婚给弘历为嫡福晋。富察氏一嫁给弘历，就得到了夫君的尊敬。那么，富察氏何以获得如此的礼敬呢？

首先，出身高贵。富察氏先祖旺吉努，率领族众归顺努尔哈赤，南征北战，战功烜赫；曾祖父哈什屯，历经皇太极、顺治两朝，功劳卓著，赠太子太保；祖父米思翰，康熙时任户部尚书，议政大臣；父亲李荣保，任察哈尔总管；伯父马齐，康、雍、乾三朝保和殿大学士；伯父马武为领侍卫内大臣。所以，《清朝文献通考》记载："尔妃富察氏，钟祥勋族，秉教名宗。"

孝贤皇后像

其次，崇尚节俭。大概我们谈到清宫女人的时候，往往用节俭这个标准来衡量是不是合格。这很好理解，满洲发祥于关外，条件艰苦，历来节俭。这位中宫皇后是非常节俭的。资料《啸亭续录》里面举了两个例子，一是皇后的首饰，"珠翠等饰，未尝佩戴，惟插通草绒织等花。"这很了不起，身为中宫高位，却不戴金银珠宝。二是敬献给皇帝的荷包，不用金银线织成，她认为那样很浪费，而是用鹿羔绒织成，献给皇帝，以示"不忘本之意"。皇后的这种做法，就给后宫做出了榜样，深得乾隆皇帝赞许。

再次，忠心勤勉。皇后在宫中非常勤勉，有责任心。照顾太后，勤勤恳恳，任劳任怨。"侍孝圣宪皇后，恪尽妇职"（《啸亭续录》）。照顾夫君，更是无微不至。尽职尽责，最能体现东方女性的美德了。资料记载，乾隆帝身上曾长了疖子，很厉害，御医说："须养百日，元气可复"（《郎潜纪闻二笔》）。皇后听到这个消息后，怕奴才们照顾不周，便主动搬到乾隆帝寝宫外面，日夜照顾，直到一百天满，康复之后才回宫。

乾隆帝为了表达对皇后的敬爱，便决定立她的儿子做太子。

雍正八年，皇后生下了弘历的第二个儿子，这让弘历欣喜若狂，赞称小皇子"聪明贵重，气宇不凡"。弘历把给这个孩子起名的权利交给了父皇雍正。雍正帝极为重视："当日，蒙我皇考命为永琏，隐然示以承宗器之意。"（《清高宗实录》）也就是说，那个时候就为将来做皇太子做好了准备。乾隆帝继位后，肯定要学父皇秘密立储的办法。于是，在乾隆元年七月初二日，乾隆把写有永琏为皇太子的匣子，放到了乾清宫正大光明匾额的后面，并且，告知了诸王大臣："朕已命为皇太子矣。"

这是乾隆帝首次立储。他是十分认真的，皇后虽然并不明确知道，但是，也会隐约了解一些。可是，不幸发生了。这个永琏是个短命鬼，于乾隆三年"偶患寒疾，遂致不起"，竟然一命呜呼，年仅9岁。乾隆帝十分悲痛，他辍朝5天，赐名端慧皇太子，并多次亲到棺前赐奠。后在陵园右侧的朱华山修建了典制大备的皇太子园寝，隆重治丧。

大葬礼成，乾隆帝并未减少对孝贤皇后宠爱的程度，相反，他以满怀的热情给予她更多的关照，皇后也并没有气馁，她知道，这个时候一定要再努力，才有机会。所以，到乾隆十一年，终于又有了结果，皇后又生下了一位皇子，这就是皇七子永琮。乾隆又把继统希望寄托在了永琮身上。可惜天不作美，这个孩子仅仅活了两岁，就出天花而亡。而这个孩子去世这天，恰恰是大年三十，宫里因此而沉浸在悲痛气氛之中，往昔过年的欢乐气氛荡然无存。乾隆帝悲痛又无奈。

　　永琮的去世，无疑给皇后以最大的打击，她的忧伤心情可想而知。所以，这个时候，也只有乾隆帝能够抚慰皇后的心灵。乾隆帝责无旁贷，他考虑到皇后"乃诞育佳儿，再遭夭折，殊难为怀"，便曲为劝解，为了使她心里好受些，乾隆下旨，决定"皇七子丧仪应视皇子为优"，赐谥"悼敏皇子"，葬入了朱华山皇太子园寝，与他的亲哥哥永琏葬到了一起。以亲王礼治丧，其丧期达9个多月，参与祭奠的人有宗室贵族及四品以上官员，达万人之多，费用难以计算。真是备极哀荣。

　　乾隆帝对这两次"太子之丧"，没有丝毫责怪皇后的意思，而是进行了自我检讨："此乃朕过耶"（《清高宗实录》），认为这都是他自己的错。

　　两位嫡子的先后去世，使得紫禁城的气氛变得阴郁沉重，乾隆帝深知太后心情不爽，皇后就更不要说了。于是，在乾隆十三年二月初四，春节过后两个月，就决定侍奉母后，陪着皇后出游泰山。传说登山有辟邪的作用，去去邪气，很好的事情。从这里，我们不难看出，乾隆帝确实喜欢游山玩水，他会找出种种借口，到名山大川尽兴游览。

　　这次山东之行，规划得很到位，先到曲阜拜孔子，乾隆帝很崇拜孔子，那是一定要去的。然后，登泰山，一览美景。再到济南，看那远近闻名的趵突泉。从二月初四到三月初八，过了一个多月，决定返程回京。可是，皇后就在这返回的途中出了大事。

　　三月十一日，乾隆帝一行到达德州，决定改行水路，沿运河北上。可是，就在这天晚上，皇后却死在了船上。关于皇后之死，我们查阅了一些史料，发现是由于她的皇子病逝，悲伤过度，加之连日劳累，感染了风寒，不幸猝然离世。这真是谁都没有想到的事情，真是太突然了。皇后此行，本来是乾隆帝精心安排，为她排解愁闷的一次旅行，却不幸使其走上了不归之路。就连皇太后都很惊讶，她听到噩耗，赶忙来到皇后的船上，看着死去的皇后，很久都没有离开。

乾隆帝为了表达自己对皇后的尊敬、礼敬，做了最后的努力：

第一，为皇后圆梦。大家可能没听说过，谁生前为自己要谥号。所谓谥号，就是皇帝对死者的盖棺定论。活人一般忌讳这个事情，可是，皇后富察氏却在生前向乾隆帝要谥号。这里面还有一个故事。乾隆十年，乾隆帝的慧贤皇贵妃薨逝，乾隆帝为她上谥号。当时，议定的谥号为"慧贤皇贵妃"。本来，一般人听到这个谥号，不会有什么反应。可是，皇后富察氏听到这个谥号后，竟然哽咽起来，她对乾隆帝说："我朝，后谥上一字皆用'孝'字，倘许他日谥为'贤'，敬当终身自励，以副此二字。"皇后的意思是，如果将来给我谥号为"孝贤"，那我将终生为之努力。于是，在皇后去世后，乾隆帝完成了皇后的遗愿。

第二，为皇后丧事大兴案狱。皇后去世后，乾隆帝异常烦闷，心情急躁不安。所以，他看什么都不顺眼，不断处置王公大臣，兴起了一个又一个案狱。比如"永璜案"，永璜是他的长子。孝贤和她的两个嫡子病逝，乾隆帝认为永璜心存侥幸，"母后崩逝，兄弟之内，惟我居长，日后，除我之外，谁克肩承重器？遂至妄生觊觎。"（《清列朝后妃传稿》）意思是，永璜在觊觎太子之位，永璜究竟有没有这种想法，并无确切史料。但是，遭到父皇如此打击，永璜早已晕头转向，诚如乾隆所说："若将伊不孝之处表白于外，伊尚可忝生人世乎？"（《清列朝后妃传稿》）永璜不久就在惶恐中去世。比如"光禄寺案"，他认为光禄寺这些人办事不认真，敷衍了事，准备祭祀用的桌子不干净，"光禄寺所备饽饽桌张俱不洁净鲜明"（《清高宗实录》）。因此，他处置了光禄寺大批官员。比如"剃头案"，在孝贤皇后丧期内，发生了总督周学健、塞楞额、巡抚彭树葵、杨锡绂等地方大员剃头的事件，其中，好多省份的大小官员也都纷纷剃头，乾隆帝大怒，杀一儆百，将江南河道总督周学健赐令自尽，对其他官僚也给予不同惩处。此外，他还不断兴起了其他的案件，惩处了好多人。

第三，作文追思。乾隆帝是一位诗文俱佳的帝王，一生传世的诗作就有 4 万多首，居历代帝王之冠。孝贤皇后去世后，乾隆帝的风流才情便多有展示，但那不是附庸风雅之作，而是发自肺腑的动情之作。比如，在孝贤皇后丧满百日的时候，写了一篇《述悲赋》，句句含情，字字珠泪，感人肺腑。其中"痛一旦之永诀，隔阴阳而莫知"（《述悲赋》）之句，让人读之落泪。再比如《悼皇后》中有："早知失子兼亡母，何必当初盼梦熊"（《乾隆御制诗文集》），更是表达了对皇后的殷殷之情。这里"梦熊"缘自《诗经·小雅·斯干》的"维熊维罴，男子之祥"，也就是说，梦见熊罴，则是生男孩的征兆。

第四，睹物思人。孝贤皇后薨逝后，乾隆帝在孝贤皇后曾经居住过的长春宫建立纪念馆，在那里保存了孝贤皇后生前的所有陈设，"凡平日所御衾具、衣物，不令撤去。"（《清宫述闻》）并且，每到年节，都在那里张挂孝贤皇后的画像，乾隆帝会经常到那里去凭吊皇后。这种情况延续了几十年，一直到乾隆六十年，乾隆帝禅位，新皇帝登基，才告结束。

第五，推恩母家。乾隆帝为了报答孝贤皇后，格外照顾她的娘家人，"故宠侍后族，先后膺五等封爵者，富察氏凡十四人"（《清宫述闻》），一个家族就有 14 人封有爵位，可真是太离谱了。所有这一切的荣宠，都是来源于对孝贤皇后的敬爱。孝贤皇后的弟弟傅恒官至一等忠勇公、领班军机大臣加太子太保、保和殿大学士，对此，乾隆帝说："傅恒之加恩，亦由于皇后。"（《清列朝后妃传稿》）同时，还通过富察氏家族与皇家联姻的形式，荣宠孝贤的母家，比如孝贤皇后侄子福隆安娶高宗第四女和硕和嘉公主，乾隆帝第六子永瑢娶孝贤皇后侄女为嫡福晋。

在这里，大家看到了一位高高在上的天子，通过各种方式，表达出的对元后的尊敬、礼敬。

被扼杀的同治帝爱情

同治帝自坐上宝座以后，政事多由两宫太后做主，是个地道的傀儡皇帝。政治上难成大器，便把感情倾注在皇后身上。

在立谁为皇后的问题上，他忤逆自己的母后，选中了阿鲁特氏为中宫皇后，这使得慈禧很不舒服。可是，同治皇帝全然不顾，日日与皇后共度良宵，皇后习文熟礼，独得帝宠。

慈禧怎么能甘心呢？她横加干涉，禁止皇后与皇帝同寝。皇帝愤然独宿乾清宫，从此不再接纳其他妃嫔。后来，寂寞的皇帝受人误引，野游八大胡同，染病身亡。

相爱难相守的光绪帝与珍妃

珍妃的入宫，实在是一个意外。以慈禧的打算，珍妃姐妹，最初只是一个陪衬而已，所以，把她们放在了最后一排。没想到，光绪帝开始就喜欢貌美的德馨之女，慈禧害怕了，便命人把荷包交给了光绪帝并不关注的珍妃姐妹，于是姐俩意外当选。

珍妃和光绪帝，两个人"一见钟情"，很快擦出火花，他太爱这个女人了。

珍妃漂亮，机灵。我们看到珍妃保存下来的照片，确实比较漂亮。更关键是她非常机灵，这是光绪帝所需要的"貌既端庄，性尤机警"（《珍妃之悲剧》）。光绪帝生活在深宫之中，需要这样机灵的女子，对自己很有利。

珍妃聪明，知识丰富。珍妃很好学，"颇通文史"（《清代轶闻》）。可以想见，这个小姑娘不仅漂亮、聪明，还很有知识，诗文书画，琴棋书法，样样精通，在那个年代，男人会很喜欢这样的女子。

珍妃时尚，奔放。珍妃是个非常时尚，非常前卫的人。同时，她也是一个非常敢于叛逆传统的人。珍妃玩时尚的相机，给光绪帝拍照，她甚至指使太监在宫外开照相馆。珍妃还敢于穿男人的服装，给光绪帝以惊喜。

这一切，都让忧郁、孤独的光绪帝感到了前所未有的新鲜。珍妃给了他意想不到的、耳目一新的感觉。

光绪帝是真的爱上了珍妃，这对于一个皇帝来讲，是很难得的事情。皇帝后妃成群，很难产生真正的感情。从这一点来讲，珍妃很幸运，她得到了光绪帝的真爱。光绪帝离不开她了，几乎是白天想见，夜间召幸，"他几乎每隔三四天就要亲自上珍妃宫里去走一次，这和他每夜非召幸珍妃不可的事同样都成了宫中的绝妙谈资。"

光绪帝和自己心爱的珍妃，时常会讲些心里话，尤其是那些埋藏在心灵深处的东西，也会在不经意间讲出来，这让他更加觉得，珍妃是真正的红颜知己。德龄公主曾这样记述光绪帝向珍妃倾诉衷肠："咱们这里真太寂寞了，每天从朝上回来，再也没有一个可意的人能够陪伴我的。"

可以这样说，光绪帝在珍妃身上，找到了情感的归宿，也感觉到了温暖的夫妻生活。这就忤逆了慈禧，慈禧决定，要狠狠处置这个不知天高地厚的珍妃。

为此，慈禧曾经两次暴打珍妃。一次是光绪二十年十月二十八日，珍妃遭到慈禧暴打，被"褫衣廷杖"（《国闻备乘》），就是剥光了衣服暴打。珍妃被打得皮开肉绽，奄奄一息，"抽搐气闭，牙关紧急，周身筋脉颤动"（《珍贵人用药底簿》）。慈禧下手真是太重，太狠了。慈禧为这次暴打珍妃，找了个冠冕堂皇的理由：卖官鬻爵。珍妃参与了黑暗的卖官。她依仗光绪帝的宠爱，多次卖官收贿，比如，曾以 4 万两白银的价格，把上海道卖给了鲁伯阳，她还把这些收入记在了小本子上，被慈禧查抄，抓住了把柄。结果被慈禧暴打，光绪帝也不敢出面保护，光绪帝"勿敢言"（《国闻备乘》）。

另一次是光绪二十四年，戊戌政变后，珍妃遭到严厉的处分。她再次遭到廷杖，并被摘掉所有首饰，囚禁起来。

从此，珍妃厄运连连，光绪二十四年，光绪帝戊戌变法失败，珍妃受到连累。不仅再次遭到慈禧暴打，还被打入冷宫之中，"门自外锁，饭食自槛下送进"（《故宫周刊》，第 30 期）。珍妃所住的冷宫在紫禁城的东北三所。冷宫的门倒锁着，只有一扇窗是活的，吃饭、洗脸、倒马桶都由此进出。

这里，不仅有宫女监视，还有太监在那里"数罪"（《珍妃的冷宫生活》）。两个老太监代表慈禧申斥，"指着鼻子、脸申斥，让珍妃跪在地下敬听，指定申斥是在吃午饭的时间举行。申斥完了以后，珍妃必须向上叩首谢恩，这是最严厉的家法了"（《宫女谈往录》）。当然，这时的光绪帝也被囚禁瀛台，更是两情相隔，见面都困难了。

光绪二十六年七月二十日下午，慈禧出逃西安之前，想起了冷宫中的珍妃。她让太监崔玉贵带珍妃。珍妃是一张清水脸，不能化妆，也没有首饰，淡青色的旗袍，平底缎鞋，不能穿花盆鞋，这是"一副戴罪的妃嫔装束"。

慈禧说明了局势，准备出走，带她走不方便。珍妃说请皇上留下来主持全局。慈禧大怒："你死到临头，还敢胡说！"一阵争执之后，慈禧令崔玉贵"连揪带推，把珍妃推到贞顺门内的井里"。就这样，珍妃结束了 25 岁年轻的生命。当时，光绪帝因为不在现场，对此一无所知。

2. 深宫锁不住，红杏出宫墙

清宫的后妃众多，皇帝虽偶有临幸，但毕竟不是一夫一妻。所以，深宫之内，爱情饥渴的女子会有所期盼。同时，深深的宫墙能否圈住这些女子的芳心呢？查阅清宫档案，居然有红杏出墙的记载。

红杏出墙的衮代

衮代，姓富察氏，生两子一女，即莽古尔泰、德格类和莽古济格格。

衮代初嫁与努尔哈赤三伯祖索长阿的孙子戚准，并生有一个儿子昂阿拉，这就是说衮代其实是努尔哈赤的堂嫂。万历十三年（1585年），戚准战死沙场，努尔哈赤按照当时的婚俗，迎娶了"继妃"，即富察氏衮代。

衮代嫁给努尔哈赤以后，养尊处优，极为得宠，很快荣升为大福晋。衮代作为努尔哈赤的大福晋长达三十余年，此期间她生养了莽古尔泰、德格类两位皇子，还生有一位公主莽古济。这时，衮代的权力很大，努尔哈赤家里的大事小情、后宫内务，乃至财政收支无不经由衮代之手处置料理。

衮代深得努尔哈赤的信赖，举一个例子，万历二十一年(1593年)，以海西女真叶赫为首，联合了8个部落，组成九部联军共3万人攻打努尔哈赤。军报紧急，信使连夜飞驰回费阿拉城奏报，此时，九部联军已经大兵压境。

然而，努尔哈赤在干什么呢？他正在酣然大睡！这么紧急的军报，他却这么潇洒地睡觉。但是，谁也不敢叫醒他，怎么办呢？

《满文老档》载："衮代皇后推醒，对太祖曰：'今九国兵马来攻，何故盹睡，是昏昧耶，抑畏惧耶？'"

也就是说，是衮代推醒了正在昏睡的努尔哈赤。努尔哈赤接着和衮代有一番精彩的对话，阐述了自己胜券在握的理由。从这里，不难看出衮代在努尔哈赤心目中的至高地位，至少她是十分得宠的。

然而，后来的事情发生了变化。有资料记载，衮代与努尔哈赤的次子代善有暧昧之情，两个人深夜约会，被人告发，努尔哈赤大怒，一面休回衮代（时间不长，努尔哈赤又召回了她），一面废掉了代善的太子之位，这件"红杏出墙"事件，也有专家认为不是衮代，而是多尔衮之母阿巴亥。

随着努尔哈赤事业的发展，后宫人数急剧增多，衮代年老色衰，努尔哈赤不太关注她了。更为要命的是，这个时候，孟古格格入宫，并生育了一个出色的儿子皇太极，衮代大福晋的地位受到了挑战。

天命五年三月，《清史稿·后妃传》记载："继妃，富察氏，天命五年，妃得罪，死。"《清史稿》的记录并不详细，其实，衮代之死。历史上是有结论的，后来即位的皇太极曾经揭露，衮代是被她自己的亲生儿子害死的。

莽古尔泰弑母之事，皇太极曾这样说过："后因尔弑尔生母，邀功于父，汗父遂令附养于其末生子德格类家。尔众岂不知乎？"明确指出衮代是被亲子杀死的。

莽古尔泰这个逆子，为了自己的前途，居然弑杀亲母，真是大逆不道。那么，他的结局究竟怎样呢？

莽古尔泰，努尔哈赤第五子。他性格暴躁，有勇无谋，是个鲁莽之人。但是，由于他是大妃衮代所生，地位很高，位列四大贝勒之中，是正蓝旗的旗主。但是，由于莽古尔泰后来和皇太极发生冲突，居然拔出了腰刀，威胁到了皇太极的生命安全，所以，遭到了皇太极的处罚。

"太后下嫁"的真相

太后，即孝庄文皇后，博尔济吉特氏，名布木布泰，蒙古族。天命十年，年仅13岁的布木布泰嫁给了比她大20岁的亲姑父皇太极为侧室。崇德元年，皇太极大封后宫，布木布泰被封为"永福宫庄妃"。孝庄一生生育了四个子女，其中三个公主，即皇四女、皇五女、皇七女，一位皇子，即皇九子福临，也就是后来的顺治帝。孝庄历经天命、天聪、崇德、顺治、康熙五个朝代，辅佐两代幼主，被史学界誉为清初杰出的女政治家，康熙二十六年病逝，终年 75 岁。

关于她下嫁给她的小叔子多尔衮，史界多有争论，但也有史家证实确有此事，言之凿凿。理由如下：

一是多尔衮权势太重，朝臣依附之。太后母子危如累卵，岌岌可危。孝庄以下嫁来保护儿子的皇位。

二是皇太极去世时，庄妃 32 岁，多尔衮 33 岁。满洲旧俗兄亡而弟妻其嫂，这就是所谓"收继婚"，孝庄的做法符合满洲旧俗。

三是范文程等人劝皇父摄政王与太后完婚。

四是明遗臣张煌言有诗《建夷宫词》，这样写道：

> 上寿觞为合卺尊，慈宁宫里烂盈门。
>
> 春宫昨进新仪注，大礼躬逢太后婚。

五是孝庄死后，不与丈夫皇太极合葬昭陵，而是葬在清东陵风水围墙以外的昭西陵，引来后人讥评。

关于"太后下嫁"的上述证据，在史学界还在争论不休。实际上，以当时孝庄母子的处境，满洲入关前后的婚俗，孝庄与多尔衮之间的相近年龄，两人之间产生爱慕之情尚在情理之中，或者为了各自的目的而存在特殊关系，也未可知。即使如此，清宫也不会将所谓"太后下嫁"的礼仪载入官方典籍之中，仅此而已。

慈禧太后的传闻

慈禧太后在其丈夫咸丰帝崩逝之时，年方 27 岁，正是女子成熟的季节。她一方面追逐权力，取得了垂帘听政的地位，统治中国近半个世纪之久。另一方面，作为一个女独裁者，在其个人隐私上也有好多传闻。

一是光绪身世的传闻。有人推测，光绪帝本为慈禧所生，是个私生子。

慈禧碍于太后的身份和面子，将私生子交与其妹妹家里抚养，所以，同治去世，慈禧冒天下之大不韪，立光绪为帝，破坏了大清家法。

二是传闻慈禧入宫前是荣禄的情人，多为野史所记。然慈禧对荣禄及其家人确实眷顾非常。光绪崩，慈禧选立荣禄之女瓜尔佳氏之子溥仪为帝，也许算是对旧情人的回报吧。

三是传闻光绪六年，慈禧曾小产过，也正因为此事，遭到慈安太后的婉言劝诫，使慈禧嫌恨慈安，导致光绪七年，慈安暴亡，这也是清宫的一大疑案。

四是慈禧与安德海的传闻。安德海仰仗慈禧的宠护，不仅在宫中飞扬跋扈，还敢违背祖制，擅出皇宫，招摇南下，捏称采办龙衣，引来杀身之祸。丁宝桢将安德海奉密旨处死后，曾将其裸尸倒悬街头，一面表示对猖狂不法太监的惩治，一面为慈禧太后正名。虽然，事实证明安德海确实是个太监，但由于外间传闻很盛，丁宝桢不得不做出了上述举动，使得霸道的慈禧太后有口难言。

五是慈禧陵丹陛石上的小壁虎。缘起于慈禧陵重修之前的丹陛石。这块丹陛石雕刻细腻，凤上龙下，而最引人注目的是在此石的下方有一个爬行的小东西，身子压在了崖石之中。有人大做文章称：慈禧曾与其他美男子私通，工匠为嘲讽她，遂雕此物于此。因为，相传，壁虎在宫中喂朱砂长大，身体呈红色，死后阴干，研成粉末，将后妃额头上涂以朱丹，称为"朱砂守宫"。若后妃与别的男人发生了关系，则朱点脱落。所以慈禧十分憎恶此事，下旨将此丹陛石砸毁，深埋于地下。

上述传闻，慈禧在世的时候，人们噤若寒蝉。一旦慈禧去世，或者大清朝灭亡之后，人们对于慈禧的传闻便甚嚣尘上，有的也不尽真实，只是捕风捉影的"传闻"而已。

3. 黜降自由皇帝性，伴君好比伴猛虎

皇帝的性情飘忽不定，喜怒无常者居多。高兴时三千宠爱于一身，一旦翻脸发怒，则会将那些无辜女子打入冷宫，或降低名号，或贬为庶人。在清宫 11 帝中，这种情况颇多。

从入关第一帝顺治说起。顺治帝性情最为乖张，他先是废掉了第一位皇后，自董鄂妃入宫后，对继后（即孝惠章皇后）又开始大动干戈，几次欲废不成，便将其皇后独有的"中宫笺奏"之权悉行剥夺，后来，幸亏有孝庄太后的保护，才幸免被废。

此外，宫中不幸被无故降封号女子有：

乾隆帝顺贵人，钮祜禄氏，总督爱必达女。封贵人时 18 岁，比乾隆帝小 38 岁。27 岁时封为顺妃，可是，在乾隆五十三年正月二十九日突降为贵人，这年她 39 岁，不足一年，她就抑郁而亡。

嘉庆朝荣嫔，由荣贵人降为荣常在，至嘉庆帝死她的名号也没有晋升。道光继位后，晋她为荣嫔。总的来说，嘉庆帝的后宫比较稳定，没有出现封号上的大起大落。

道光帝彤贵妃，曾在 5 年内为其连生 3 个公主，20 岁封晋为贵妃，后突降为彤贵人。还有佳贵妃，由佳嫔降为佳贵人；成贵妃，由嫔降为贵人；祥妃，降为祥贵人；珍嫔，由珍妃降为珍嫔；顺嫔，由顺贵人降为顺常在；恒嫔，由宜贵人降为宜常在；豫嫔，由玲常在降为尚答应；李贵人，由意常在降为李答应；那贵人，降为琭常在，再降为那答应；睦答应，由睦嫔降为睦贵人，再降为答应；刘官女子，由刘答应降为刘官女子。道光帝如此反复无常，暴露出他性格残忍寡情的弱点。

咸丰帝玫贵妃，由玫贵人降为玫常在，又降为徐官女子；玶常在，由英嫔降为伊贵人，再降为伊常在，复降为伊答应；璮常在由璮贵人降为明

常在，再降为明答应。还有，就是其庆妃，虽位号一直未降，当她死去时治丧却降为嫔级，特诏以嫔礼入葬，却是不近人情之举。

这些无辜的女子，带着梦想进入皇宫，也许还没有改变自己的生活个性，也许还在幻想着有朝一日能够出人头地……却在不经意中被废掉了封号，真是沮丧至极。

4. 危机四伏的近亲联姻

早期满洲的婚俗比较自由、无序，尤其是收继婚，即"父死则妻其母，兄死则妻其嫂，叔伯死则侄亦如之"。就是妇女寡居后，其夫家近亲，或兄弟或叔伯子侄接续的婚俗。这一风俗反映出满洲婚俗上的随意性，一个重要的特征就是不分辈分长幼。从清廷的婚姻中可清楚地看出存在严重的伦理问题。

清初诸帝婚姻，具有较强的开放性，以努尔哈赤、皇太极为例，两位后宫均存有后妃改嫁现象。作为皇帝的后妃改嫁，说明了清初皇帝在婚姻上的随意性。

皇太极在婚姻上，曾一度主张婚配极端自由，尤其称汗而未称帝之前，表现最为明显，他的麟趾宫贵妃和衍庆宫淑妃，都是林丹汗之妻，为笼络蒙古各族皇太极接纳了她们。特别是在天聪八年（1634年），将一见钟情的海兰珠纳为己妃，有专家推测，海兰珠在此之前，按满、蒙早婚习俗，应该早已有过婚史，嫁与皇太极当为第二次婚姻。

另外，皇太极还有一位东宫福晋，姓博尔济吉特氏。天聪六年（1632年）二月，皇太极闻扎鲁特部戴青贝勒之女甚贤，册为东宫福晋。天聪九年（1635年）十月，博尔济吉特氏刚刚生下皇太极第九女后仅11天，就被迫嫁与皇太极的表侄南褚，时南褚在前线凯旋归来，皇太极为了奖赏他，做出了上述举动。

最离奇的是皇太极的侧妃叶赫那拉氏。在嫁与皇太极之前，曾是正黄旗包衣喀尔喀玛之妻，生下两子，天命四年（1619 年），努尔哈赤因事处死喀尔喀玛，并将叶赫女赐予皇太极，天聪二年（1628 年），生下皇太极第五子硕塞。但叶赫那拉氏并未在皇室中站住脚，之后，皇太极居然将其赐予内大臣占·土谢图为妻。占·土谢图在一次行围时，被虎伤身亡，那拉氏第三次改嫁镶黄旗轻车都尉达尔琥，并终死在其家中。

据统计，努尔哈赤的 10 个格格中，就有 4 个曾经改嫁。其中一方面，是皇太极极力倡导的因素。他曾下谕："凡女人若丧夫，欲守其家资、子女者，由本人恩养；若欲改嫁者，本家无人看管，任族中兄弟聘与异姓之人。"

此外，我们看到，皇帝后宫之中，竟有不同辈分的女人共嫁一夫。如皇太极，姑侄三人嫁一夫：哲哲（姑姑）、海兰珠（侄女）、布木布泰（侄女）。

顺治帝，姑侄四人嫁一夫：废后博尔济吉特氏和悼妃是堂姐妹；孝惠章皇后和淑惠妃是上述二人的侄女辈。

康熙帝，四对姐妹同嫁一人：孝诚仁皇后与平妃；孝昭仁皇后与温僖贵妃；孝懿仁皇后与悫惠皇贵妃；宜妃姐妹二人。

同治帝，姑侄同嫁一夫：姑姑，珣妃、恭肃皇贵妃，侄女，孝哲毅皇后。

光绪帝，姐妹同嫁一夫：他他拉氏，瑾妃、珍妃姐妹。

此外，清朝存在严重的近亲结婚：

顺治帝的废后博尔济吉特氏，就是顺治帝的表妹，孝庄文皇后的亲侄女，所谓"姑舅亲，辈辈亲，打断骨头连着筋"，而继后孝惠章皇后又是废后的侄女，真是乱了套。

康熙帝的后妃中，孝懿皇后和悫惠皇贵妃是其生母孝康章皇后的亲侄女，也就是康熙帝的亲表妹。

　　最厉害的是光绪帝，光绪帝的皇后叶赫那拉氏是慈禧亲弟弟桂祥之女，而光绪帝是慈禧亲妹妹所生，光绪帝父亲醇亲王又是慈禧的小叔子，这种关系真是剪不断，理还乱。

　　这些近亲结婚的帝王后妃，或许是当时人们并不懂得其中的危害，只为权力的收拢而不管后代的健康与否。据档案记载，上述清帝近亲结婚的后妃中鲜有生育者，只有康熙帝孝懿皇后在康熙二十二年生育了皇八女，一个月后死去，这就是近亲结婚的结果。

第六章

后妃的「责任」和禁忌

深宫之中，有很多不为人知的隐私，尤其是皇帝和妃嫔之间的情感之事，历来被人们演绎得沸沸扬扬。真实的情况究竟如何呢？

1. 讳莫如深的房中事

清朝的皇帝与后妃间的房中之事，历来讳莫如深，不为外人所知。但一直以来为人们所关注。尤其是市井的一些传言，更把皇帝幸宫之事讲得神乎其神，莫衷一是。一些影视剧这样演绎：皇帝晚上要临幸后妃，便传旨给太监，太监于是到妃子的住处，将其身上的衣物全部扒光，以防这些妃子对皇帝不利，因为明代就曾发生过后宫妃子起事、密谋杀害皇帝的事件，鉴于此，皇帝在召见后妃时便要全部脱掉她们的衣物。太监将一丝不挂的后妃纳入一个毛毡口袋之中，背着她直奔皇帝的寝宫。后妃钻入皇帝的被窝，是从脚底下进入的。我不知道这些导演怎么会虚构出这样的情节。光着身子进入还可以理解，可是，从脚底下进入有什么意义呢？所以，关于清代皇帝和后妃之间的临幸之事，很有必要从历史真实的角度加以阐述，加以澄清，以正视听。

先谈一谈皇帝的婚姻。清朝的皇帝大多早婚。清帝早婚，是有其历史渊源的。资料记载，早期的满洲男人，在十岁时即定亲，十三四岁时即结婚，到二十岁还未结婚的男子即为贫寒之家。造成这种现象的原因，主要是战争的缘故。常年的战争，耗去了大量的男丁。男子在十六岁成丁后，必须从征入伍，补充兵力，造成中青年男子的匮乏。早婚，便是繁衍后代、补充男丁的最好办法。

清朝的皇帝在早婚这方面便率先垂范。其原因除上述之外，一个重要的因素便是为了皇家的子嗣或香火永盛。早婚早育，便可生育很多皇子，更可以在众皇子中挑选优秀者继承大统，以保持爱新觉罗家天下的延续。

清代，入关以后历十帝，其中顺治帝十四岁大婚，康熙帝十二岁大婚，雍正帝十九岁结婚，乾隆帝十六岁结婚，嘉庆帝十五岁结婚，道光帝十三岁结婚，咸丰帝十六岁成婚，同治帝十六岁大婚，光绪帝十八岁大婚。注意，这里在用词上有"大婚"和"结婚"之别。大婚，只用于那些在宫中结婚的皇帝，而那些还没有做皇帝就已经婚配的皇子，因为发生在宫外，就只能像民间一样，称为结婚了。年龄最小的皇帝康熙帝只有 12 岁，还是个乳臭未干的孩子，什么也不懂。但清廷便在性这方面加以引导，使其成熟，知道亲近女孩子。

绿头牌

这里要切入本节的主题，就是皇帝怎样临幸后妃呢？要先从召幸后妃的膳牌说起。

皇帝吃饭叫传膳。清帝每天两餐，即早、晚两膳。晚膳多在午、未时之间（正午 12 点至午后 2 点）。晚膳过后，敬事房进膳牌。膳牌是一种竹制的签牌，一寸宽，一尺长，上段染成绿色，下段满涂白粉，故又称绿头牌。膳牌上在正反面书写后妃的姓氏和简单履历。这些后妃的膳牌除去那些正患病或正在经期的不进之外，其余的都要呈给皇帝。皇帝夜晚想幸哪位妃子，便将此牌翻过来，称为翻牌。被召幸的后妃当晚不再回自己寝宫，而是到皇帝住处侍寝。而那些没有选中的妃子就只能算是暂时的撂牌子了。可以想见，皇帝日理万机，有好多军国要事需处理，脑子里想的不会全是后妃的事情；再加上有些后妃并不是皇帝所喜爱的，比如顺治帝的第一位皇后，由于是多尔衮包办的，皇帝并不喜欢，便发生三年不同房的事情，其他皇帝也是一样。正如《金瓶梅》里所说：妻不如妾，妾不如妓，妓不如偷，偷着不如偷不着。虽然作为一国之君，不至于出去偷情，但是封建社会的君王，也会招惹那些不属于后妃行列的女子，以满足自己的欲望。

当然，在正史资料中，你很难发现关于皇帝如何幸宫的记载。但是，在一些民间笔记中却有记录。描述皇帝在和后妃行事时，太监在窗外一直等候，目的是看着皇帝不要太久，以免累坏了身体，或是耽搁上朝的大事。

否则，皇帝如果不顾一切，很久也不出来，太监就会高喊："时间到了，时间到了。"或者会在窗外高声念叨所谓祖宗家法，来提醒皇帝，赶快结束吧。据说，敬事房的太监会在皇帝临幸后妃时记录下妃子的姓名，临幸的时间，以便作为查阅后妃怀孕的依据。每当皇帝行完事出来时，太监会问："留不留？"倘若皇帝说"不留。"那就要太监们将这位后妃的某一穴位按住，将龙种排出体外，就不会怀孕。其实，清朝的皇帝，并不存在所谓"不留"的问题，我们遍查清宫史料，也没有发现这方面的记录。

可以肯定的是，皇帝很少到后妃寝宫里过夜。更多的时候，他要传旨某妃到皇帝的寝宫来侍寝。

康熙以前至明朝诸帝，都住在乾清宫，皇后居坤宁宫，其他妃嫔分住东西六宫，取"乾"天"坤"地之义。乾清宫西暖阁共九间寝室供皇帝居住，上下置二十七张床，主要为安全起见。即使如此，明朝还是在此发生了挺击案、红丸案、移宫案，这里成了多事之宫。雍正以后，皇帝以养心殿为寝宫，似乎比之乾清宫更加安全。因此，为了避免明朝故事发生，多疑的雍正要离开乾清宫，而被召幸的后妃都在养心殿过夜。

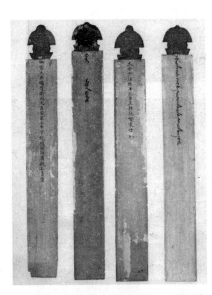

绿头牌并不仅仅在召幸后妃时使用，凡觐见皇帝者，皆用粉牌书写姓名呈上。图为清末肃亲王和袁世凯觐见时所用头牌。

清代的皇后并不真正居住在坤宁宫，只是大婚后的新婚夫妇在此居住三天。此后，皇后便在东、西六宫中任选一处遂心的寝宫居住。清制规定，每年的大年三十、初一、初二这三天时间，皇帝必须和皇后同房，这是皇后的权利。其他时间，则由皇帝自定了。即便是如此，有些皇后也没有能够怀孕，那真是太不幸了。但不管怎样，皇后怀孕的概率还是远远大于妃嫔，恐怕与皇后的这一特权不无关系。

养心殿的开间、进深相对严谨，前殿歇山顶，面阔七间，正间为三间，与西暖阁前檐接出抱厦。前殿东西各置配殿五间，正中偏后，设宝座，宝座后置屏风、宫扇，皇帝在此召见臣工。西暖阁设坐榻，外安装木板屏，比较隐蔽，皇帝在此密议军机大事，清末太后曾在此垂帘听政。

养心殿后殿是皇帝的寝宫，为五间，与前殿之间有穿堂相通。皇帝办完公事，通过宝座的左右门即可回到寝宫。寝宫的正间和西间是皇帝休息和召幸后妃之所。皇帝的寝床长 350 厘米、宽 200 厘米，是典型的东北大炕。寝床上安置有豪华的玻璃炕罩，铺大红毡、明黄毯，用丝绸或纱罗帐，帐上挂香囊、荷包。寝宫内置有两张龙床。

在寝宫外东西两侧设有后妃临时居住的围房，有小门与皇帝寝室相接。这些围房把养心殿紧紧围在中央，使得养心殿更加安全，养心殿内皇帝与后妃间发生的事情就更为神秘，外人无从知晓。

房中药

皇帝会不会用房中药呢？答案是肯定的。皇帝用房中药是很正常的事情，三宫六院的后妃，已使其应接不暇，再有其他女人，身体就更加虚弱了。《清朝野史大观》中有"圆明园内发现之房中药"栏目，今录之于后：

"丁文诚官翰林，一日，召见于圆明园。公至时过早，内侍引至一小屋中，令其坐，俟叫起。文诚坐久，偶起立，忽见小几上有葡萄一碟，计十余颗，紫翠如新摘。时方五月，不得有此，异之。戏取食其一，味亦绝鲜美。俄顷，觉腹热如火，下体忽暴长尺许，时正着纱衣，挺然翘举不复可掩。大惧欲死，急俯身以手按腹，倒地呼痛。内侍闻之，至询所苦，跪对以暴犯急痧，腹痛不可忍。内侍以痧药与之，须臾痛益厉。内侍无如何，乃饬人从园旁小门扶之出，而以急病入奏。公出时，犹不敢直立也。"

皇帝供养了一大批御医，这些汉人御医，平时不干别的，就是为皇帝及其后妃服务。他们绞尽脑汁，配出各种保健的药方子，其中那些补益类的方剂，大多为此类用途。

这段引文应该说的是咸丰皇帝，他本来就体弱多病，却热衷于房中术，一些宠臣如彭毓松也极尽巴结之能事，向皇帝进献房中秘术和催春药方"龟龄集"。而他的儿子同治皇帝更是风流无比，不但长于房中术和春药，竟然和宠臣王庆祺一起偷看"春宫秘戏图"，被小太监发现，两宫皇太后也知道了，大受其窘。这些从丰润市井购进的"春宫图"，可谓十分荒唐，竟然绘画出各种男女交配的姿势，看了使人汗颜。

2. 后妃的首要任务——延续血脉

孕事盘点

对于皇家来讲，后妃的生育最为关键，只有子孙旺盛繁衍，大清王朝才能世代传下去。所以，为了多生子女，皇帝才要大选天下美女，充盈后宫，就会多子多孙。清11帝（末代皇帝不计）249位后妃中共生育儿女195人，皇子113位，公主82位。总结起来，各帝有子女为：努尔哈赤24人、皇太极25人、顺治14人、康熙55人、雍正14人、乾隆27人、嘉庆14人、道光19人、咸丰3人，同治、光绪和宣统帝没有子嗣。

其实，皇帝的子嗣繁衍，关键要看后妃的生育情况。

后妃的生育取决于三个要素，一个是皇帝的身体素质，一个是后妃自身的身体素质，另外一个就是后妃的荣宠程度。因为即使帝后身体再好，皇帝没有频繁的召幸，其怀孕生育的概率还是很少的。频繁的生育算不算是受了特殊的宠幸呢？至少可以说是皇帝到某位妃嫔处去的时候要多于那些没有生育过的后妃，也算是一种爱情升华吧。统计清宫后妃，那些高生育的后妃有多少呢？按照《清后妃传稿》和《清皇室四谱》记载，清代后妃中，后妃生育最多数量一生有6个孩子。6次生育，对一个生活在深宫的女子来说相当不易，细数清代后妃，达到6次生育的有3位：康熙帝的孝恭皇后、荣妃马佳氏和乾隆皇帝的孝仪皇后魏佳氏。此外，生育5个孩子的有努尔哈赤的庶妃嘉穆湖觉罗氏真哥。生育 4 个孩子的有皇太极庄妃、雍正帝敦肃皇贵妃和齐妃；乾隆帝孝贤皇后和淑嘉皇贵妃；道光帝孝静皇后和庄顺皇贵妃。我们不妨对清朝 12 帝的生育情况逐个加以统计，可以看出一些规律。

努尔哈赤 19 岁结婚，他的后宫中生育子女最多的是庶妃嘉穆湖觉罗氏真哥，生有 2 子 3 女，但对比大妃乌喇那拉氏来讲还不占优势，因为大妃生了 3 个皇子，且个个受父汗宠爱。孝慈高皇后叶赫那拉氏一生只生有一个皇子即皇八子皇太极。后妃中寿妃博尔济吉特氏、侧妃博尔济吉特氏、侧妃哈达纳拉氏 3 人一个儿女也未能生育。

皇太极 22 岁初婚，后妃基本上没有不生育的，只有康惠淑妃博尔济吉特氏没有生育的记录。所生子女数量也比较均匀。最多生育者为孝庄文皇后，即庄妃，生有 1 子 3 女，其皇九子福临后来继承了帝位，是为顺治帝。

顺治帝 14 岁大婚，皇后博尔济吉特氏，后因事被废，未有生育。继后为废后侄女，服侍多年，仍未生育。福临的性情不太稳定，其第一个皇子出生在顺治八年（1651 年），那时他只有 14 岁。此后，15 岁至 23 岁之间，顺治帝频繁生育，又生育了 6 个公主和 7 个皇子。

这些皇子和皇女多为庶出，反映出顺治帝桀骜不驯的性格特征。从生育状况我们看出，最多生育年份有 3 个孩子降生，而且，这些生育的后妃中极少有频繁生育的记录，可见，除了宠爱董鄂妃之外，便再也没有他十分钟爱的女子了。

康熙帝 12 岁大婚，在以后的岁月里，陆续娶进 54 位女子，一生共有 55 位后妃载入典籍之中，达到清帝之冠。最早的生育记录为康熙六年，这一年他 14 岁，由于帝后尚不成熟，皇子承瑞生下不久就夭亡了，没有齿序。统计康熙皇帝的后宫，在他旺盛的生育期内，由于后妃众多，共有 55 个子女降生，其中皇子 35 位，公主 20 位。当然，生育的因素很多，有身体的原因，也会有环境的因素。身体好，情绪好，就会多一些；反之，就会导致生育下降。从中可以看出 14—30 岁是其生育高峰，有 28 个孩子出生，31—40 岁有 12 个孩子出生，41—63 岁，生育进入低谷，有 15 个孩子出生。这可能与其心理因素和健康状况有着密切的关系。

康熙帝诸妃中，孝恭仁皇后乌雅氏和荣妃马佳氏生育的孩了名为 6 个；此外，宜妃、顺懿密妃、襄嫔、通嫔 4 位各生有 3 个孩子；孝诚皇后、惠妃、敬敏皇贵妃、温僖贵妃每人生 2 个孩子。所以，还有许多妃嫔一生中未有生育。

雍正帝 19 岁初婚。雍正帝一生虽妻妾不少，却生育不多，共有 10 子4 女，其中只有 4 个皇子和 1 个公主长大成人。这 14 个孩子，有 13 个生于他继位前，即 45 岁之前。继承大统后，只在他 56 岁时生有 1 子。众多后妃中，敦肃皇贵妃年氏和齐妃李氏均生有 3 子 1 女，可惜年氏所生的 4 个孩子均早夭，最大的皇子福宜只存活 8 岁，最小的不足 1 岁就早殇了。

乾隆帝 16 岁结婚，在位时间达 60 年之久，又做了 3 年太上皇，有记录妃嫔达 41 位之多。婚后在王府中生了 6 个孩子，初生于雍正六年，他17 岁时，生有 1 儿 1 女，大部分子女均在他继承大统之后出生。查其生育情况，从 17 岁开始生育，一直到 65 岁，是乾隆帝一生的总生育期。乾隆帝一直到 65 岁还能生育出孩子，可谓身体强壮。可是，从计数中我们看出，乾隆一生生育比较均匀，35—50 岁之间，是其旺盛的生育期，生有15 个孩子，而 50 岁之后，只在 52 岁、56 岁两年中各有过 1 次生育，尤其是 57 岁到 64 岁的 8 年间，竟无一个孩子出生，只是到 65 岁那年，正值生育旺年的惇妃才为他生了十公主，乾隆帝老来得女，十分高兴。从另外一个角度，我们也可看出乾隆帝在养生之道中总结出"十常""四勿"是非常科学的，其中，就有"色勿迷"这一经验，使他虽后妃成群，但御之有度，终成高寿天子，活了 89 岁，是中国封建帝王中寿数最高者。

乾隆后宫中，生育最多者是孝仪皇后魏佳氏，一生诞育 6 个孩子，其中有 4 位皇子，其第十五子即嘉庆皇帝。此外，孝贤皇后生有 2 子 2 女，淑嘉皇贵妃生有 4 个皇子，纯惠皇贵妃和那拉皇后各生 3 个儿女，哲悯皇贵妃和忻贵妃各生2个儿女，都可谓是高产后妃。

嘉庆帝14岁结婚，一生有记录的后妃达19位。第一次生育是在他19岁时，最后一次是他56岁时生有1子，共生育有5子9女，他是清帝中生育男孩和女孩人数反差最大的一位，女孩近乎男孩的2倍。嘉庆帝的生育旺盛期是在他为皇子时，生有7位，继位后生育质量和数量都不高。尤其在他36—46岁的十年间，正是人生的旺盛生育期，他却是零生育。

嘉庆帝后妃中，孝和皇后生育最多，达到2子1女共3位，恭顺皇贵妃生育1子2女，也是3位，孝淑皇后、和裕皇贵妃均为1子1女，总体上说，生育数量都远不如前代诸帝。

道光帝13岁初婚，一生有后妃20位。尽管他结婚很早，可是初婚至成年却鲜有生育。直到他26岁时，才开始生育，而且皇长子的生母祥妃当时是个宫女。一生共有皇子9人，公主10位，计19个儿女。生育期内，表现得很特殊，在人类最易生育的时间段却没有生育，在43岁之前，仅生有1子1女，真是急坏了老皇帝。在以后的岁月里，他加倍努力，产生过两个相对旺盛的生育期，一次是44—51岁之间，生育9个子女；一次是59岁至64岁之间，虽已是花甲之年，却生育7个子女。

道光的后妃中，生育最多的是孝静皇后和庄顺皇贵妃，各生有4个子女，其次是孝全皇后、彤贵妃、祥妃，各生有3个子女。其原配孝穆皇后未有生育，继后孝慎皇后也只生育1个公主。

咸丰帝16岁结婚，一生有18位后妃，但鲜有生育。初生的时间同乃父一样，到25岁时，才生育了1个皇女，错过了最佳生育期。其后，咸丰六年由兰贵人（慈禧太后）为其生了大阿哥，咸丰八年玫贵妃生有1子，不久殇逝。其余15位妃嫔均未生育。

同治帝16岁大婚，有后妃5位，当他19岁去世时，未生有一儿半女；光绪帝18岁大婚，有后妃3位，在婚后20多年的生活中，光绪帝未生下一个儿女，清廷自同治帝至清末，三代帝王都没有生育过。可是，并非所有生育的子女都可以成活下来，长大成人。相反，据统计，自顺治迄咸丰

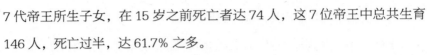

7代帝王所生子女，在15岁之前死亡者达74人，这7位帝王中总共生育146人，死亡过半，达61.7%之多。

研究发现，皇帝的头胎子女都是短命鬼：顺治的长子、长女，康熙的6个子女，雍正的大女儿和前3个儿子，乾隆帝的长女、次女及次子，嘉庆帝的长子、长女、次女，道光帝的前6个子女，及咸丰帝的次子，都未成年就死亡了。

究其原因，就是这些早婚的帝王，身体素质还未成熟。顺治帝15岁得长女，康熙帝14岁得儿子，雍正帝17岁那年生育子女，乾隆18岁得女儿。而皇帝生育时的年龄都是虚岁，按实足年龄算要减去1岁，生育要十月怀胎，又要减去1岁，所以，康熙第一个儿子是他12、13岁时的后代，不仅如此，他们的妻妾也都是十几岁的孩子，造成了生育的孩子先天不足。另外，皇帝成熟之后，后宫妃嫔成群，性生活毫无节制，也影响了生育质量。此外，受时代的局限，医疗卫生状况也是清帝子女早夭的重要原因。

孕事有喜

对于那些身怀有孕的清宫后妃，皇帝会有怎样的优待条件呢？显然是非常重视的。

说到这里，首先不得不谈谈麝香。大家看《甄嬛传》等影视剧的时候，听到最多，也是最神秘的一个词就是麝香。麝香究竟是什么东西呢，如此引人注目？

麝香，又叫遗香、脐香、心结香、当门子等，是雄麝的肚脐和生殖器之间腺囊的分泌物，干燥后呈颗粒状或块状，有特殊的香气，有苦味，可以制成香料，也可以入药。麝香的药理作用大概两种：一为开窍醒神，可预防和治疗中寒、中暑、中风、中湿等病；二为舒筋活络，接骨镇痛的功效。这种名贵的药材，在清宫中一定会大量使用，所以，太医院御医配置的方剂中就有苏合香丸、御制平安丹、十香返魂丹等，这些方剂中都含有麝香的成分。但是，麝香还有两个副作用，一个是助情，因为麝香的气味奇香，能够使人迷离。历史上有很多这样的例子，比如，北魏孝文帝和女子冯妙莲就有使用麝香的故事。冯妙莲为了诱惑孝文帝，便把麝香制成小颗粒，藏入肚脐之中，皇帝看不到，却因为麝香的奇香而钟情冯妙莲。另外一个作用是堕胎，因为麝香有开窍的功用，有极强的通闭作用。但是，我可以肯定地说，这种能使人堕胎的麝香，不会像电视剧那样被那些后宫的小主们轻易取得，而且制成各种药剂，成为导致后妃堕胎的凶手。

雍正帝对太医院的药剂管理非常严格，在雍正七年，他曾下过十分严厉的谕旨："尔等严谕御药房首领知悉：药物关系重大，嗣后凡与妃、嫔等送药，银瓶上必须牌子标记。至所用汤头，亦须开清，交予本官首领太监，即将名字记明，庶不至于舛错。"大家看，首领们拿药的时候，首先用的是防毒的银瓶，还要在瓶子上记名字，还要经过首领太监把关，怎么可能使用手段弄错呢？雍正帝最精细了，他深知宫廷险恶，也了解太医院用药的神秘，他惧怕出事，所以，特别作此规定，可谓防患于未然。清宫最重视生育，那些在宫中能为皇帝生下一男半女的妇人，会感到无比的自豪。因而，宫中也特别注重对她们食品的供给。按例，除了平素已经规定的宫中份额外，还要特别增加一些食品。

计每日供应粳米、碎粳米、碎红米、黄老米、碎黄老米、小米、凉谷米各7盒5勺，芝麻4盒，鸡蛋20个，直到小满月为止。这些粮物，对产期的妇女温补身体、养血益气、调整产后身体状态很有益处。为了很好地照顾产妇身体，又增加了一些其他补益类食品。而对于月子里的大阿哥，则每日供应六安茶叶2两，天池茶叶一斤，豆面一升，细草纸50张，粗草纸100张。

因为后妃不允许喂养自己的孩子，孩子生下后，怕生母产奶，太医便奉旨进回乳汤，以保证产妇的身体很快恢复并保持良好体型，也不会因为带孩子而身心疲惫。因而需要雇用一些乳母，来喂养新生儿。这些乳母要求的条件极其严格，不仅要出身好，必须是旗人，而且要长相端正，刚刚生产过，奶水特别旺足者，方能入选。进宫后，乳母食品要听凭宫里安排，不可自行食用：每日供应鸭半只，肘子、肺头要轮流食用，这些都是下奶的食品，不管乳母是否爱吃，必须咬牙吃下去，否则就要受到惩罚。

其次，是按照所生男女而给予不同的待遇。当然，以中国的传统，生有皇子的待遇自然高于生育公主的待遇。同时，由于后妃等级不同，同是生儿女，待遇也会各有差异。

清宫后妃中，因为身份不同，从其怀孕到生育的各个环节中，会有一些不同的待遇。

内廷各位怀孕，一般会在产前3个月左右即派御医上夜轮值，并将孕妇每天食品增加1倍，允许孕妇的一位亲属进内照料，直到婴儿满月后出宫。此外，除本宫首领、太监照常值夜外，再由宫殿监奏派总管一名，率敬事房及御药房太监值夜。这时的区别主要是供应的人数上，其他没有什么区别。

小儿满月之日，皇帝要有所赏赐，规定：皇后生育赐银1000两，面、里衣料300匹；皇贵妃生育赐银500两，面、里衣料100匹；贵妃生育赐银400两，面、里衣料100匹；妃生育赐银300两，里、面衣料70匹；嫔生育赐银200两，里、面衣料40匹；贵人生育赐银100两，里、面衣料20匹；常在生育赐银100两，里、面衣料20匹。可见，等级不同，待遇各不一样。

在那个时代，女人生孩子，虽是盼望已久的事，但是，由于医疗条件有限，还是要像过鬼门关一样的艰难。所以，后妃一旦怀孕，无论后妃自己，还是她的娘家人都会很紧张，期盼将来能够顺产，母子平安。

皇帝与后妃同寝后，内廷要将其记录在案备查。一旦怀孕，就要上下忙碌起来。为了照顾孕妇，《钦定宫中现行则例》中有《遇喜》专条，规定怀孕后妃的生母可以到皇宫中照料自己的女儿。懿嫔（慈禧太后）怀孕后，其母和跟随而来的家下妇人2名，进宫同女儿住在一处，但一定是妃嫔怀孕8个月左右才可进入。

同时，还要做一系列的准备工作。以慈禧为例：

一是刨喜坑（满民族习俗之一）。咸丰六年正月二十四日，韩来玉带营造司太监3名，至储秀宫后殿选吉处刨喜坑，请两名姥姥在坑前念喜歌、放筷子、红绸子和金银八宝。这个喜坑是分娩后将胎盘、脐带掩埋之地。

二是挑选妈妈里，满洲人喜欢这样称呼，其实，就是结过婚的妇人，而且，一定要儿女双全，使用者才感到吉祥，会给产妇带来好运。年龄从二十几岁到四十几岁不等。目的是到孕妇处上夜守喜，内府会计司将一批近20名的灯火妈妈里、水上妈妈里送来备选，并送来姥姥2名、大夫6名，等待分娩。

三是为即将诞生的新生儿准备应用之物。有春绸小袄、白纺丝小衫、春绸挖单、红兜肚、潞绸被、褥等，应有尽有。

四是分娩物品。如大小木槽、小木刀、易产石、大黑毡及吉祥摇车。另外，准备木碗、木锨、黑毡等，是分娩后处理胎盘等用品。

皇子生下之后，要先上奏皇帝和皇后，随即通知皇室其他人员。随后，要做一系列事情：

洗三。将新生阿哥出生年、月、日、时的命帖交钦天监，由钦天监确定其洗浴方向，择定出生3天后洗浴方位，即洗三。沐浴前，由儿女双全的姥姥抱起皇子，放进乾隆洗三用过的大铜盆。对孩子的头、腰、生殖器及足部分别进行清洗，并念念有词。如果在民间，姥姥会边洗边说："洗洗头，做王侯；洗洗腰，一辈倒比一辈高；洗洗蛋，做知县；洗洗沟，做知

清宫为新生儿使用的洗三盆

州"之类的吉祥话。之后，用一块新布蘸些清茶水，用力擦孩子的牙床，若孩子放声大哭，是大吉之兆，称为"响盆"。最后，还要用一根大葱打三下，边打边念叨："一打聪明，二打伶俐，三打明白。"

孩子生下后的当天，盼子心切的咸丰帝欣喜若狂，当即赏封其母。档案中有："三月二十三日，小太监平顺交出朱笔一件，懿嫔著封为懿妃。钦此。"宫里顿时忙碌起来，什么册文、册宝、赏封接踵而至。当年的兰贵人从此在命运上有了根本的转变，开始了崭新的生活。

孩子生下后，早已有大夫、太监、姥姥等多人伺候着，是整个宫中关注的焦点。上自皇帝、皇后、妃嫔，下自王公等位均有赏赐或进献。如：咸丰帝"赏红雕漆盒一件，内盛金洋钱四个，金宝一分，银宝一分"；皇后赏"金银八宝八个，金银如意四个，金银钱四个，棉被二件……"此外，咸丰帝诸妃嫔、诸位太妃（如皇贵太妃、琳贵太妃等）、王府各位王爷和福晋、各公主及额驸，及懿妃母家人都送上礼单，称为"添盆"。所有物品真是一应俱全。

太医院的御医们除了密切关注大阿哥外，就是懿妃的身体状况了。产后的懿妃身体虚弱，气血未和，尚有滞热。御医诊脉后，具药调理。另外，为了防止产妇生出奶，用"回乳生化汤"，因为皇家所生的孩子不吃生母的奶。所以，专门挑选了刚刚生产过的奶水旺足的少妇，并为其准备了鸭子、肘子、肺头之类能够"下奶"的食品。

升摇车乃清代民间做法，素有谚语："关东外，三大怪，窗户纸糊在外，姑娘叼着大烟袋，养活孩子吊起来。"这是一种古老的习俗，民间做法是将形如船的木摇车用长布条或绳拴住，悬于屋梁之上，离地三四尺，铺好被褥，将孩子放进去。孩子哭闹时，一面喂乳，一面摇车。这样，要等到孩子满月，才可下摇车。

大阿哥升摇车的地点选在储秀宫后殿东次间，由太监在摇车上贴福字，首领太监执香灯前引，谙达再将大阿哥抱进摇车，经过一番繁琐的程序，在太监诵念的喜歌声中，大阿哥升上了摇车。（使用太监执香灯，体现的是一种程序和身份，尤其是首领太监的使用，充分反映出大阿哥的重要地位。谙达，为满语，意为伙伴，朋友。有照顾大阿哥起居和教授启蒙的多种职责。）咸丰皇帝、慈安皇后、和其他一些妃嫔、太妃等位又是一番赏赐。

抓晬盘，民间称为"抓周"，是孩子一周岁时的活动。民间是在这一天，"列笔墨玩具于前，令儿随意抓取，以观志向"。通过这种办法，可以预测无知小儿将来的情趣与志向。夏仁虎有诗为证：

玉坠金匙集晬盘，犀钟银盒并文房。

长期武备承先烈，彤失雕弧教取看。

宫中仿此习俗，有《晬盘则例》："每逢皇子周岁晬盘，例用玉陈设二事，玉扇坠二枚，金匙一件，银盒一圆，犀钟一棒，犀棒一双，弧一张，矢一枝，文房一分，晬盘一具，中品果桌一张。"档案中明确记载，大阿哥在抓周时，"先抓书，次抓弧矢，后抓笔。"不知他的志向到底是什么，令周围的人琢磨不清。

后继无人之痛

说到这里，有好多人都在探讨大清皇帝在同治皇帝以后居然绝后，其原因是什么？

皇帝婚配，从12岁开始，还是个小孩子，就要过性生活，其实很难为他们。最主要的原因，还是要通过这种方式来衍续后代，使爱新觉罗家族代代人丁兴旺。所以，就得早行成人之礼，早婚之外，还要多娶后妃，故有三宫六院七十二嫔妃之说。

可是，清室发展到咸丰帝，开始由盛而衰，同国势一样的发展规律。咸丰帝的父亲道光帝活了69岁，生育有9个皇子，10个公主，共19位子女。而咸丰帝继任前后，后妃达到18人，可谓众多，却只有3位子女，是个锐减的数据，其中的原因是什么呢？

一是身体状况，这是最为关键的因素。咸丰帝20岁继位，在位11

年，31岁而英年早逝。他患有咳血症，而且，越到晚期越严重，也就是痨病，或肺病，在当时属不治之症。即便如此，咸丰帝对自己的身体仍不珍惜，夜夜风流，以"醇酒和女人自戕"，而且，嗜饮酒，每次喝酒必喝得酩酊大醉，每次大醉必有1—2名宫女遭到蹂躏。长期这样，身子越掏越空，便靠饮用鹿血来壮阳。于是，各地纷纷向清廷贡鹿，即使是逃到承德期间，也是如此。

二是政治形势的影响。咸丰帝在位期间，国家形势已很糜烂了。尤其是道光三十年十二月初十日（1851年1月11日）爆发的太平天国起义，战火燃遍大半个中国，已令他心力交瘁。可是历史发展到咸丰六年（1856年）的时候，又爆发了第二次鸦片战争，英法联军兵近津门。通州战争失利后，僧格林沁看到大事不妙，提出"战既不胜，唯有早避"的策略，要求咸丰帝逃离京师。于是，在万不得已的情况下，于是年的八月初八日（9月22

咸丰帝像

日）上午 10 点，咸丰帝带领宫娥后妃自圆明园后门出发，逃往热河。就是这样一个内外交困的局面，使得咸丰帝身体状况急剧下降，咳血不断。

三是宫中后妃成群，宫外韵事不断。宫中后妃自不待言，同时存在达十六七名之多，以他的身体状况，已经是顾此失彼。即使如此，还去宫外寻花问柳。比如民间传闻他宠爱山西籍寡妇，以及雏伶朱莲芬的故事。朱莲芬，擅昆曲，歌喉娇脆无比，且能作小诗，工书法。咸丰帝爱之愈甚，视若明珠，龙体自然大受损害。

咸丰帝一生的三个孩子中，有两位皇子，一位公主。咸丰五年（1855年）五月初七日，丽妃他他拉氏为他生育了第一个孩子，这就是大公主。咸丰六年（1856 年）三月二十三日，懿嫔（慈禧太后）生下皇长子载淳。咸丰八年（1858 年）二月，玫嫔徐佳氏生下皇二子，可是不久，这位皇子还未来得及命名就夭折了，被追封为多罗悯郡王。这位悯郡王就成为大清王朝中最后出生的一位皇子，1858 年，也是大清皇宫中最后一次生育的年份了，意义显得非同寻常。但在当时，主宰清宫的帝后们并不知晓。

同治帝继位后，一直由两宫垂帘听政，小皇帝在上书房读书，也乐得其所。直到同治十一年九月十五日，载淳与翰林院侍讲崇绮之女阿鲁特氏举行大婚礼，此时载淳已 17 岁了，这次娶进一位皇后和 4 位妃嫔，他一生共 5 位后妃。

婚后不久，同治十二年（1873 年）正月，载淳亲政。虽为亲政，但事事受制于两宫太后。无所事事的他，便想和自己钟爱的皇后共叙爱情，享受欢乐，同样遭到母后干涉，并强其移爱于慧妃。同治帝一怒之下，便独宿乾清宫。

然而，即使独宿，也有与后妃同房的时候，怎么会都没有怀上孩子呢？很有可能是另有隐情。于是，清季稗史中推测，同治帝应该有以下嫌疑：

首先是受翰林院侍读王庆祺的误导，渐近花心。王庆祺擅长谄媚，又风流成性，颇好冶游，是寻花问柳的高手。早在同治十二年为河南考官时，竟不顾命官体面，公然微服冶游。有这样一位侍读的导引，尚未成年而又寂寞无聊的同治帝会怎么样呢？两宫太后从王庆祺事件中吸取了教训，决定凡此以后，那些年轻而又轻佻的侍讲之人概不准使用，一律用那些年纪大的、老成质朴之人。

其次是受小太监的影响。太监六根不全，极尽钻营之能事。当他们揣摩到同治帝的心理后，御前太监张德喜、阵忠吉、周增寿、梁吉庆、王得喜、任延寿、薛进寿等，便公然引导同治帝以嬉戏为乐。同治帝死后，两宫太后重重处置了这些太监。

最后是受贝勒载澂的引导。载澂为奕䜣的儿子，他聪明而机警，风流放荡，与同治帝可谓志同道合，有他作为小皇帝的伴读，真是"如虎添翼"。两人常着黑衣，化妆出宫，冶游娼寮之所。

所以，年轻的同治皇帝极有可能染上了梅毒，以致造成肾源亏损，后来又染上了可怕的天花。从脉案结果上看，病情恶化时，表现为遗精、尿血、肾虚赤浊等症。是不是遗传了乃父咸丰帝风流的基因呢？也未可知。

同治帝虽然 17 岁大婚，拥有 5 位后妃，徒过了 3 年夫妻生活而没有生育，断送了大清子嗣的延续，是大清王朝的罪人。

同治帝没有子嗣，谁来继承帝位呢？按大清惯例，嗣帝应在"载"字以后的"溥"字辈中选择，而且应以立长为先，新皇便于掌控天下。可是，贪权的西太后完全违背了祖制。首先，她不同意在"溥"字辈中选嗣君，那样的话，同治皇后阿鲁特氏就会成为皇太后，可以干预朝政，而自己便成为太皇太后，再也不能垂帘听政了。其次，她也不同意立长，因为成年的皇帝是不需太后垂帘的，尤其在皇帝大婚以后，太后必须归政于皇帝。于是，慈禧经过反复思考，将帝嗣定格在醇亲王之子载湉的身上。

对于慈禧来讲，载湉是最合适的了。一方面，载湉继位，阿鲁特氏不是太后，而是寡嫂，她无权垂帘听政；另一方面载湉是自己亲妹妹生的孩子，血浓于水的亲情便于掌控，而且，载湉当时只有 4 岁，慈禧以堂堂太后之尊，完全可以达到继续垂帘的目的。于是，她说服了慈安太后，又以强硬的态度，迫使王公大臣予以承认，她的目的达到了。

只是可怜了光绪皇帝。他以冲龄进入神秘莫测的皇宫大内，宫中繁琐的礼仪和慈禧的威严，使他产生畏惧的心理。没有父母之爱，没有家庭温暖，使他失去童年的快乐。尤其对于贪权的西太后，她的每次动怒或喊叫，都会使他心悸不已。长此以往，他的身体受到了极大的损害。

光绪十五年正月二十日（1889 年 2 月 19 日），光绪帝与叶赫那拉氏举行大婚之礼，同时纳他他拉氏姐妹为妃嫔，共娶进一后二嫔，开始过上了夫妻生活。可是，光绪帝自 19 岁大婚，到 38 岁死去，共有过 19 年的婚姻事实，却未生育有一儿半女，究竟是何缘故呢？

其一，光绪帝身体不好，这是最基本的条件。上文提到，他入宫后，由于长期处在压抑和孤冷的环境中，本来身体虚弱的他，竟有遗精的病史。光绪帝在自述中讲过："遗精之病将二十年，前数年每月必十数次，近数年每月不过二三次，且有无梦不举即自遗泄之时，冬天较甚……腿膝足踝永远发凉……稍感风凉则必头疼体痠……其耳鸣脑响亦将近十年……腰腿肩背痠沉……此病亦有十二三年矣。"所以，以此之躯，后妃怀孕的概率就非常小。虽然御医们使出了许多固本添精的良方，但都无济于事。

其二，是婚姻上的不幸。大婚后娶进的皇后是慈禧亲弟弟桂祥之女，慈禧本想通过亲上加亲的关系，达到掌控皇帝的目的。可是，事与愿违。此女并不俊美的容貌本已使光绪帝生厌，加上她心胸狭窄，无才无德，只会向太后打小报告，心甘情愿地充当慈禧的传声筒和联络员，就更让光绪帝失望和痛心。久而久之，夫妻二人竟形同陌路，有时还大吵大闹。据《悔逸斋笔乘》载，光绪十八年的一天，两人因事争吵，光绪帝还骂了皇后，皇后便跑去太后那里哭诉。慈禧怒道："皇上是我所立，实乃忘恩之举；皇后是我亲侄，辱骂她是对我的不敬。"从此，光绪和皇后势不两立，他同慈禧的关系也变得紧张起来。

可是，光绪最宠爱珍妃，两人几乎是形影不离，最终招致祸灾，珍妃不幸被处死。有人说她怀孕过，但尚有待史家进一步考证。至于瑾妃，同皇帝接触的机会也是非常的少，最终没有怀孕机会。

此外，戊戌政变后，光绪帝虽正值壮年之躯，却过上了长达 10 年囚徒一般的生活。他空怀一腔强国兴邦之梦，抱负不得施展，病势日剧，终于在光绪三十四年十月十七日，进入病危阶段。

这一天，御医杜钟骏在日记中写道："皇上气促口臭，带哭声而言曰：'你有何法救我？'予曰：'皇上大便如何？'皇上曰：'九日不解，痰多气急心空。'……"杜太医跪着为皇上把过脉，再细审其容，断定，不出4日，皇上必出危象。

果然，在此后的几天里，光绪帝"中气虚损，不能承领上下，以致上而逆满喘咳，下而大便不行，清气不升，浊气不降，而通体为之困乏矣。"到十月二十一日，光绪帝已进入弥留之际，当日酉刻，终于龙驭上宾，结束了他38岁的年轻生命。

近年，关于光绪帝之死又有新的说法。研究人员采用原子荧光技术，对采集到光绪帝的头发、葬衣进行科学检测，发现其中的含砷量大大超过常人，视为砒霜中毒。可是，这个观点，也遭到同行专家的批驳，北大房德邻教授就专门写出了批驳文章，否定这个说法。所以，光绪帝的死因之谜实际上并未彻底揭开。

光绪帝一生没有生育子女，与慈禧的专横跋扈绝对有着直接的关系。光绪帝本人断了子嗣，大清王朝断了皇嗣，一个国家的命运再次交由已经垂死的慈禧太后的手中。也就在这一天，慈禧太后依然冷峻地进行了思考，还是没有忘记选一位小皇帝，以便将来她的侄女——隆裕太后操纵权柄，这就是历史上的宣统帝。

后来的历史发展证明，这位小皇帝成年后，依然没有生育，不过，待他大婚时，早已是共和的天下了。自同治、光绪迄宣统帝，三代晚清帝王虽妻帝成群，却没有生育出子女来，确实表明清王朝已到山穷水尽、日薄西山的地步了。

第七章

福祸相依的母子关系

作为帝王后妃，能够被宠幸生子，是其人生发生转折的开始，一旦皇子将来做了皇帝，继承大统，那自己就成为万人之上的皇太后了。可是，如果皇子不争气，或时运不佳，也会带来不济的命运，到时候，她们是否后悔，当初不该生下此子，也未可知。从大清后宫母与子（或母与女）之间发生的是是非非中，或许你能找到答案。

1. 母以子贵贱

母子之间的关系，在复杂多变的宫廷斗争中，历来最具战斗力。因而，每一位妃嫔，都渴望生一位皇子，即使做不了皇帝，将来儿子长大成人，分府出去，自己也有了宫外的落脚之处。最主要的还是皇帝的态度，看到自己生育了皇子，为爱新觉罗家族延续后代立下了功绩，当然会心存感激。但难免有例外，有的皇帝也会因为一点小事，迁怒于后妃。

翻身得解放的"甄嬛"

清代，皇子继承了帝位，按制，母亲被尊为皇太后，皇太后由当朝皇帝供养，备极荣耀。细数清朝的皇太后，可以真正理解母以子贵的含义。

皇太极的生母孝慈高皇后，17 岁时生下皇太极，29 岁去世时，丈夫努尔哈赤尚在，没有做过皇太后。顺治帝的生母为孝庄文皇后，即庄妃，丈夫皇太极死时，她 32 岁，6 岁的儿子继承了帝位，她做了皇太后，一直到顺治十八年，她在选后、立国等诸多方面费尽了心思，但也拥有一定的权力。顺治死去，康熙嗣位，身为太皇太后的她起了一语定乾坤的作用，康熙对祖母备极孝养，尊崇有加，孝庄于康熙二十六年十二月去世，寿75 岁。

康熙帝生母孝康章皇后，顺治十一年三月十八日生康熙帝，年仅 15岁，康熙元年，玄烨以 8 岁幼龄继位，尊生母为慈和皇太后。慈和身体一直不好，虽身居高位，但无福享受，第二年二月初一日即崩逝，年仅

24 岁。

雍正帝生母乌雅氏孝恭仁皇后，18 岁时生下雍正帝，雍正元年五月二十三日崩，仅做了半年皇太后，寿 63 岁。相传，她不满儿子得位手段，对儿子拟给她的"仁寿皇太后"徽号和从永和宫迁至宁寿宫的旨意都以在丧期中加以拒绝。尤其是两个亲生儿子胤禛和胤禵（允禵）闹对立，令她十分头痛，不久患了病。有一次，她要见小儿子，雍正大怒，太后便撞柱而亡。

乾隆帝生母孝圣皇后，13 岁以秀女入宫，身份卑微。可是她聪明伶俐，做事得体，在雍正继位后，即升为熹妃，再晋皇贵妃。乾隆继位后，尊为崇庆皇太后。弘历 12 岁那年，熹妃奉特旨携子觐见圣祖，圣祖见她相貌不凡，连夸她是个"有福之人"。果然，乾隆继位后，备极孝顺，多次侍奉其下江南，巡五台，幸盛京，游山玩水，享尽人间奢华，在宫中度过 73 个春秋，享年 86 岁。

"甄嬛"原型——乾隆皇帝生母崇庆皇太后像。

关于孝圣皇后有两点引人瞩目：

其一，她的身上充满了谜团。

1. 姓氏之谜。一个人的姓氏怎么会是一个谜团呢？本应是百分之百肯定的事情，可是，这个熹妃却给人们留下了思考的余地。雍正元年，胤禛即位，大封后宫。在资料中，关于熹妃的记载出现了两个不同的结果。一个是姓钱，是个汉人。《雍正朝汉文谕旨汇编》："格格钱氏，封为熹妃。"《永宪录》中的记载和这个记载一样。这些资料本应是可信的，但另外一种说法就完全不同了，说她姓钮祜禄，是满洲人。《清世宗实录》："格格钮祜禄氏封为熹妃。"这是官方的记录。

2. 生子之谜。熹妃生有一子，那就是弘历。《清皇室四谱》记载："（弘历）康熙五十年辛卯八月十三日子时，生于雍亲王藩邸，母王府格格钮祜禄氏。"其他资料也都做了类似的记载，应该不会有什么争议了。可是，在历史上却产生了两个大争议。一是乾隆生母各异。关于乾隆帝生母产生了几种说法，有的说是陈阁老的儿子。陈阁老就是浙江海宁大学士陈世倌，他和雍亲王同时生了孩子，陈阁老生了男孩，胤禛生了女孩，是胤禛与陈世倌交换了孩子，重演了历史上"狸猫换太子"的闹剧。有的说是汉女傻大姐所生，故事讲，雍亲王在热河打猎时，喝了鹿血壮阳，情急之下，和一个丑陋的汉女发生了苟且之事，生下弘历。而官方记载，当然是钮祜禄氏熹妃所生，档案留有记录。真是迷雾重重，让人难以选择。二是乾隆出生地迥异。历史记载有两个，一为北京雍和宫，一为承德避暑山庄。

其二，孝圣之福。

福从何而来？是金口玉言。说熹妃有福，不是市井传出来的，而是她的公公康熙帝所说。事情发生在康熙六十一年七月十二日，正是牡丹花盛开的季节，胤禛把父皇康熙帝请到雍亲王住地狮子园，赏牡丹花，其时，12岁的弘历随父王一同觐见康熙帝。康熙帝看见这个孩子长相俊美，又聪明伶俐，十分喜爱。弘历也很做脸，给爷爷背诵了周敦颐的《爱莲说》，一点儿不磕巴地背诵完，康熙帝大喜，感到后继有人，十分高兴。于是，说了一句语惊四座的话，说弘历"福将过予"（《乾隆帝御制诗文集》）。就是说，这个孩子的福气将超过我。然后，他命令雍亲王妃，把弘历亲生母亲叫来，要看看。熹妃就这样，第一次拜见了自己的公公康熙帝。康熙帝看到熹妃之后，有什么反应呢？资料《清代后妃传稿》这样记载："皇祖连谓之有福之人"。

这个女人做了42年的享福太后。雍正帝去世，她虽然失去了丈夫，但是，她的儿子做了皇帝，自己成了皇太后，比之以前，就更加享福了。主要表现是：

1. 多次在儿子的陪伴下游山玩水。乾隆帝喜爱出巡是有名的，有好多微服私访的记载。其实，乾隆帝每次出巡，都是打着孝敬母后的旗号。《啸亭杂录》记载："纯皇侍奉孝圣宪皇后极为孝养，每巡幸木兰、江浙等处，必首奉慈舆，朝夕侍养。"四次南巡：乾隆十六年、乾隆二十二年、乾隆二十七年、乾隆三十年，共四次出巡，总天数近 500 天。三次巡幸五台山：乾隆十一年、乾隆十五年、乾隆二十六年，共三次，达到 100 余天。四次东巡泰山：乾隆十三年、乾隆二十一年、乾隆三十六年、乾隆四十一年，共四次，达到 180 余天。两次巡幸盛京，也就是沈阳：乾隆八年、乾隆十九年，共两次，达到 260 天。此外，乾隆帝还陪着母后到避暑山庄 29 次。可以想见，每次出巡，浩浩荡荡，朝廷要花费大量银两，地方官还要极尽报效之能事，使得太后享尽了人间富贵。

2. 太后过生日，靡费无度。熹贵妃做皇太后时是 44 岁，之后，她做了 42 年太后。在宫里，儿子给她做了几个十年整寿：乾隆十六年六十大寿，乾隆二十六年七十大寿，乾隆三十六年八十大寿。每次整寿，宫廷内外，大加庆祝，靡费无度。这样看来，熹贵妃确实是享尽了人间的荣华富贵，是一位名副其实的有福之人。

叫板雍正的宜妃娘娘

为皇帝生了龙子，又费尽千辛万苦侍奉皇帝，得到丰厚的回报是正常的，尤其作为老皇帝的后妃，嗣皇继位后，应倍加尊崇。可是，清代宫廷中，却发生了"母以子贱"的怪现象。

这就是康熙帝宜妃，姓郭络罗氏，佐领三官保之女。康熙初赐号贵人，康熙十六年即册封为嫔，曾生有皇五子允祺（亲王），二十年即晋为宜妃，二十二年生皇九子允禟，二十四年生皇十一子允禌，资历很深。三个皇子中，皇九子允禟是让宜妃最不省心的一位。

允禟从懂事时起，就不甘心一生只做一位无权无势的王爷。相传，他曾对亲信秦道然、何图等人说，他母亲妊娠时得了一场病，梦见真武菩萨赐给她一个日轮状的红饼，吃后病就好了，胎儿也安稳了。又说他幼时耳后生痈，病重昏迷，忽听得一声巨响，睁眼看时，只见室内梁宇之间有许多金甲神将，病竟不治而自愈。他这样神化自己，说明对大位有非分之想。

可是，允禵才智平庸，难成大器。于是，他便转而拥护皇八子，不成之后，又企图拥立雍正帝同母弟允禟。曾有个叫蔡怀玺的人散布流言，说"二十便为主，贵人守宗山。"暗示十四王爷做皇帝，并让宜妃做太后。

事败后，雍正帝大怒，一面幽禁允禟，一面更加恨憎宜妃。康熙大丧之初，雍正帝与众母妃同在大行皇帝棺前治丧。宜妃不但十分轻蔑雍正帝，还以身体不爽为由，乘软轿前往。雍正帝忍无可忍，下旨严斥："众母妃自应照前遵行国礼。即如宜妃母妃用人挟掖可以行走，则应与众母妃一同行礼，或步履艰难，随处可以举哀，乃坐四人软榻在皇太后前与众母妃先后挽杂行走，甚属僭越，于国礼不合。"于是，清宫词中也留下了记录：

> 大行遗枢在宫闱，宫眷哀号奉礼仪。
>
> 闻道嗣皇哀痛切，苦临先已责宜妃。

虽然不便对宜妃无礼，主要还是碍于是母辈，但也大大冷落了她。宜妃由于允禟的关系而大受冷落，又斗不过当今皇帝，只好出宫去了允禟的王府，从此销声匿迹。

奕䜣之母孝静成皇后

历史上，还有一位母以子贱的女主，那就是道光帝的孝静成皇后。

孝静成皇后比道光帝小30岁，14岁时，嫁给了44岁的道光帝。她一生生有3子1女，其中道光十二年生下的皇六子奕䜣，曾使道光帝对她极为宠爱，在立皇储的问题上，曾有过考虑。所以自道光二十年孝全皇后死去后，她就以皇贵妃身份而主持后宫事务。不仅如此，孝静成皇后心地善良，又担负起抚养年幼的皇四子（咸丰帝）的重任。

咸丰登基后，因为立储的关系与六弟关系僵化，奕䜣也因为没有当上皇帝而嫌恨咸丰帝，便想借孝静成皇后的身份来抬高自己的地位，屡有所请，要求咸丰帝尊孝静成皇后为皇太后。咸丰帝考虑到抚养之恩，不得已尊晋其为康慈皇太后，需要说明的是，咸丰帝尊晋这个养母为皇太后，是在两可之间的，因为孝静并不是皇帝生母，老皇帝道光临终也无遗嘱。她能成为皇太后，完全是咸丰帝顾及了养育之恩。正在病中的孝静仅做了9天太后便溘然长逝，寿44岁。孝静一死，咸丰帝本应为其大办丧事，以报养育大恩。可是，他太厌恶奕䜣了，便大大减杀了太后的丧仪：

一是不为其建皇后陵，而是葬入妃园寝，只将其升格为皇后陵，规制简约；

二是太后奉安大典，咸丰帝不护送，不亲临；

三是减其谥号为8字（本应12字），并不系宣宗谥号；

四是神牌不升祔太庙，只升祔奉先殿，只供山陵。

由上，我们看出咸丰帝先后做法是矛盾的。为了报恩，破例尊晋孝静为皇太后；而在其丧葬仪式上又大加减杀。什么原因呢？最关键的因素是孝静的亲生子奕䜣，他曾经是咸丰帝的竞争对手，咸丰帝一直对他存有戒心。减杀丧仪，实际上是做给奕䜣看的。

此外，其余几位清帝的生母，她们的命运也因儿子的登基而转折变化。

嘉庆帝生母孝仪皇后，原为汉军旗，乾隆二十五年生下嘉庆后，诏封为皇贵妃，生前未做过皇后，卒年49岁。

道光帝生母孝淑睿皇后喜塔腊氏，有过3次生育，22岁时生下皇二子旻宁，被秘定为皇储。旻宁是清朝诸帝中，唯一一位嫡出皇子继承了大统。可惜，孝淑命浅福薄，于嘉庆二年去世，年38岁。当时，太上皇尚在，连丧事办得都比较委屈。

咸丰帝生母孝全皇后，钮祜禄氏，有过3次生育，道光十一年23岁时，生下皇四子奕詝。孝全是道光帝后宫中传闻最多的一位女主子，关于她的得宠，有诗为证：

蕙质兰心并世无，垂髫曾记住姑苏。

谱成六合同春字，绝胜璇玑织锦图。

可是，关于孝全皇后之死，在民间传得沸沸扬扬，并虚构出许多情节来，使人莫辨真伪。《清宫词》中，记录下一首孝全企图毒死其他皇子，而使自己所出皇四子继承皇位的故事：

如意多因少小怜，蚁杯鸩毒兆当筵。

温成贵宠伤盘水，天语亲褒有孝全。

孝全皇后与大阿哥像

据此，有人绘声绘色地勾勒出一幅皇后企图毒杀皇子的图画，一个年轻美貌的女子，让人不禁齿冷三分。反映出深宫大内危机重重，到处布满杀机。孝全皇后于道光二十年忽然去世，年仅33岁。离她的儿子继承帝位还有10年的漫长时日。

同治帝生母慈禧太后生于道光十五年，咸丰元年大选秀女中选，时年18岁，咸丰六年生下同治帝，咸丰十一年儿子继位时，她年27岁。此后，她费尽心机，发动了"北京政变"，废八大臣，垂帘听政；光绪帝嗣位，她再次垂帘，1898年，她扼杀变法，再度训政，前后掌权达48年之久。

光绪帝生母为醇亲王福晋叶赫那拉氏（慈禧之妹），宣统帝生母为载沣福晋瓜尔佳氏，两位均生活在王府，不在宫内。

2. 子以母贵贱

作为皇帝的血胤后代，老皇帝自然喜欢，有的是因为喜爱皇子的母亲，因而，其皇子就会更加得宠；可是，也会有完全相反的结局，皇帝因为皇子的生身母亲失宠而殃及亲生儿子，实在是不应该。

皇帝过分宠爱后妃，虽是难得之事，但也并非没有。一旦受宠后妃生有皇子，皇帝更是爱屋及乌，所谓子以母贵了。

"赫舍里皇后"之子允礽

允礽母为孝诚仁皇后，13 岁嫁给康熙帝，为中宫皇后，她和康熙帝自幼青梅竹马，加上又是勋贵大臣索额图的侄女，备受宠爱。婚后 4 年生皇嫡子承祜，康熙十一年二月承祜夭折，四岁未序齿。康熙十三年皇后再生允礽。因为，当时朱三太子乘吴三桂叛乱之机扰乱宫闱，致使孝诚皇后惊吓难产。

孩子虽然生下来了，但孝诚几次昏厥过去，当天即死去，年仅 22 岁，康熙帝非常悲痛。一年半以后，于康熙十四年十二月，立了未及两岁的允礽为皇太子。可是，此子极不争气，已立了 33 年的皇太子于康熙四十七年被废掉，但不出两个月，康熙帝出尔反尔，又恢复了允礽太子的地位，可是，到康熙五十一年，又将怙恶不悛的太子废掉。这两度废立，使康熙帝焦头烂额，心情极度矛盾。他多次想将帝位传给允礽，慰藉宠后的在天之灵，实现传位于嫡出之子的梦想。但他的愿望落空了。

其实，皇帝与妃嫔所生之子，同贵为皇后所生之子有什么区别！同为自己的骨肉，却分出三六九等，足见等级社会中，门第关系的影响至远至深。所以，在清朝宫廷中竟也有过子以母贱的实例。

"八爷"之母良妃

康熙帝众多妃嫔中，有一位卫氏，她聪明而貌美，但出身卑微，为内管领包衣人，是典型的奴仆出身。入宫后，她小心谨慎，曲意奉承，终于在康熙二十年生下了皇八子允禩。关于这位良妃卫氏，有资料记载，她非常神奇，说她"唾液生香"，就是一个典型的"香妃"，康熙帝禁不住诱惑，偶尔临幸了她。

这个皇八子长相英俊，康熙十分喜爱。为了抬高他的地位，康熙将皇八子交由出身相对较高的惠妃抚养。允禩虽出身卑贱，但他自幼就聪明机灵，工于心计，不甘居人之下，幻想有朝一日继承大统。于是，他倍加努力，长大后，学问品貌兼优，而且儒雅风流，稳重大度。终于在康熙五十二年，他18岁时封贝勒，署内务府总管事。尤其在太子允礽被废后，他更与大臣结交，谋求嗣位。这就引发了康熙帝的极大不满，尽管允禩极力表现，康熙帝还是不能原谅他，甚至一度与之断绝了父子亲情。他不想将大位传于一个奴仆所生之子，为天下人耻笑。于是，夺去他贝勒爵位，断其梦想。

在这种情况下，良妃非常自责，当她生病的时候，竟然拒绝服药，即使允禩相劝都无济于事。她对儿子说："都是我连累了你，我死了，你父皇就不会为难你了。"良妃此番话，无非是指自己出身微贱，帮不了亲生儿子。

这就要怪康熙帝了，他曾经两次在公开场合指责允禩生母为"辛者库贱妇"，言外之意，允禩继位无望。既如此，当时你何必招惹她呢？康熙帝此番话，愧对她们母子。

"断发皇后"乌喇那拉氏

备受关注的《如懿传》中核心人物"如懿"的原型就是乾隆皇帝的第二位中宫皇后乌喇那拉氏。她的真实身份和经历跌宕起伏，的确很是传奇。

那拉皇后早年与弘历成亲，为侧福晋，小弘历7岁。那拉皇后在宫中一直很得宠，经常随皇帝出巡各地。那拉氏的晋封速度是很快的，她的命运也是很幸运的。乾隆二年，晋升为娴妃，乾隆十年升为娴贵妃，乾隆十三年孝贤皇后病逝，她晋升为皇贵妃，主持后宫事务，后来，秉承皇太后旨意，乾隆十五年，那拉氏如期晋封为中宫皇后。

从此，那拉氏如鱼得水，不断生育。乾隆十七年生育皇十二子永璂，乾隆十八年生育皇五女，乾隆二十年，生育皇十三子永璟。连续的生育，表明那拉氏很得宠，加之中宫皇后的至尊地位，此时的那拉氏真是得意极了。

可是，天有不测风云，就在乾隆三十年的一次随帝南巡中，那拉氏的命运发生了转折。本来，此次南巡，一路游山玩水，帝后十分快乐。到达杭州之时，在名胜景致"蕉石鸣琴"处进早膳，乾隆还赏皇后膳品，可到晚膳时，在杭州行宫赐膳品时，皇后没有出席，此后，皇后就在出巡人员的名单中消失了。原来，前一日，乾隆下圣旨派额驸福隆安扈从皇后由水路先程回京了。乾隆帝则继续到江南游玩。

这年四月二十日，乾隆回到京城，乾隆欲将病中的皇后废掉，遭到大臣阿永阿等的强烈反对，未果。五月十四日，乾隆将那拉皇后的册宝四册收回，其中皇后一份、皇贵妃一份、娴贵妃一份、娴妃一份，等于把她进宫三十来年的所有册封全行追回。而她在宫中的待遇也大为减缩，其手下也只有两名宫女，皇后名号虽存，但已名存实亡。

乾隆三十一年七月十四日，备受折磨的那拉皇后死去。当时，乾隆正在木兰围猎。得知死讯，他没有回京，只派皇后亲生子永璂回京奔丧。到底是什么缘故使得这位天子丈夫如此薄情呢？我们不妨从他的谕旨中加以分析：

"皇后自册立以来，尚无失德。去年春，朕恭奉皇太后巡幸江浙。正承欢恰幸之时，皇后性忽改常，于皇太后前不能恪守孝道。比至杭州则举动尤乖正理，迹类疯迷，因令先程回京，在宫调慑，经今一载有余，病势日剧，遂尔奄逝。此实皇后福分浅薄，不能仰承圣母慈眷，长受朕恩礼所致。若论其行事乖违，即予以废黜亦理所当然。朕仍存其名号，已为格外优容，但饰终典礼不便复循孝贤皇后大事办理，所有丧仪止可照皇贵妃例行。"

原来，皇后在巡幸途中，因事自行剪发，忤犯了皇上。清制，只有长辈和丈夫死去，后妃才剪发服丧。皇后自行剪发，不等于诅咒皇上死去吗？自然不为其所容。可是，她为什么要这么做呢？乾隆却只字不提。多年来，笔者查阅大量清宫档案，了解的事实真相是这样的：

一、已经年近半百的那拉皇后失宠了。

当年，汉武帝宠爱阉人李延年的妹妹李夫人，就是因其色冠群芳，而后来，李夫人因病而憔悴不堪之时，汉武帝前往探视，要求见最后一面，聪明的李夫人坚决拒绝与之相见。武帝走后，旁人问李夫人为何如此，李夫人讲出了"色衰而爱弛，爱弛而恩必绝"的话。果然，她死后，武

乾隆帝视察黄河南巡图

帝忆起其当年美貌，而命人为之作画，并写下了《李夫人赋》，恩及李夫人的家人。所以，对于后宫佳丽无数的皇帝来说，年轻而貌美者是其得宠的资本，而随着年龄增长，色相逐步衰竭的后妃，则逐渐会被皇帝忘掉。

乾隆皇帝也是一样，他所喜欢的女子多在二十几岁到三十几岁之间。在后妃如云的后宫里，那些年轻貌美的后妃对皇帝更具有吸引力。显然，已经半老徐娘的那拉皇后，在失去了当年的光华之后，与年轻人相比，其优势已经不复存在了。已然48岁的那拉皇后，无论如何也不是乾隆皇帝宠爱的对象了。

二、从魏佳氏晋封为皇贵妃的角度分析，乾隆帝母子欲以魏佳氏将皇后取而代之。

乾隆的母亲，非常喜欢能说会道的令贵妃魏佳氏，即后来的孝仪皇后。而对高傲孤僻的那拉皇后，皇太后是越来越讨厌了。魏佳氏，汉军正黄旗包衣，后抬入满洲镶黄旗。生于雍正五年九月初九日，小乾隆帝16岁，小那拉皇后9岁。这两个女人在皇帝后宫的较量中，各有优劣。虽然出身为佐领，身份较高的那拉皇后，占有很大优势，但是，出身低微的汉旗包衣魏佳氏，却有皇太后和皇帝做后盾，地位一路飙升，居然在南巡途中被晋封为皇贵妃，直接威胁到了皇后的地位。

皇贵妃乃皇后的继承人，也就是准皇后，在宫中占有重要的地位，因而，皇帝并不轻易封赠，在有皇后的情况下，一般是空缺皇贵妃位，以避免宫内冲突。这种情况那拉皇后是相当清楚的。所以，在南巡途中，乾隆帝和孝圣皇太后两人欲晋封魏佳氏为皇贵妃，必然给那拉皇后以很大压力，甚至是沉重的打击，她是否预见到在不远的将来，会被取而代之呢？也未可知。这就逼得皇后会做出一些不理智的事情来。

三、那拉皇后心胸过狭，是造成其剪发的重要因素。

乌喇那拉皇后恰恰是嫉妒心太强，心胸过狭。查清宫档案，乾隆三十年正月的第四次南巡途中，二月初十日，皇后经历了她难忘的生日，皇帝、太后均下旨，命地方为其准备，过了一次较为体面的千秋节。至闰二月十八日，龙舟抵达杭州蕉石鸣琴，早膳照传，其膳单上，皇后的名字尚赫然在目，皇帝有膳品奖赏。可是，在传晚膳时，皇后的名字却用黄签给盖住了，可以判断，事情就发生在早膳之后。

根据后来发生的事情分析，这天应是皇帝、太后同皇后预商了关于晋封令贵妃为令皇贵妃的事情，皇后听后大受刺激，预感事情不妙，因而先是强烈反对，接下来是企图用过激的行为来刺激皇帝和太后，那就是剪发抗议。可惜，弄巧成拙，乾隆帝当即震怒，不仅没有收回成命，反而采取了更为严厉的措施，将皇后强行护送回京，事情发展到两难的地步，皇后从此被打入冷宫。

那么，乾隆帝所云皇后"疯迷"是否属实呢？极有可能。造成这一病发的原因有两点：一为意外事情的刺激，使得皇后在错愕之后，心理承受压力过重使然；二为皇后时年48岁，正是更年期，处在这样一个中、老交替的年龄段，人的性情难免会暴躁不安，尤其遇到不遂心的事情，表现得会更明显。

四、储位秘争形成的心理压力，是其悍然剪发的重要诱因。

作为中宫皇后，那拉皇后是比较了解乾隆帝的立储心理的，因此，就在孝贤皇后崩逝，立她为中宫之后，她下定决心要生育皇子，以乾隆立嫡的心态，自己所生皇子被立为储君的可能性极大。于是，在乾隆十七年、乾隆二十年她生育了两位皇子，即十二阿哥永璂和十三阿哥永璟。那拉皇后努力侍奉皇帝和太后，用心教导皇子，希冀皇上有朝一日立其子为储君。可是，乾隆帝却迟迟也下不了决心，直到乾隆三十一年，他的17位皇子已全部出生，还没有决定下来。这就让焦急的那拉皇后既痛心又失望，她真的没有孝贤皇后母子那么幸运。

乾隆帝17位皇子中，到乾隆三十一年，仅有8位存活下来，这年，弘历已经56岁了。那么，将来的储君应在这8位中选出。而这8位皇子中，皇四子永珹已在乾隆二十八年出继给履亲王允裪为孙，降袭履郡王；

而皇六子永瑢在乾隆二十四年就已出继给质郡王允禧为孙，袭贝勒。显然，这两位已排除在储君之外了。

在仅剩的 6 位皇子中，皇八子和皇十一子的生母为淑嘉皇贵妃，她在乾隆二十年就已过世了，很显然，由于生母不在，不具竞争力，就仅剩 4 位皇子参与储君的争夺。而 4 位皇子中，皇五子永琪的生母为愉妃，地位低下，乾隆不太可能立其子为储君。那么，就仅剩 3 位皇子了，这 3 位分别是皇十二子、皇十五子和皇十七子，而皇十五子、皇十七子的生母就是即将晋封为皇贵妃的魏佳氏。

那拉皇后最担心的事情终于发生了，太后和皇帝越来越看重魏佳氏，就在乾隆三十年南巡途中，开始酝酿晋升其为皇贵妃，虽然此时那拉皇后还不敢确定将来的储君一定就是皇十五子，但她已预感到了事态的严重性，这个年仅 6 岁的皇子很可能是自己所生的 14 岁的永璂的竞争对手，而且越来越占有优势了，这给那拉皇后以很大的精神压力。

那拉皇后因为剪发而丢掉了地位和性命。可是，乾隆皇帝并没有原谅她，在她去世后仍做出了异乎寻常的举动。

皇后去世，以皇贵妃之礼治丧，已属格外严厉了。实际上远不止于此：

一、借用皇贵妃地宫，皇贵妃居中，而皇后棺居左侧。

二、不设神牌。而清制，妃子以上均在陵寝享殿中设有神牌，按时享祭。

三、不享祭。一年四大祭，二十四小祭，祭辰，生辰皇后均无享祭。

从此，这个大名鼎鼎的那拉皇后，在人间"蒸发"了，大家不知道她埋葬何处；蒙受的巨大冤屈也不敢为之申辩；就连自己的亲生儿子都不敢为死去的母后争得一席之地。乾隆帝终生没有原谅这个中宫皇后，每当提起这个女人，他都会恨得咬牙切齿。

这么严厉的处治，对于一个死去的人来说是太严苛了。为此，皇后亲生子永璂极为不满，但他敢怒不敢言。民间曾流传永璂为生母讨吃箸的说法，要求父皇格外施恩，祭祀时，在供桌上为母亲摆双筷子。乾隆十分不满，并未答应。为此，永璂大受牵连。乾隆对其他皇子大加封赏时，对十二子却倍加冷落。永璂的档案记录几乎没有，他死于乾隆四十一年，仅25岁。死后按宗室爵位中十分低下的公品级治丧，冷清得很。只是到嘉庆四年三月，嘉庆帝亲政，才对这位皇兄加以晋封，名号为贝勒，仍属皇子中最低下者。

3. 母以女贵

皇帝有时也会很喜欢公主，尤其老皇帝在尽享天伦之乐时，这种感觉会更加突出。

我国封建社会的帝王之女自战国时均称为公主，到汉代，又明确规定皇帝的姐妹称为长公主，皇帝的姑姑称大公主，相沿勿替。清太祖时，诸女称为格格，皇太极时，规定中宫皇后所生封固伦公主，品级与亲王同；妃嫔所生为和硕公主，品级与郡王同。从太祖努尔哈赤开始，经太宗、世祖、圣祖、世宗、高宗、睿宗、宣宗、文宗9帝，共生得皇女86个，此外，宫中又抚养了亲王、郡王、贝勒之女12个，共计有公主98个。

备受宠爱的十公主和惇妃

乾隆皇帝一生风流倜傥，后妃成群。其中有一位惇妃，她于乾隆二十八年入宫，当时她18岁，乾隆帝53岁了。到乾隆四十年，皇帝65岁时，惇妃生下了乾隆帝最小的一位皇女——十公主。过了一年，即乾隆四十一年，乾隆已66岁了，仍有两位妃嫔入宫，即金常在和循嫔（后晋为循贵妃）。

乾隆帝老来得女，自然是十分高兴。他格外看重这位公主，并做出了异乎寻常的举动：

一、封为固伦和孝公主。（以其非皇后所生，而擢封为固伦公主，属违制行为。）

二、未嫁即赐金顶轿。

三、乾隆五十四年，公主15岁，乾隆指婚给长相俊美的和珅之子丰绅殷德。

乾隆如此宠爱和孝公主，是有原因的。礼亲王昭梿著的《啸亭续录》中记载了缘由："和孝公主……上甚钟爱，以其貌类已，尝曰：'汝若为皇子，朕必立汝储也。'"原来，和孝公主长相与其父酷似，乾隆甚至倡言，如果是男孩子，将传位于她。而和孝公主性情刚毅，力气也很大，能弯十力弓。她曾女扮男装，随帝出巡打猎，飒爽英姿，好不威风。

惇妃像

因之，乾隆帝对惇妃也是格外照顾，曲意优容。可是，乾隆四十三年十一月初七日，住在翊坤宫的惇妃，竟打死了一名宫女。此事引起轩然大波，震动朝野，乾隆帝不得不加以重视。他急忙深入调查，在第二天即下了一道诏旨：

"昨惇妃将伊宫内使唤女子责处致死，事属骇见，尔等想应闻知。前此妃嫔内间有气性不好，痛殴婢女，致令情急轻生者。虽为主位之人，不宜过于狠虐，而死者究系窘迫自戕，然一经奏闻，无不量其情节惩治。从未有妃嫔将使女毒殴立死之事。今惇妃此案，若不从重办理，于情法未为平允，且不足使备位宫闱之人咸知儆畏。"

看来，乾隆帝是气坏了，一面彻查，一面宣谕，一面下达了处理办法：

一、降名号，由惇妃降为惇嫔。

二、罚银，罚100两，交给死者家属，为丧葬费。

三、惩治太监。将该宫首领太监、总管太监革去顶戴，并罚银有差。

可是，即使乾隆再生气，当他看到可爱的十公主时，又不忍再行惩治惇妃。于是，他再下谕旨：

"事关人命，其得罪本属不轻。因念其曾育公主，故从宽处理。如依案情而论，即将伊位号摈黜，也不为过。"

结果，此事过去仅三年，就又恢复了惇妃妃位。一场人命大案就这样轻描淡写地草草收场了。

第八章

皇亲国戚，福兮祸兮

因为皇帝的后妃没有定数，所以后妃的娘家人更是复杂众多。他们的女儿、姐妹进入宫廷，不管是否已经得宠，都可以荣耀乡里。但是，作为皇亲国戚，他们具备了最高的国民素质吗？他们知道怎么保持住这份荣誉，并荣宠不衰吗？

1. 欢天喜地承皇恩

恩赏扶持

清代皇帝对待外戚，采取严格而严厉的态度。当然，既是娶了人家的女儿，就要礼遇外戚，这是人之常情。皇帝在为皇后抬旗的同时，也同样对皇后的母家加封晋爵，这样才能门当户对，保住皇家的颜面。

除了金银玉宝的大肆赏赐外，还有礼遇皇后母家的各种礼仪，诸典籍之中均有记载。

以慈禧太后为例，她为贵人、嫔、妃、贵妃时，其母家一直为镶蓝旗满洲不变，而咸丰崩御，其6岁的儿子载淳继承大统，慈禧母以子贵，被尊为皇太后。根据"皇太后、皇后丹阐（清语，母家之意）在下五旗者皆抬旗"之惯例，于咸丰十一年（1861年）十二月十八日颁上谕："慈禧皇太后母家著抬入镶黄旗满洲。"这样，慈禧太后的母家就由下五旗的满洲，一跃而为上三旗的首旗了，可谓身价陡增。

对于外戚的封赠最关键的就是封爵。从现有资料看，有一等承恩公、三等承恩公和男、子等品秩。

封一等承恩公的有孝昭皇后父亲遏必隆、孝敬皇后父亲费扬古、孝圣皇后父亲凌柱、孝贤皇后父亲李荣保、孝仪皇后父亲清泰；封三等承恩公的有孝慎皇后父亲舒明阿、孝静皇后父亲花郎阿、孝贞皇后（慈安）父亲穆扬阿；封一等侯的为孝和皇后父亲恭阿拉；封一等男的是孝全皇后父亲颐龄等等。

皇帝对自己的老丈人，会像平常人那样，毕恭毕敬的吗？当然不会。

老丈人也好，大舅子也罢，见了皇上，不仅不可以摆谱，相反还要下跪称臣，甚至称为奴才。这就是君臣关系。

可是，不管怎样，女儿嫁到宫里，皇帝成为女婿，也是一件荣耀乡里，人前显胜之事。所以，大凡入宫的女儿家人，能与皇家结亲，自然满心欢喜。

皇帝对后妃娘家人的赏赐是经常性的，随时会有。不过，大多数奖赏并非出自皇帝，而是诸位后妃对自己本家的惦记。如慈禧太后在宫里就经常会想到住在方家园的母家人，不时令宫中太监甚至宫女拿一些吃的、用的等去娘家布赏，有时是正大光明赏赐，有时则是偷偷前去，不便告知他人。不过，这也只是那些有权势的后妃才可做到，按规定，后妃是不可以随便向娘家拿东西的。

说起来，皇帝在婚姻选择上，也是十分重视门第观念的。因为那些名门贵族的女儿会很有气质，而且也稍显门当户对。所以，后妃们入宫后，聚在一起，谈论最多的还是她们的娘家人。谁的娘家人有身份，谁当然就最有面子了，会有一种高人一等的感觉。

清初顺治帝在婚姻上并无自主权，其皇宫中的女子，多为博尔济吉特氏。元后，也就是废后是博尔济吉特氏，孝惠章皇后同样也是。此外，悼妃、恭靖妃、淑惠妃、端顺妃等都是。这其实是母亲孝庄文皇后的有意安排，她为了巩固本家在宫中的地位，以便将来平衡权力时，博尔济吉特氏有着更多的话语权，可谓用心良苦。可惜，顺治帝并不认可他母后的这种做法。

康熙以后，满洲门阀贵族逐步代替了外番蒙古后裔在宫中的地位。我们不妨从其后妃娘家的身份上加以分析。其4位皇后中，孝诚皇后的母家是满洲正黄旗辅政大臣索尼之后，父亲为领侍卫内大臣喀布拉；孝昭皇后是辅政大臣遏必隆之女，钮祜禄氏；孝懿仁皇后是佟佳氏，领侍卫内大臣佟国维之女……这些后妃的母家人都是名门大姓和贵族。这些女子的入宫其实更多带有政治的含义，是各派政治势力在宫中角逐的结果。

因为是皇亲国戚，皇帝会很惦记他们的生计，有好事会想起他们来。

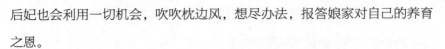

后妃也会利用一切机会，吹吹枕边风，想尽办法，报答娘家对自己的养育之恩。

会亲。年关将至，后妃的娘家人会得到皇帝的恩赏，而这些外戚也会要求入宫去见一见自己的女儿。皇帝会通盘考虑，选定日期，令其母亲到宫中指定地点，与女儿见面。但是，这种机会，并不是每年都有的。清宫词中这样记录：

> 四节频颁戚里恩，面脂赐出月华门。
>
> 会亲内殿关防密，朱毂黄缰集禁垣。

多日不见的母女相逢，在规定的时间、规定的地点内相见，会别有一番忧愁。母亲在离开后，会更加思念宫中的女儿，女儿也是如此，不知来年是否有机会再相见。

母女要想相见，还有一个重要的机会，那就是女儿怀孕。宫里会皇恩浩荡地宣旨，请妃嫔母亲入宫侍候。因为只有自己母亲才会尽心尽力，胜过一切宫女的侍候。咸丰五年十二月二十四日，由于懿嫔怀孕，咸丰帝颁旨，特许其母亲进紫禁城苍震门，再到储秀宫。于是，老夫人在两名家中妇人的陪同下，在二十六日上午，来到储秀宫，悉心照看自己的女儿。这是皇家赐予的特殊恩德，因而母女格外珍惜。

后妃的娘家人，都期盼自己因为女儿在宫中得宠而有所功名，但并非每位娘家人都有这样的机会。顺治帝董鄂妃，由于宠冠后宫，独压群芳，确实为娘家人争到了机会。

《清史稿·鄂硕传》中记载，董鄂妃的父亲鄂硕在顺治十四年，以女儿册封为皇贵妃而晋三等伯，可谓至尊至荣了。当父亲去世后，董鄂妃极度悲伤，竟不吃不喝。顺治帝十分挂念，亲往宫中解劝。董鄂妃十分感动，道："妾岂敢过悲厪陛下忧。所以痛悼者，答鞠育恩耳。今即亡，妾衷愈安。何者？妾父性凤愚，不达大道。有女获侍至尊，荣宠已极……今幸以此时终，荷陛下恩恤，礼至备，妾复何恸哉？"董鄂妃虽如此表态，但她还是表达出对自己生身父亲去世的至悲之情。

可惜的是，不久，董鄂妃再次遭遇兄长之丧。她心力交瘁，几乎难以支撑。

让董鄂妃欣慰的是，她的弟弟费扬古后来征战沙场，为娘家争了光。费扬古在14岁那年，袭父爵，授三等伯。康熙三十五年随驾征战噶尔丹，在昭莫多之战中，大败叛贼。康熙帝十分高兴，重赏费扬古。不过，这已是后话了。

乾隆时，还有三位荣宠已极的外戚，那就是孝贤皇后、淑嘉皇贵妃和容妃的娘家人。

孝贤皇后在宫中十分得宠，又是正宫皇后，因而，她的娘家人是会受到极高礼遇的。因为她的得宠，不仅她的父亲李荣保被追封为一等承恩公，李荣保的父亲米思翰、祖父哈世屯也被追封为一等承恩公……

而她的弟弟傅恒，晋为协办大学士，傅恒之子福康安在平定两金川叛乱和镇压甘肃回民田五、台湾林爽文等农民起义中，立下大功。最后，在镇压湘黔苗民起义中，死于军中，被自己的姑夫乾隆皇帝追晋为郡王，其封赠超过父祖。关于福康安封贝子爵，清宫词记：

> 家人燕见重椒房，龙种无端降下方。
> 丹阐几曾封贝子，千秋疑案福文襄。

记述其战殁疆场，再述清宫词曰：

> 如何正寝忽成灾，泰极应和否渐来。
> 爱将不还川楚扰，上皇空望捷音回。

淑嘉皇贵妃金佳氏的哥哥金简，因妹妹侍奉皇帝有功，而被召入内廷办事。皇帝的这位大舅子，初在内务府管理皇帝的一些生活事宜，他头脑灵活，做事变通，不久升为内务府大臣，成为皇帝的重要近臣。几年后，乾隆又给这位宠妃的哥哥委以外职——吏部尚书，吏部是管理官员的人事部门，是个肥缺，这是金简最想做的事了。

容妃的哥哥图尔都得到乾隆帝的特殊照顾。乾隆二十五年四月十八日，皇帝将漂亮的宫女巴朗赐婚给他。这是十分难得的殊荣。图尔都真是欢天喜地。不仅如此，皇帝还在京城赐给了图尔都很大的宅院，按伊斯兰式样建造。同时，命宫人给他带去了丰厚的奖赏。这使得在宫中的容妃十分感激，她也因此而十分安心，做事处处小心谨慎，很得帝宠。不久，图尔都晋封为辅国公，更是回部的骄傲和自豪。容妃死后，乾隆皇帝感念她的美丽和温顺，除了为她大办丧事外，对她的家人也是格外照顾，容妃的家人，在容妃死后得到如此丰厚的赏赐，可说是皇恩浩荡。他们千恩万谢地接受了乾隆的恩赐，对清王朝更加忠心耿耿。

"华妃"之宠

清朝的皇帝，在中国历史上通常是以廉洁的面目出现的。所以，在外戚的问题上一旦出现问题，往往会毫不留情。

外戚会不会依仗与皇帝的特殊关系而飞扬跋扈呢？历代有之，因而，清代驭之尤严。一面礼遇外戚，一面又铁面无私，尤其当皇权受到威胁的时候，皇帝会怎么办呢？

康熙帝孝懿皇后的弟弟隆科多，以贵戚授一等侍卫，累迁至理藩院尚书兼步军统领，掌握京师重兵。康熙六十一年（1722年），玄烨病逝后，隆科多传遗诏，拥立皇四子胤禛继位。隆科多因此而承袭一等公爵，雍正帝称其为舅舅，委以重任。可是，因其掌握雍正帝继位的秘密，为雍正帝所忌惮。雍正五年十月，以四十二大罪圈禁，判终身监禁，死于幽所。

雍正帝敦肃皇贵妃年氏，在《甄嬛传》中，她是个性鲜明的一个角色。

剧中的华妃，实际上是年妃，恃宠而骄，飞扬跋扈，与人结怨很深，包括雍正皇帝都防着她，为防止她怀孕生子，便在她的房中放置欢宜香，导致她终生不孕。真实的华妃（年妃）是怎样的呢？

一是谨小慎微。资料记载，当她接到娘家的信函时，都不敢拆封，要交给雍正帝看后，自己才看。

二是深得帝宠。生育是最好的见证。年氏生育子女最多，有3子1女出生，足见其宠。更为重要的是年氏不以兄长年羹尧案受牵连，且屡有加封，直到去世前7天，已晋封为皇贵妃，在雍正的后宫中已是难得的殊荣。

三是死后殊荣。年氏死后，雍正上谕评论最为真切，充满了柔情。上谕中有"事朕克尽敬慎，在皇后前小心恭慎，驭下宽厚和平"，反映出雍正帝对她的信任和无限情愫。命死后葬入帝陵，将来与皇帝合葬同一地宫之中。这对于寡情之君雍正来说，已是相当不易了。

最关键的是，雍正帝非常宠爱她，而年妃自己也谨小慎微。所以，年妃病逝后，雍正帝深深自责，觉得对不住她。

她的兄长年羹尧原为雍亲王藩邸旧人，雍正元年（1723年）授抚远大将军，平步青云。可是，到雍正三年（1725年），因居功放纵，结党营私，被罗织成九十二款大罪。此时，其妹虽被封为皇贵妃，但已病为不治。这年十一月二十二日，年氏死于圆明园，雍正帝再无后顾之忧，于十二月迫年羹尧自尽。

乾隆帝慧贤皇贵妃高氏，出身名门，颇具大家风范，乾隆帝很宠爱她。她的得宠源于漂亮的外表，生前即获得皇贵妃的高贵封号，实属凤毛麟角。可惜，她终生不孕。死时，以皇贵妃最高贵的"慧"和"贤"字为其谥号，并附葬裕陵地宫。慧贤皇贵妃的这个谥号，居然使得当时的中宫皇后大为眼热，请求乾隆百年后赠予自己这样的谥号。乾隆十三年，皇后病逝，乾隆帝如其所愿，为她加上了"孝贤皇后"的谥号。

慧贤皇贵妃亲弟弟高恒，依仗是皇帝的小舅子，在其任两淮盐运使时，侵贪巨款，事泄被人告发，乾隆帝大怒，一面查抄其家产，一面下令处斩高恒。当时，孝贤皇后之弟、大学士、军机大臣、一等忠勇公傅恒也为其求情，乾隆帝怒道："若皇后兄弟犯法，当如之何？"吓得傅恒再不敢进言，高恒被押赴市曹斩首。不仅如此，到乾隆四十三年，又因贪墨和扰累回民，而将慧贤皇贵妃之侄高朴立正典刑，后世遂称其为英明的君主。

2. 诚惶诚恐难度日

作为后妃的娘家人，虽然很风光，能够人前显胜。可是，一旦言语不敬，或做事不慎，涉及皇室秘事，是会招来祸端的。

多疑的慈禧太后

慈禧的妹妹可说是正宗的太后娘家人，受姐姐影响，嫁给了慈禧的小叔子、醇亲王奕譞。虽然过着荣华富贵的生活，可她活得并不轻松，尤其是同治十三年，同治帝死去，她4岁的儿子被慈禧指定为继承人，入宫当了皇帝，麻烦事从此多了起来。

太后因为妹妹的儿子做了皇帝，为了表示对妹妹、妹夫的尊重，特地下旨，赏给醇王府两顶杏黄色的软轿，以便他们出门乘坐。大家知道，黄色是皇家专用的颜色，慈禧妹妹看着这两顶轿子，满心欢喜，心想以后出门就可以很风光地坐黄色轿子了。

奕譞比福晋谨慎，他忙阻止福晋道："太后用意，可能不止如此，我们还是不要坐吧。"福晋吃了一惊，心想，丈夫提醒得对，姐姐一向多疑，可能用此考验我们是否对朝廷忠心吧。

果然，慈禧以向妹妹、妹夫问候为名，不时派出心腹太监去王府"请安"，并特意传旨，问："是否乘坐了黄轿子，安适否？"当夫妇二人回答"未敢乘坐，原样供奉"时，慈禧才安心地点了点头。

再有一事，就更明显了。醇亲王夫妇早年为自己选择了福地（墓地），

醇亲王奕譞

慈禧妹妹叶赫那拉氏

在北京西郊妙峰山。那里山奇峻秀，景色迷人，奕譞很快划定区域，并在后宝山上种了两棵白果松。几年过去了，白果松长势喜人，成了参天大树，奕譞看了，心里美滋滋的。

这件事本是王府的好事。可是，却被多事的人密告到慈禧太后那里，太后听了不以为然。多事人说："太后有所不知，两棵白果松下面埋着的是王爷吧？"太后道："是啊。"多事人又道："白果松下埋着个王爷，正组成一个字，那就是皇上的'皇'字啊。而两棵白果松，隐喻着王府将来还要出一个皇上啊。"

慈禧一惊，正中了她的心病。原来，她就一直担心妹夫会因为自己的儿子当了皇上而擅威作福，一旦将来皇上长大了，亲政了，会不会尊自己的生父为太上皇呢？如果那样，妹夫就会威胁到自己垂帘听政了。于是，慈禧经过反复考虑，决定免去妹夫的一切差使，命其在家中闲置。同时，慈禧命人到奕譞的福地去，尽行砍伐了两棵白果松。相传，在砍伐时，费了很大力气，而且大树倒下时，流了很多血。

慈禧的妹妹对慈禧十分不满，后悔当初嫁到王府，没有安全感。而奕譞怕太后降罪下来，不敢进宫见皇帝儿子，还上了一封密折，题目是《预杜妄论》，内容大致是请太后放心，如果将来有人敢上折子给皇上，追尊自己为太上皇时，格杀勿论。慈禧这才放心了。

慈禧的弟弟桂祥则又是一番情景，他的女儿后来入宫当了皇后，他既是先帝的大舅子，又是当今皇上的国丈，可谓风光之极。可是，慈禧却多次下旨申斥他，主要是嫌她的这位弟弟不成气候，桂祥也因此而对太后不满。也真是，有哪一位皇亲国戚能比得上慈禧太后的才干呢？慈禧对娘家弟弟恨铁不成钢的责备，就使得桂祥更加消极了。

辱没皇恩的盛住

可是，也确实有身为皇亲国戚而不为朝廷实心办事的人。比如，嘉庆帝的大舅子，孝淑皇后的哥哥盛住就是一例。

盛住因为是孝淑皇后的哥哥，先后任过总管内务府大臣、工部右侍郎、户部右侍郎、署工部尚书等要职。可谓皇恩浩荡，官运亨通。但是，盛住却有见利忘义、品行不端的毛病。嘉庆五年，他曾私自将皇宫大内的珠玉、瓷器、皇帝的玉玺等违禁物品，拿往市场出售。被人举报，皇帝大怒，便将他的所有要职全部革去，仅以公爵，授为西陵总管内务府大臣，办理皇帝万年吉地工程，以观后效。

可是，在清西陵工程中，盛住不但没有悔过自新、洗心革面的表现，反而变本加厉，恶习不改，屡犯错误：陵寝朔望祭日，本应亲往拈香行礼致祭，可他只派翼长前往代替。更为重要的是在陵区的白柱以外，青桩以内风水禁地中，居然敢于开塘取石，变卖成银两私吞。

这些事上告后，嘉庆帝怒不可遏，下旨拔去了盛住的双眼花翎，革去公爵，锁拿进京受审，拟处死。嘉庆帝考虑到盛住是自己的大舅子，虽然皇后已死，但更应格外照顾于他，便先免了死罪，并赏给了他一个副都统的官衔，发往乌鲁木齐效力赎罪。嘉庆十年，盛住死去，朝廷还给予了恤典。

可是，到嘉庆十三年六月，当这起贪污大案查办结束时，竟让嘉庆帝大吃一惊。原来，这位大舅子在工程进行中，所贪银两竟达到9万两！嘉庆帝大怒，道："设使其身尚存，必当锁拿廷讯，加以刑夹，明正典刑，即行处斩，断不能幸逃法网！"

过了一个月，嘉庆帝对盛住案作了最后判决，因为盛住已死，无法处罚他，便查没了他的全部家产。在对同案犯双福、鹤龄施行刑夹、重责三十大板时，令盛住的三个儿子和两个孙子跪着观看。最后，处斩二人时，仍令盛住的子孙前往观看，这可吓坏了他们。行完刑，将盛住的子孙及其家人全部发配到黑龙江和吉林等处，效力赎罪。

汉族公主——孔四贞

皇家如此无情，使得命运变幻莫测，细想开来，还有谁愿意嫁到宫廷里去呢？口说无凭，果然，我们查到了一宗史料，居然是不愿意嫁给皇帝，却愿意嫁给一个英雄。那就是顺治帝和孔四贞的故事。

孔四贞是清朝定南王孔有德之女。孔有德原系明辽东参将，后渡海降清。清军入关后，他率兵四处镇压农民起义和抗清斗争，屡立战功，被封为定南王。顺治七年（1650 年），他率军进入广西，为农民军李定国部所败，被围困于桂林城内。孔有德走投无路，只得逼令妻妾自尽，然后放火焚烧府邸，拔剑自刎。桂林城破后，孔氏满门被杀，只有孔有德的女儿孔四贞一人逃出。清廷闻讯，命将孔四贞护送到北京皇宫，由孝庄太后抚养，并赏给孔四贞白银 2 万两，供日常生活费用。

孔四贞入宫后，深居简出。由于出身豪门世家，大家闺秀的风范俱存。又由于他的父亲乃驰骋疆场的名将，耳濡目染，她本人也擅长骑射游猎。俊美的仪容、不凡的骑术、脱俗的气质，像磁铁一样，深深地吸引了柔情似水的顺治帝。而且，这时的皇帝刚刚为废后一事搞得身心憔悴，正需一位丽人来平复他那颗受伤的心灵。孔四贞的突然出现，使得他那泯灭的爱情圣火重又燃烧起来，而且，越烧越旺，大有不可遏制之势。

顺治帝的这一想法，使孝庄太后大吃一惊，她一方面希望儿子寻找到真正的爱情，以此来稳定皇帝那颗惊甫不定的心；另一方面，对于福临的滥恋、怪恋，她又不忍心置之不理。向例，太后在世时，儿皇帝的婚事应由太后做主，这是老祖宗的规矩。尤其是中宫皇后的确定，关系到大清的国祚兴亡、爱新觉罗家族的兴衰大事，必须慎重图为。

孔四贞为汉女，虽然满汉不能通婚的戒条屡屡被打破，但还是要旧案重提。如果真有一天，皇帝专宠孔四贞，那久虚的中宫之位，很可能非她莫属。到那时，掌管定南王旧部几十万大军的孔四贞，将出现女主干政专权的局面，大清的天下岂不要易主汉人？然而，顺治帝的坚持，使太后无可奈何，就像当初废掉皇后一样，孝庄太后决定先依了他再说。

顺治十三年，奉皇太后谕，孔四贞被立为东宫皇妃。可是，出乎太后的预料，当懿旨下达给孔四贞时，她竟不同意。说实在的，对于福临这位年轻、帅气而又暴戾十足的皇帝，她只有敬服，而并未想过要嫁给他。

而且，孔四贞还有一层顾虑，就是自己早年曾被父亲许配给父亲的部将，孙龙之子孙延龄。父母之命，媒妁之言，是不可违抗的，尤其是父母均为保全大清而献身，自己岂能贪图富贵，而拂情拂义？于是，她跑到太后处，倾诉了自己的肺腑之言，希望太后收回成命。孝庄太后自然是顺水推舟，说服儿子。顺治帝虽然心中不悦，但也不便强求。恰巧不久，福临结识了董鄂氏，两人很快便如胶似漆了。这样，顺治帝将对孔四贞的一厢柔情，便抛到九霄云外了。

但是，由于孔有德旧部强大的军事实力，也由于孔四贞高贵典雅的气质，使得清廷对她的优抚从未间断过。顺治十七年，清廷再封孔四贞为和硕格格，掌管定南王的军政大权，遥控广西军政要务，成为烜赫一时的女中豪杰。

顺治帝虽然早已移情别恋于董鄂氏，但投鼠忌器，聪明的孔四贞对自己与孙延龄的婚事却始终只字不提。她知道，反复无常的皇帝随时都有可能改变主意，天威难测，也只好听天由命了。直到顺治十八年，皇帝染天花死去，孔四贞依旧孑然一身，到这时，她已在宫中生活快9年了。

康熙元年，由太皇太后做主，孔四贞与孙延龄完婚，并在东华门外赐给了她一座豪华的府邸。康熙五年，孔四贞以家口众多、费用浩繁为由，向朝廷提出迁居广西的要求。康熙帝批准了她的请求，授予孙延龄广西将军头衔，夫妇遂出镇广西。

1673 年，吴三桂发动三藩叛乱，孙延龄也被裹胁其中，并受封为临江王。孔四贞申明正义，百般劝说丈夫以大局为重，尽快脱离叛军，归顺朝廷。狡诈多端的吴三桂获悉此事后，便设下圈套，派他的孙子吴世琮到桂林诱杀孙延龄，孔四贞也同时被捕入狱。三藩之乱平息后，孔四贞又平安地回到北京，终养天年。

3. 不离不弃总是情

谁家的女儿不是爸爸妈妈的心肝宝贝呢？一般人家的女儿出嫁以后，如果婆家人敢使女儿受委屈，不甘受气的娘家人会替女儿做主，到亲家家去大闹一场，迫使女婿低头。不过，这在封建社会里是很难做到的，因为有三纲五常给男人做主，女人是不能轻易跑回娘家告状的。若在皇家，皇帝和女人之间产生不愉快，皇帝责罚、杖打后妃时，这些女人会怎么办呢？她们的娘家人知道后有办法像寻常人家那样，跑去皇家大闹吗？这里要说一个典型人物就是顺治帝的第一位皇后。

顺治"废后"的显赫家世

这位皇后姓博尔济吉特氏，是孝庄文皇后的本家侄女，也是顺治帝的表妹。顺治八年，14岁的少年天子和此女在宫中举行了盛大婚礼，她被选中为中宫皇后。皇后的父亲科尔沁卓礼克图亲王吴克善满心欢喜地将爱女亲自送往宫中。吴克善明白，从此以后，自己就是当今皇上的国丈，自己的女儿可以尽享人间荣华富贵了。

可是，天有不测风云，婚后两年，小两口竟反目成仇，分宫而居。究竟是什么原因呢？按理说当今皇后出身名门，又聪明，又漂亮，可以说是百里挑一的。而且，这桩婚事，得到太后的大力支持，怎么可能发展到这种地步呢？

原来，这位聪明伶俐的皇后有两个致命的弱点，令刚愎自用的顺治帝极为不容：一是皇后生性多疑，爱吃醋。这在宫中是难以立足的。试想皇帝三宫六院，随时都会有年轻的女子入宫，皇后必须有肚量，能容大事，否则，动不动就吃醋大闹，皇帝怎么能不反感呢？

二是皇后奢侈成性。她的穿戴必须是绫罗绸缎，珠玉宝器，她的餐具必须是金银玉器，否则，稍有变化就会大发雷霆，使性子大闹。还有一点，就是顺治与皇后的婚礼是多尔衮早年包办的，这令顺治帝大为反感。于是，顺治帝在与其分居一段时日以后，提出要废掉皇后。

顺治帝的诏旨一下，立即激起了千层浪。首先就是太后反对。其次是皇后的娘家人惊恐不安。

于是，吴克善亲王进宫找到孝庄太后，希望挽回局面。孝庄太后和吴克善亲王便四处活动，找到朝廷礼臣，请他们上书，要求皇上收回成命。

于是，大学士冯铨、陈名夏、张端、刘正宗等上书："皇后母仪天下，关系甚重……望皇上深思详虑，慎重举动。"

接着，礼部尚书胡世安，侍郎吕崇烈上书："伏愿皇上慎重详审，以全始终，以笃恩礼。"

礼部员外郎孔允樾更是上书驳斥："我皇后正位三年，未闻显有失德，特以'无能'二字定废嫡之案。何以服皇后之心，何以服天下后世之心？"

接着，又有宗敦一等14位御史共同上折："皇后未闻失德，忽尔见废，非所以昭示风化也。"

这么庞大的抗拒阵容，使得顺治帝措手不及。尤其是皇后父亲吴克善联合太后，压迫皇帝，提出也可以再选立一位皇后为西宫皇后，于是，东、西两宫并立，仍立现今皇后为东宫皇后。这些人的建议，皇上全然不顾，终于将皇后废掉，废为静妃，改居侧宫。这位骄纵又十分可怜的女人最终被废掉皇后名号。

可是，一向飞扬跋扈的皇后一旦被废，安排在侧宫居住，名号也改为普通的妃子，所有待遇都大不如前，她能接受吗？果然，这位静妃被废后就出宫回了娘家。

吴克善十分疼爱自己的女儿，在王府里，吴克善给予周到的安排。可是，谁也不曾想到，静妃怀孕了。于是，王府上下精心照料她。不久，静妃生下了一位皇子。需要说明的是，静妃生育的资料源于《朝鲜李朝实录》的记载，是否真有其事，尚未发现国内相关资料佐证。朝廷听说后，孝庄大吃一惊，她担心本家人一定对废后一事大为不满，将来他们用这个皇子威胁朝廷，那将是十分危险的。可是，不管朝廷怎么要，王府就是不给这个皇子。不久，这位静妃由于心情郁闷，就病逝了。她死后没能葬在皇家陵园里，而是以蒙古之礼，葬在蒙古大草原上，至今无人知晓她葬在何处。

同治帝皇后的不归路

另外一个典型人物就是同治帝的皇后阿鲁特氏了。阿鲁特氏和静妃不同，她和同治皇帝的感情很好，两个人可以说是情投意合。而且，选立她为中宫皇后，不是由慈禧太后决定的，而是由皇帝自己选择的。同治皇帝十分欣赏大自己两岁的皇后，经常和皇后一起研习书画。皇后不仅知书达礼，而且善于用左手写大字，《清宫词》中这样记载：

> 蕙质兰心秀并如，花细回忆定情初。
> 珣瑜颜色能倾国，负却宫中左手书。

可见，不学无术的同治皇帝，反而对才女很感兴趣。可是，婆婆慈禧太后很讨厌皇后，经常找茬想逼走皇后。由于同治皇帝对皇后一往情深，慈禧始终不能如愿。

同治十三年十二月初五日，皇帝病死。阿鲁特氏被封为"嘉顺皇后"。

当慈禧选立妹妹所生之子为嗣皇帝时，阿鲁特氏一下子懵了。她的处境将会十分艰难。因为新皇帝和自己平辈，一旦将来成年大婚，自己在宫中就是一个寡妇嫂子了，那样的处境是尴尬的。怎么办？她一筹莫展。于是，她想起了娘家的爸爸崇绮。

崇绮，蒙古正蓝旗人，父亲赛尚阿，官至文华殿大学士，可惜后来，误国被贬，家道中落。而崇绮读书很用功，居然在同治四年的殿试中中了一甲一名的状元。蒙古人中状元，在大清国近三百年历史中，是绝无仅有的。同治十一年九月，女儿进宫做了皇后，崇绮这个当今皇帝的老丈人开始走起了鸿运。先赐三等承恩公，后又在户部、吏部任要职，家道开始中兴起来。

崇绮早闻知女儿和慈禧太后不和，总想找机会劝劝女儿，可是，见她谈何容易。这次，女儿在皇帝死后不久，即托人捎书信回来。崇绮忙打开，看看女儿写了什么。

崇绮一看，大惊失色。原来，女儿在宫中已被狠心的慈禧太后逼得走投无路了。女儿问计于父，她要怎样才能渡过难关。

崇绮能有什么办法。他仰天长叹，心想，如果要女儿活下来，那将来更要备受折磨；如果女儿离宫回到娘家，那不仅女儿性命不保，家里上上下下也都会大受牵连。况且，女儿苟延残喘活下来，将来也会为新皇帝所耻笑，很难做人。他思虑再三，冒了一头冷汗，才狠心在纸上写下一个字："死"，命人火速送往宫中。他想，女儿只有死了，灵魂升入天国，与大行皇帝继续相亲相爱，才算是一个完美的结局。

阿鲁特氏接到父亲的回复后，坦然地穿上盛装，随手将一块金子拿起，吞入口中，安详地死去。这时距离同治帝去世也已经是 75 天了。慈禧太后下令，将皇后与皇帝合葬同一地宫之中。崇绮这才松了口气，觉得自己为女儿做出了一个正确的选择。

值得一提的是，雍正继位的时候，康熙帝由于后妃众多，有好多遗孀

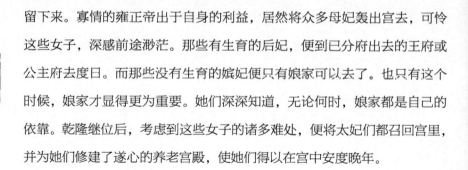

留下来。寡情的雍正帝出于自身的利益，居然将众多母妃轰出宫去，可怜这些女子，深感前途渺茫。那些有生育的后妃，便到已分府出去的王府或公主府去度日。而那些没有生育的嫔妃便只有娘家可以去了。也只有这个时候，娘家才显得更为重要。她们深深知道，无论何时，娘家都是自己的依靠。乾隆继位后，考虑到这些女子的诸多难处，便将太妃们都召回宫里，并为她们修建了遂心的养老宫殿，使她们得以在宫中安度晚年。

卑微的奴仆

清宫主位，包括皇帝及其后妃们，在日常生活中从来都是衣来伸手，饭来张口，所以身边要有许多奴才侍候。因此，就招进了许多太监和宫女，供役后宫。尽管地位卑微，但他们却是宫廷不可忽视的组成部分。

1. 太监的前世今生

太监自战国时就已存在了，以后历朝历代，相沿不替，几乎与中国封建社会相始终，也就是说在我国几千年的文明史中，要给宫廷太监留上一笔。

太监的来源

清宫的太监约有 3000 名，比之明朝，不及三分之一。其来源多为民间招募。当然也有极少数为战争俘获或年幼犯罪而施以宫刑。

直隶（今河北省）是产太监最多的地方，大概是近水楼台吧。如，河间、大成、南皮、任丘、青县、静海等地，昌平、大兴、平谷、宛平也有一些。这些太监，一般都是十分贫穷人家的孩子，不然，谁忍心把孩子阉割做太监呢？由于贫穷而走投无路，在那个时代，将其"净身"成为太监，送进宫去，是其出路之一，否则，饥荒年月，就会饿死孩子。

将孩子阉成太监，最迟不可超过 10 岁，一般 5、6 岁为最佳时期，否则，就会有性命之忧。孩子阉割之前，是要立有文书的，是与孩子家长签订，生死不论，表明是自愿净身，否则，持刀人是不会动手的。而且，手术费也很高，要 5、6 两白银，甚至更多，再加上 40 多天的护理费，要近百两银子，哪里拿得出呢？只好立借据，将来还上。动手术时，孩子承受着难以形容的痛苦，一般要昏死过去，当醒来时，已经一周过去了。

割下之物，一般用香油浸泡，再藏于石灰之中，用红布包住，贮于"升"中，挂在手术人的房梁之上，是对孩子将来幸福生活的祈盼，名为"步步高升"，"鸿运高照"。将来入宫后，有了钱，可以赎回此物，待死后，同尸体同殓一棺，才算完整的尸体。

然而，入宫的道路也是极为艰辛的，需要有宫里人照应，需要托关系、送礼。但这些穷人家的孩子拿什么送礼呢？只好等待机会。

太监的生存环境

太监虽为不全之人，但毕竟是由男性转化而来，因而，相对宫女来讲，还是比较有力气的。所以，太监在宫中一般干些力气活，粗活或笨活，但也有例外。

在宫中，太监几乎无处不在，比如乾清宫、乾清门、昭仁殿、南书房、上书房、坤宁宫、东西十二宫、养心殿、御书房等处，这是紫禁城内。此外，在圆明园、颐和园、避暑山庄，东、西陵等处，只要是皇帝后妃们经常活动处所，就有太监。

此外，宗室王公和一、二品文武大臣家里，也可按制役使太监。康熙四十年，为了规范王室以外使用太监的人数，曾立下规矩，规定：亲王 25 名，世子、郡王 20 名，贝勒 15 名，贝子 8 名，入八分公 6 名，公主 10

晚清太监照片

名，郡主 5 名，县主 4 名，不入八分公 3 名，公以下至一、二品大臣均 1 名。此后，至嘉道年间，又多有更易。

这里有一个问题，就是生活在宫中的太监，受的清规戒律很多，有的不堪重负，或自杀，或逃跑。造成宫中太监严重不足，而逃跑之太监，有的更名改姓，投靠王府，因为王府中相对要宽容些。这就造成宫中太监不敷使用，而王府太监过多过滥，引起了皇帝的不满，多次下谕戒止。

太监入宫后，其生活水平有了明显的改善和提高。入宫时，每人都得到了一笔可观的费用，作为补贴家用。

太监入宫后，会有不同的发展，那些口齿伶俐、会讨主子欢心的太监，发展会很快，得到重用和提升，相反，那些头脑笨拙的太监，一辈子也不会有出路。

宫中太监分等级，定品秩。自康熙十六年敬事房设立起，太监便分为总管、副总管，到康熙末年，明定敬事房设五品总管 1 名，五品太监 3 名，六品太监 2 名。雍正元年，定敬事房大总管为四品，副总管为六品，随侍处首领为七品，其余各处首领为八品。乾隆七年，按宫中现行则例定："凡宫内等处太监官职，从现今四品为定，再不加至三品、二品以至头品。"从此规定，太监官职限定在四品以下，这对防止太监滥用职权，干预朝政起到了很好的作用。

然而，到同治、光绪年间，揽权的西太后竟然破坏了祖宗家法，先在同治十三年，赏李莲英四品顶戴花翎，并加赏貂皮马褂。光绪五年，被任命为储秀宫四品花翎总管，赏月薪 20 两，接着，赏加为三品花翎，超越了祖制规定。直到光绪二十年正月初一日，李莲英奉旨被赏加二品顶戴花翎，月薪银为 48 两，真是平步青云。

按乾隆七年宫中则例规定，不同等级的太监，收入会有很大差别，大致如下：

四品太监，月银 8 两，米 8 斛（一斛 5 斗），公费银 1 两 3 钱；五品太监月银 6 两，米 6 斛，公费银 1 两 2 钱；六品太监月银 5 两，米 5 斛，公费银 1 两 1 钱；七品太监月银 4 两，米 4 斛，公费银 1 两；八品太监月银 3 两，米 3 斛，公费银 7 钱 3 分 3 厘；无品级太监略有区别，总的来说为月银 3 两，米 3 斛，无公费银。这些银两和米物，均由内务府造册，由户部支给。

清宫太监的收入确实不低，拿一个月银 3 两的普通太监来说，他一年可收入 36 两白银，要比当朝九品文官年俸 33 两还多出一些。不仅如此，这些御用太监遇有万寿、元旦、冬至三大节，或皇帝登基、大婚、亲政等喜庆日子，肯定要有不同的赏赐，那收入就更为可观了。难怪那些穷人要冒着生命危险给孩子净身，送进宫中做太监呢！

太监虽然有发迹的时候，但这些刑余之人，永远没有政治地位，被人瞧不起。因而，康熙皇帝曾说太监是"最为下贱，虫蚁一般的人"，乾隆皇帝也说太监乃"乡野愚民，至微极贱"。他们除了低眉顺眼，战战兢兢地干好本职工作之外，一律不准高谈阔论，哗论是非。

这些太监在宫内随时都要下跪，无论是在假山石上，沙岸旁边，台阶之上，有主子到来，或传谕旨就必须马上跪下，绝不允许抬头而过。所以，低眉顺眼是其天职。

太监的生理特征使性别变得模糊，发出的声音也发生变化。而他们的隐私部位，由于和常人不同，便要塞上大毛巾，无论冬夏都如此，以防尿液渗出来。倘换的不勤，将骚味传给主子，会遭到毒打。

太监入宫服役期间，为防止净身不彻底，要到宫外去"刷茬"。这主要是为宫里后妃的安全着想，怕太监入宫后再长出什么来。"刷茬"地点在景山东北角黄化门外，有一个大庙，庙墙后面有几排房。敬事房便安排在这里为每一个太监安全检查，遇有不合格的太监，要坚决刷掉，以免生出是非。

所以，在清宫二百多年的历史中，每年都有近 3000 名太监供役在紫禁城内，这些"虫蚁之人"，毕恭毕敬，丝毫也不敢有非分之想，只有低头侍奉主人。直到有一天他们老了，再也干不了活了，便被轰出宫去，挨度余生。

由于太监身体条件的特殊性，造成了其特殊的心理特征：阴险、狡诈、多疑、谨小慎微。他们往往想掺和事情，如果遇到没有原则的主子，那就麻烦了。比如，晚清的慈禧太后，就曾豢养了安德海、李莲英这样的不法太监，祸乱朝纲，威胁内廷，许多人饱受其累。但是，并不是所有的太监都有这样的机会为非作歹，那些没有能力接近皇帝的太监，也只有规规矩矩服侍，认认真真做事，才会免于刑罚，更不要说兴风作浪了。

太监的本分

较之明朝，清廷约束太监更加严苛，基本上未出现太监干政的局面，这主要还归功于制度严格。

先是，早在顺治十年，顺治帝就曾颁上谕一道，对太监规定"六不许"：

一、非经差遣，不许擅出皇城；

二、职司以外，不许干涉一事；

三、不许招引外人；

四、不许交接外官；

五、不许使弟侄亲戚暗相交接；

六、不许假弟侄名色置买田产，因而把持官府，扰害民人。

其次，在顺治十二年，顺治帝又命工部铸成一块大铁牌，立于交泰殿门前，刻严禁太监干政上谕：

皇帝敕曰：中官之设，虽自古不废，然任使失宜，遂贻祸乱。近如明朝王振、汪直、曹吉祥、刘瑾、魏忠贤等，专擅威权，干预朝政；开厂缉事，枉杀无辜；出镇典兵，流毒边境；甚至谋为不轨，陷害忠良，煽引党类，称功颂德，以致国事日非，覆败相寻，足为鉴戒。朕今裁定内官衙门及员数职掌，法制甚明。以后但有犯法干政，窃权纳贿，嘱托内外衙门，交接满、汉官员，越分擅奏外事，上言官吏贤否者，即行凌迟处死，定不姑贷。特立铁牌，世世遵守。顺治十二年六月二十六日。

制定了严格的治罪条例，更成为清宫管理太监的宝贵经验。主要在康、雍、乾、嘉、道时期，制定了许多治罪条例：

太监犯赌治罪条例；逃走太监分别治罪条例；逃走太监私投王公门下治罪条例；太监和女子自戕自尽分别治罪条例；宫殿内误遗金刃等物分别治罪条例；太监私藏军器治罪条例；太监偷窃官物治罪条例；太监越诉治罪条例；太监轻生将首领等分别治罪条例；逃走太监越省远扬治罪条例；为民太监越省远扬治罪条例；吸食鸦片烟治罪章程……

宫殿监处分则例，共分三等十二条，其中，头等罪五条，二等罪三条，三等罪四条，条目缕析；各处首领太监等处分则例共分三等十五条，头等罪二条，二等罪八条，三等罪五条，条目明晰；总管内务府治罪条例，其内容无所不包，不仅范围包容广，治罪也极严格，条目多达50余条。

这些清规戒律，使得清宫太监几乎是噤若寒蝉，亦步亦趋，不敢越雷池半步。

尽管如此，由于他们生活在皇帝身边，仍有人可以找到适当的时候干预朝政，结交外官，从中牟利，清宫廷史中有许多事例。

第一个便是顺治朝的太监吴良辅。顺治十五年，他与大学士陈之璘等串通勾结，并接受贿赂，事发，许多官员受到惩处。而吴良辅却受到皇帝包庇，顺治十八年，就在顺治帝死前5天，顺治帝自知不治，恐日后有人追究吴良辅的罪过，便让吴良辅落发，到悯忠寺出家为僧。但就在顺治帝崩御后第3天，吴良辅被斩首示众，成为第一个祭刀的太监。

第二个便是太监高云从案。此案发生于乾隆三十九年，正在踌躇满志的乾隆大帝，因为身边奏事处太监高云从将人事机密外泄而大怒。高云从在窃知大内机密后，暗中结交大学士于敏中、军机大臣舒赫德、尚书蔡新、总管内务大臣英廉等，企图借势安排自家人。事发，上述大臣受到等级不同的严厉处分，太监高云从则被立正典型。

179

[第九章] 卑微的奴仆

第三个是安德海案。安德海是慈禧太后身边的太监，其相貌英俊，口齿伶俐。但他恃宠而骄，在宫中跋扈得很，甚至连同治帝也不放在眼里，得罪了很多人。同治八年，他捏称钦差去江南采办龙衣，在山东泰安地方，被山东巡抚丁宝桢捉拿，奉密旨就地正法，时年他26岁。处死后，相传，将其裸尸济南街头，一方面表示大清处置太监法制严明，另一方面也为慈禧太后正名，因为有人说安德海为假太监，与太后关系过从密切。

第四个是寇连材案。寇连材是成年后被阉入宫为监的。他于光绪十九年入宫做太监，二十一年到储秀宫慈禧身边当差。光绪二十二年，清廷甲午败讯传来，全国哗然，忧国忧民的寇连材出于爱国的考虑，毅然上疏言政，死谏国事。因其上疏中有规劝太后归政光绪之类的话，捅了慈禧的心窝子，她便大发雷霆之怒，以"犯法干政""越分擅奏外事"为罪，将其押赴市曹斩首，时年20岁。

第五个是光绪帝和珍妃太监被杀案。光绪帝亲政后，任用康有为、梁启超等实行变法，废除了许多旧的制度，引起了保守派的反对。后来袁世凯出卖了维新派，变法失败，谭嗣同等6人被杀，光绪、珍妃也分别被囚禁起来。这其实是一场声势浩大的政治运动，与太监这些奴才们无多大关系。可是，愤怒的慈禧太后不能直接将光绪帝、珍妃处死，却以他们身边的太监为替罪羊。分别将光绪的太监杨瑞珍、杨昌恩、张得明，以及珍妃身边太监戴恩如以"干预国政，搅乱大内，往来串通是非"为名，交内务府大臣，杖责而死。

可见，这些被处死的太监，有的是参与了朝事，有的则纯属受到株连。而清末闻名显赫的二品顶戴大太监李莲英，虽屡有干政之嫌，也曾与外官结交，受贿颇为巨大，却没能受到宫规处罚。光绪三十四年十月二十二日，慈禧太后死后，还未过百日，在宫中生活了50多年的李莲英便悄然离开了紫禁城。隆裕太后为感谢他在宫中服役多年，将其以二品休致，带月薪60两钱粮退休养老去了，真是太监中闻所未闻之事。

2. 宫女的幸与非幸

在清宫档案中，尚未发现皇帝使用宫女的记载。因此，姑且可以这样定义，后妃们使用的青年女子称为宫女。在清宫，各处使用的宫女总有几百人之多。雍正八年，各处每月宫女260人，乾隆二十六年，各处每月宫女约190人……而到光绪、宣统朝，各处宫女每月只有100余人，随着帝王后妃的日益减少，宫女的使用数量也大为减少了。这也说明，在清宫中，皇帝一般是不使用宫女的，在档案中只记载了皇太后、皇后、皇贵妃等位下宫女使用额数及待遇情况。那么皇帝宫内使用女仆吗？应该说使用的是些年长的女仆，一般在40—50岁之间，无子女，无牵挂的孀妇，在皇帝宫内负责铺床或其他一些不适合太监干的细活。

但是，也不排除一些好色帝王使用年轻宫女的可能性，但这些宫女并非宫规额定，应带有随意性。倘内廷主位侍寝时，带来宫女被皇帝看中，也会被皇帝择日召幸或留于宫中侍寝，到那时，宫女的身份就要发生变化了。

宫女的来源

清宫选拔宫女，最早于顺治十八年，规定："凡内府佐领下，内管领下女子，年至十三，该佐领内管领造册送会计司呈堂会奏，交总管太监请旨阅看。"即内务府满洲上三旗下校尉、厨丁、披甲人、护军、苏拉、匠役、闲散人、笔帖氏、领催、库吏、铁匠等包衣之女，俱应入内选拔。

宫女选拔时，不仅要求身体健康，身上没有疮痍，没有残疾，而且还有年龄要求，十三四岁为最佳，因为这时的女孩子尚未成熟，后宫主位调教起来比较方便。

奇怪的是，有时选拔宫女的时候，皇帝要亲自验看，"人齐，内监捧牌入宫门告，皇帝亲览焉。"又不是大选秀女，为皇帝选后妃，仅是为后妃选挑那些役使的宫女，皇帝为什么要亲自验看呢？恐怕好色的皇帝也是别有图谋。

宫女的生存环境

太监在后宫之中并不承应宫内事务。比如传官房，侍候穿衣、洗澡等，都由宫女负责。所以，后宫之中，不同等级的嫔御，会有人数不等的宫女承应侍奉事物。

所以宫中规定：皇太后宫中备 12 名，皇后宫中备 10 名，皇贵妃位下8 名，贵妃位下 8 名，妃位下 6 名，嫔位下 6 名，贵人位下 4 名，常在位下 3 名，答应位下 2 名。

这些宫女一旦被挑选入宫，会根据其不同的出身，按等级选用。如雍正七年上谕："嗣后凡挑选使令女子，在皇、妃、嫔、贵人宫内者，官员世家之女尚可挑入。如遇贵人以下挑选女子，不可挑入官员世家之女。若系拜唐阿、校尉、护军及披甲闲散人等之女，均可挑入。"这种高级人家女子侍候高级主子，低级人家女子侍候低级的嫔御，是否使那些出身寒门的宫闱之人有些气馁三分呢？

和太监一样，宫女入宫，其生活状况明显优于入宫之前。她们在宫内可以得一份很优厚的待遇。每天她们可以享受猪肉 1 斤，白老米 7 盒 5勺，黑盐 3 钱，随时鲜菜 12 两，已算是相当不错的待遇了。而且，每遇宫中喜事，还会有很多受赏的机会。

但是，这些宫女在宫中还是很郁闷的，有时会想念家人，却也无法见面，也只有偷偷流泪。而她们在宫中服役的时间，也是有限制的，年满 25周岁，或至少已服役 10 年了，才可以出宫去，或回娘家，或嫁人。但在那个时代，已年届 25 岁的女人，就是老姑娘了，还会找到称心如意的男人吗？

宫女在宫中活动的范围相当狭小，不似太监那样，可以承应外差。因而，宫女必须学好规矩，才能侍候好主子。

宫中规定：凡大臣进宫奏事、讲书时不许放女人行走；非奉本主使令，不许擅相交语，并嬉笑喧哗；太监在内廷当差，女子在宫内答应，各有内外，务当断绝来往；凡外间闲语，无故不得向宫内传说等。在不同时期，会有不同条例，规范宫女的言行。

　　有时，没有差使，宫女会想自由一些，比如想吃一些爱吃的东西。像鱼、虾、韭菜、蒜等，可是，一旦遇有传差，主人叫去，闻到味道，就会遭到惩罚。所以，这些宫女夏天连西瓜也不敢吃，怕坏肚子误差事。宫女在闲下来的时候，会被要求学习针织女红，以培养其心灵手巧和磨炼心志，有时还会要求她们学习满文，以不忘本。有诗为证：

　　　　　红烛烧残午夜余，六宫人静碧窗虚。

　　　　　闲翻译本黄金案，细细临摹学国书。

　　可是，即使如此，这些苦命的宫女也总会有挨打受处分的时候。比如乾隆四十三年，性情暴烈的惇妃，不知何故，竟将伊宫内的一名宫女殴打致死，令人发指。一个身份高贵的妃子，对日夜侍候自己的宫女不但不奖赏，反而指使太监将其打死，可见，宫女的命运完全操纵在主人手里。

　　宫女遭受折磨时，不敢顶撞主子，心眼小的人会产生轻生的念头。这种事情的发生，使得主子感到大不吉利，于是，为刹住自杀之风，规定：

　　凡太监、女子在宫内用金刃自伤者斩立决，欲行自缢自尽，经人救治者绞监候；太监、女子在园庭欲行自缢自尽，经人救治者，发往伊犁给兵丁为奴；太监、女子在宫内自缢、自尽身死者，将尸骸抛弃荒野，其亲属发往伊犁给兵丁为奴；太监、女子在园庭自缢自尽，身死者，尸骸免其抛弃，其亲属发往乌鲁木齐给兵丁为奴……

　　这些戒律宫规，真使得那些娇小女子们欲活不能，欲死无门，不知如何是好了。

宫女的归宿

宫女们也有头脑灵活、长相俊美之人，也有想通过接近皇帝来得到帝宠，而改变自己的命运的人。果然，一些宫女成功了。

可是，这种借机接近皇帝的做法是要冒风险的。有两种可能，一是被皇后或皇太后处置，二是遭皇帝处置，因为她们毕竟不是后宫嫔御，如果不是皇帝特别看中，那是绝对不允许献媚取宠的。

所以，大多数宫女还是希望早一天服役完毕，找个机会出宫去。服役十年期满再出宫，实在是难熬的岁月。因而，有的宫女便想方设法表现出自己的缺点，如笨拙，而被遣出宫。可是，一旦被发现就不得了。咸丰七年，寿康宫佳嫔位下两名宫女因表现笨拙而被退出宫，咸丰帝认为"殊属可疑，其中必有别情，不准隐讳，所说若何，可密封具奏"。这说明，有宫女假装笨拙，欲出宫而去，其目的主要是为了过上自由自在的生活。

当然，并不能排除宫中某些宫女是真正因病、因笨而被遣出宫去。档案记载，因病、因笨出宫女子每年有很多，如咸丰五年 39 人，咸丰六年 21 人，咸丰八年 8 人，咸丰九年 12 人，咸丰十年 24 人，同治元年 12 人，同治二年 15 人……其实，这些出宫的女子，虽然背上笨拙的丑名，可是，由于提前出宫，年纪尚小，能够找一个合适人家嫁出去，何尝不是一件好事呢？

第十章

香消玉殒为谁念

后妃之死，虽不如皇帝之死那么引人瞩目，但是，为其举办的丧事活动也会因其生前地位的不同而大有差异。一般来说，皇室会礼遇死者，即使生前犯有这样那样的过错，也会因为她的去世而一笔勾销。

1. 生命的谢幕

人固有一死，后妃也是一样。虽然她们生前的宠辱经历、生命寿数，以及是是非非都会截然不同，但是一旦她们合上双眼，永远地告别神秘而复杂的后宫，告别这纷繁而变幻莫测的大千世界，后人就会为她们的荣辱兴衰而盖棺定论，或扬或抑，或褒或贬，不一而足。

比如，就皇后而言，这些一人之下、万人之上的六宫之主，就有种种结论。清朝有皇后 27 位，但真正正位中宫，名副其实做过皇后的仅 16 位，其余则为皇帝追封的皇后。对这些皇后，今人因其寿数、在位时间长短有过种种总结。

最短命的皇太后是康熙帝生母孝康皇后，她 22 岁守寡，做了 2 年皇太后，终年 24 岁；最长寿的皇太后，当属乾隆皇帝的生母孝圣皇后，她受乾隆帝恩养达 40 多年；有当皇太后时间最长的顺治帝孝惠章皇后，她 14 岁入宫，21 岁守寡，做了 56 年皇太后，卒年 77 岁，丈夫在世时不被宠爱，丈夫死去，继位的康熙帝备极孝顺，她从此时来运转；有当皇后时间最长的嘉庆帝孝和皇后，她小嘉庆帝 16 岁，为王府侧福晋，嘉庆二年册立为皇后，当了 23 年皇后，嘉庆二十五年，丈夫死后，她被尊为皇太后，直到道光二十九年才死去，寿 74 岁；也有一生中只做过 1 天皇后的康熙帝孝懿皇后，康熙二十八年七月初九日，正在重病中的她，已近弥留，心地善良的康熙帝企图通过晋封其位号，来为她"冲喜"，当日封其为皇后，可是，并未起作用，第二天她即驾鹤西归，只做了 1 天皇后；而道光帝孝静皇后，为奕䜣生母，因为咸丰帝与奕䜣不合，遭咸丰帝猜忌，其母大受牵连，虽在咸丰五年七月初一，被晋尊为康慈皇太后，却仅活了 9 天就崩逝了。

当我们运用大量史料，探讨后妃死因，揭秘深宫最隐秘的事情时，就会发现，后妃作为宫中的女主，在守望皇帝的时候，或许会因为一点不值得一提的事情而命丧黄泉。她们的死亡和身后之事，也为她们的人生故事增添更多佐证。后妃的生活具有两面性：一是富贵无比，应有尽有，要什么有什么，吃的、喝的、穿的、用的，都是最好的，这毫无疑问；另一方面，后妃也会有常人意想不到的困境，与世隔绝的生存环境，比之牢笼没什么区别，还有噤若寒蝉的政治环境，也让她们无比压抑。即使在万人瞩目的后宫，即使是皇帝那些富贵的女人，她们的死也是"容易"的。那么，这些养尊处优的后妃，面对死亡都是怎样的态度呢？

大妃"殉葬"之死

殉葬，这一野蛮的丧葬形式，多见于奴隶社会。然而，在文明社会的发展历程中，直到 17 世纪的满洲贵族中，活人殉葬却大为流行。不仅如此，平民百姓也有夫死妻殉的事例。这一制度的流行，是当朝统治阶级提倡的结果。每有殉葬事例发生，报之于朝廷，朝廷会发布旌表诏令，大大助长了殉葬风气的流行。

努尔哈赤的大妃、多尔衮之母阿巴亥的殉葬，就是在这样一种形势下殉葬的。当时，她年仅 37 岁，同时殉葬的还有两个庶妃阿吉根和代因札。但就大妃而言，她极不符合殉葬的条件，因为：

她身份高。自大福晋富察氏被休离后，努尔哈赤把后宫之权交给了大妃，她也就成了主宰大汗后宫的六宫之主。按例，为主殉葬的女子，都是一些身份低微的女人。

她有生育。为努尔哈赤生育了 3 个皇子，这在太祖来说非常重要。因为帝王最怕后继无人，倘后妃为其生育了皇子，当为最大的功劳。3 个皇子为皇十二子阿济格、皇十四子多尔衮和皇十五子多铎，多有战功，在清初历史上占据一席之地。

其子尚小，需要抚养。大妃死时，其子多尔衮 15 岁，而多铎只有 13

岁。阿济格已21岁，长大成人。皇太极等人主持的这场大妃殉葬，在《武皇帝实录》中有描述曰：

"（妃）饶丰姿，然心怀嫉妒，每致帝不悦，虽有机变，终为帝之明所制，留之恐后为国乱，预遗言于诸王曰：'俟吾终，必令殉之'。"

可是，皇太极等人的理由并不充分，因为努尔哈赤是不可能下此谕旨的。努尔哈赤死前，急谕十分宠爱的大妃前去迎驾，说明还是十分信任她的。诸王命其殉葬，其根本的原因，只能是利益和政治上的。

首先，大妃及其三子势力会危及皇太极的权威。大妃聪明机智，颇有雄心，将来把儿子培养成人，在她的指挥下，势力会更为强大。

其次，努尔哈赤临终时，只有大妃陪伴在旁边。努尔哈赤若口传遗旨，对诸皇子或封，或贬，或赏，或罚，或诛，只有大妃知道。不除掉她，诸王贝勒睡不安宁。

所以，太祖于八月十一日崩，八月十二日卯时代善等议立皇太极，不到两个钟头，到辰时，大妃被逼自尽。这实际上是代善、皇太极等人策动的突然政变。

刚烈赴死的皇太后

在清宫中，也有一些后妃性格刚烈，不屈不挠，面对死亡毫不怯懦。

比如康熙帝孝恭仁皇后，乌雅氏，满洲正黄旗人，护军参领威武之女。初入宫侍康熙帝，位分较低，直到十七年生皇四子（雍正帝），才晋为德嫔，又生皇六子，晋为妃。她一生有6个子女，说明康熙帝很宠爱她。她也非常谨慎谦恭，从不招惹是非，或人前显胜，是个规矩女人。

可是，康熙六十一年十一月，她的亲儿子皇四子继承了帝位，她被晋尊为皇太后，确是无上的殊荣。然而，她却表现得异乎寻常：

首先，不接受皇儿尊封名号"仁寿皇太后"。其实，这只是按制而行，如康熙登基，尊其母为"慈和皇太后"。

其次，不从永和宫迁至宁寿宫。宁寿宫为皇太后颐养天年的正殿，位置尊崇。

最后，对儿子继位手段极不满意，心中更偏爱小儿子。

孝恭太后的小儿子为允禵，小雍正帝10岁。虽同为兄弟，一母同胞，但为争夺帝位，哥俩反目成仇。雍正继位后，由于小弟不满，便罚他去看守父皇的景陵，调离了繁华的京师。

孝恭太后对于两个儿子的对立，十分头痛。大的不听话，小的又倔强。心中忧郁着急，得了病。据皇九子允禟的太监何国柱说："太后要见允禵，皇上大怒，太后于铁柱上撞死。"

不知何太监说得是否真实，反正官方记录孝恭太后在五月二十二日得病，雍正至前侍奉，第二天就崩逝了，距离康熙帝驾崩仅半年的时间。别人都是儿子做了皇帝，母亲坐享清福，她却因此而丧了命。

类似这种情况还有一个人，那就是顺治皇帝的贞妃。

贞妃，董鄂氏。她在顺治帝的后宫中极为普通，谁都不知道这个女子，大概是选秀女的时候，默默进宫的女子。顺治十八年正月初七日，忧郁成疾而又染上天花的顺治帝死于养心殿，就在宫中忙乱不堪之时，这位名不见经传的宫中女子，竟在万分悲痛心情的驱使下，以身殉主。这位痴情女子，就这样以一条性命换来了皇家的一纸封号——贞妃。

意外之死

人算不如天算，紫禁城中的女人在许多情形下只能听天由命，即使这情形关乎性命。这里的妃嫔们会在不知不觉中，"听天由命"地丢掉了宝贵的性命。

比如乾隆的后宫中，有一位诚嫔，姓钮祜禄氏，二等侍卫兼佐领穆克登之女。入宫时间为乾隆二十三年，被封为兰贵人。入宫后，她曲意奉迎，虽地位不高，但也时常得到帝宠，尤其是乾隆每次出巡，所带妃嫔中，她都榜上有名，说明她身体还是比较好的。直到乾隆四十一年，她晋为诚嫔，总算有所起色，因为封为嫔位，她就位列主位了。

过了八年，即乾隆四十九年正月，乾隆举行他有生以来的最后一次南巡。因为乾隆已年逾古稀，身体原因而行动不便，以后不会再有南巡的机会了。于是，这次南巡特别隆重，后宫嫔妃、宫娥、太监随行，浩浩荡荡，诚嫔也在其中。可是，在此次出巡的回銮途中，意外发生了。

四月十一日，诚嫔走出龙舟，到舟头透气，不知何故，却失足坠入水中。太监、宫女在一片慌乱中，费了好大劲才将其打捞上来。而此时，她早已被淹死了。乾隆帝闻讯十分悲痛，命人买来彩棺，装殓起来，给予恤典。当年九月，葬入妃园寝。

再比如道光帝的常妃，赫舍里氏，道光在世时，仅为贵人，咸丰元年尊为常嫔。同治帝继位后，再追封为常妃。

常妃，实际上是一个再普通不过的嫔御，因为她一生未有生育，只是默默无闻地熬度余生。尤其是道光帝去世后，她百无聊赖，当天气渐热时，按惯例到圆明园去消暑。可是，咸丰十年八月，咸丰帝北逃承德，避难去了。常嫔只得战战兢兢地在圆明园等待命运的安排。当英法联军于八月二十四日焚烧圆明园时，常嫔受惊吓而死。咸丰帝得报，十分气愤，一面要求惩办不利官员，一面命太监人等妥善安置。

可是当时，英法联军窜扰禁园，正在大肆焚抢，承办人员想将置办的彩棺异进园内，都无法做到，急忙上奏咸丰帝，暂缓办理。可怜常嫔尸体，在盛夏季节，却陈尸园中，不能入殓。

咸丰帝一筹莫展，下谕旨曰："从权将就，断不准迹涉铺张，致滋他变。"承办人员哪还敢铺张，连工部都没有知会，便雇了几十名人夫，也不设仪仗，只用大红蟒缎罩住彩棺，匆忙入殓。然后，用32人夹杠，乘着夜色，抬到田村暂安处，草草掩埋。

这两个女人都没有什么个性，对死亡的态度都是听天由命的人。可是，她们自己做不了自己的主。

还有一个人需要提及，这就是慈安太后。

关于慈安太后之死，近年来的文艺作品中多有细致的描述。

据传，咸丰帝临死前，曾留一道密谕给忠厚老实的慈安太后，以约束慈禧。慈禧太后知道此事。

有一年，慈禧害病，太医无计可施。薛福辰诊脉后，开具了产后补养之药，才得以康复。慈安得知后，便前往慈禧住处，和她谈心。

慈禧花言巧语，哄慈安开心，并保证以后一定遵守宫中规矩，再不会做有损皇家颜面之事。慈安深受感动，便翻出一个黄缎小包，把咸丰帝密谕拿给慈禧看。慈禧一看，吓得大惊失色。

慈安笑着把密谕烧了，慈禧感动得泪流满面。

可是，慈安从此失去了控制慈禧的工具。慈禧后来设计，派人送去慈安爱吃的点心，在其中下了毒。慈安吃后，当日暴亡。这一天是光绪七年三月十一日，终年45岁。

大多数妃嫔尽情享受富贵之中，也会有许多高寿之人，如康熙帝定妃万琉哈氏（97岁）、雍正帝纯懿皇贵妃耿氏（96岁）、乾隆帝婉贵妃陈氏（92岁），都是寿终正寝的老寿星，是妃嫔之中最幸运的代表。

慈安太后像

2. 从皇宫到地宫

清朝后宫主位众多，除了皇帝之外，还有太后、皇后、皇贵妃、贵妃、妃、嫔、贵人、常在和答应，另外，还有皇太子、皇子、皇子妃、公主等。

这些人死后，都要及时殓入棺具之中，以便保护好尸体，使其灵魂得到抚慰。不仅如此，以孝治天下的清廷，在人死之后，都要根据礼部等拟出的治丧仪节，不断地向棺具行各式礼仪，其繁文缛节难以尽述。

制作棺具

棺具在清廷的丧礼中至关重要，是整个丧事的中心环节。那么，这些神秘的棺具从选材、制作到漆饰的过程是怎样的呢？

清宫棺具所用板材只有两种，楠木和杉木，具体用什么，要根据亡者生前身份而定。皇帝至皇贵妃，其中包括皇太子和皇帝父母，俱用楠木，贵妃以下俱用杉木。这种材质的区别，明显地将后宫中的等级区分开来。

关于棺具材板的来源，《清宫述闻》引用翁同龢的话："向例，由江南织造采进，系捐办，不具折，不开销也。"这种说法是否确切，还有待于进一步考证。查清季江南织造由三处组成，即江宁织造、杭州织造、苏州织造。三处的主要任务是负责宫廷及官员布匹的采办，但也负责宫廷其他用品的采办。"如皇帝所用的绢纸、笔、墨、砚、朱砂等等，以及交予采办的一切物品。"在细目中，虽未引入板材的采办，但翁氏所云想必有一定道理。

在清宫档案中，确实留下了许多关于板材等物料来源的明确记载。档案记载：诚嫔死后，由内务府、工部准备相应的杉木、楠木、檀木；循贵妃死后，需要准备杉木、楠木、檀木，同样由内务府和工部准备；马常在死后，其金棺的制作，需要内务府、工部准备杉木、檀木。

从这三条材料，我们清楚地看到，备办板材是由内务府掌仪司或营造司，行文工部营缮清吏司备办或取用。而在工部营缮司又有所分工，其所需楠木、檀木俱由都水司备办，其所需杉木则由木仓备办，大致如此。

因此，我们看出，翁氏所言板材系江南织造捐办，可能属个别特例。

板材备办以后，一般要打制成型，以备不虞。但也有皇帝巡幸在外，仓促之间不能得到合适板材而感到尴尬。嘉庆二十五年（1820年）七月二十五日，正在热河避暑的仁宗驾崩，当日小殓。因为正值酷暑季节，尸体急需早日成殓。可行宫并无良材，于是宣宗下谕："梓宫为万世闷藏之器，此间并无合制良材，朕心益觉难安。京城原有豫为储备者，著留京王大臣、内务府大臣即派委妥员，设法运送前来，饬令昼夜行走，能早一刻务赶紧一刻。即将帮盖、底拆开，用毡包裹。俟到此间，再行合成，均无不可，总以迅速为要，万勿刻迟。"不久，宣宗得到回音："查得内务府有乾隆年间备用楠木梓宫一分，向系拆散收存，便于包裹行走，并将梓宫外椁包妥，于本日午刻自京起程。"

由此可以看出，不仅板材早已备办，而且已经打制成具，不过是尚未漆饰而已。

制作棺具神秘又神圣，需用材料十分繁杂。不仅需用必备的板材，一些在制作过程中所需的物品也要一一供齐，方可动工。清宫档案中，留下了这方面的记载。

乾隆三十三年（1768年）六月，温惠皇贵太妃薨逝，需为太妃制作楠木金棺，以成殓尸体。内务府立即拟出所需物品，开列在粘单上（楠木、杉木除外），内开："松香250斤，黄蜡60斤，桐油80斤，烟子10斤，彩黄88斤5两9钱，严生漆5斤，土子面4斤，白干线布8丈，宁布20丈，广胶17斤10两1钱，木线柴200斤，鱼鳔6斤15两。五寸两尖钉144个，三寸两尖钉86个，三寸钉96个，二寸钉46个，头号两点钉164个，二号两点钉260个。长3尺挺钩8根，带曲须，计重34斤8两；长2尺挺钩8根，带曲须，计重23斤；长4寸钩搭12个，带曲须，计重4斤8两；长3寸钩搭16个，带曲须，计重4斤；长4寸宽1寸5分叶子36块。楠木匠366工半，锯工102工半，雕匠3工。"

尽管在粘单中开列了所用细目，但是，我们看出，棺具制作过程中所需棺内衬布尚未列在其中。再查其他档案发现，乾隆八年（1743年）十一月初三日，漆饰寿祺皇贵太妃金棺需用高丽夏布十五匹；嘉庆八年，乾隆帝白太贵人彩棺漆饰十五遍，需用高丽夏布十五匹；咸丰十一年（1861

年）二月十五日，道光帝常嫔金棺漆饰，需用高丽夏布十五匹，等等。由此可以看出，金棺在漆饰过程中，每一次至少需用一匹高丽夏布。

以上所需这些物品，要根据等级，由内务府开出单据，详列项目，然后再报工部备办。

清代皇家棺具由内外两重构成，内称棺，外称椁，统称为棺椁。关于棺椁的制作情况，官书不见记载，而在《翁同龢日记》中记录下了咸丰帝孝贞显皇后梓宫的制作情况："梓宫之木用楠木，其厚不过一寸八分，其色微黑，其两旁立墙三块拼成。其后和拼尤多，其上坟起脊，亦每边三块所拼也。……其中朱漆棺形如方匣，四周写金刚经，俗呼金匮，此附身之棺。"

这里所记，基本正确。我们从清陵中已开放的棺具中调查得知，棺板最厚者为光绪棺，约11厘米，最薄的为乾隆帝乌喇那拉皇后棺，为8厘米，这与翁氏所记正相符合。翁氏所云外棺的形状，实际上带有浓郁的满族特征，因为汉材是前大后小，直帮平顶，而满材则状如屋脊，这一点记载也正确。但是，翁氏所云内棺形如方匣，则为错误。据东陵开放实例，其内棺与外椁形状基本相似，不过是内棺略小而已。

内棺制作完毕，均油朱漆数层，油完后阴干，在上面刻经咒。所刻经咒不分等级，一律为《金刚经》。如寿安固伦公主彩棺内"缮写西番字样"，道光帝常嫔内棺"缮写四天王咒"，康熙帝悼怡皇贵妃"写喇嘛字"，而清末慈禧太后的内棺同样书"西番四天王咒"。四天王咒的摆布形式，则是根据棺椁入葬地宫之后的实际方向而定，棺之南书"南方增长天王咒"，北书"北方多闻天王咒"，东书"东方持国天王咒"，西书"西方广目天王咒"。

这些西番文字的雕刻，有阴刻有阳刻。据实际调查得知，乾隆帝内棺为阳刻，其他均为阴刻，刻完后填金漆，华丽无比。

可是，并不是所有的棺具都有内棺，在清东陵裕妃园寝中埋葬的容妃金棺中就无内棺，但这绝不是等级的关系，因为，比她低下的乾隆帝诚嫔也有内棺。是否与墓主信仰伊斯兰教的身份有关，目前尚未可知。

在尸体大殓前，还要在内棺之中按等级铺以棺衬布，《钦定大清会典事例》中，清楚地记载了各等级棺具内衬布情况："列圣梓棺，内衬织金五色梵字陀罗尼缎五，各色织金龙彩缎八，凡十有三层；列后梓棺内衬梵字陀罗尼缎五，各色妆龙彩缎四，凡九层；皇贵妃金棺内衬五色梵字陀罗尼缎五，妆龙彩缎二，凡七层；贵妃金棺内衬三色梵字陀罗尼缎五，彩缎二，凡七层；妃金棺内衬三色梵字陀罗尼缎三，彩缎二，凡五层；嫔金棺内衬彩缎三层；贵人彩棺，陀罗尼缎候钦赐；常在、答应彩棺内衬红缎一层。"

外棺的制作，最重要的、最能体现等级的则是漆饰了。外棺漆饰，要等到大殓以后进行。漆饰时，要由钦天监根据亡者的生辰、死亡的时辰，以及其他因素（比如天气因素）来确定漆饰日期。

棺具的漆饰，无论地位高低，都要择得合适的吉时，方可动工。当钦天监已经选择好了动工日期，但适值寒冬时，则要停工，要等来年春融再行漆饰。其具体操作是钦天监将吉期告知内务府，内务府再知会工部执行。在清宫档案中，随处可见这样的记载。光绪三十四年十二月初八日（1908 年 12 月 30 日），择孝钦显皇后梓宫漆饰日期，"惟现值隆冬，气候凝滞，漆饰不宜。臣等公同商酌，谨拟缓至明岁春融闰二月间，交钦天监择吉敬谨漆饰。"乾隆七年（1742 年）二月，"采答应金棺漆饰动工吉期，交钦天监择得本月初九日午时动工吉，十七日巳时漆饰金棺吉。"同治四年（1865 年）二月初五日，漆饰寿安固伦公主彩棺事。"自三月十八日起，务于五日内选择漆饰吉期……本监择得三月十九日甲寅宜用，辰时漆饰吉。"光绪元年（1895 年）二月十一日，漆饰同治皇帝梓宫，"经臣等交钦天监选择吉期，现惟钦天监选择得三月二十七日甲子宜用，申时吉，除知照工部照例漆饰四十九次，俟漆饰时，臣等会同工部堂官敬谨监视，将漆饰吉期恭折奏闻。"

当然，棺具漆饰地点各不一样，也无成规可循，主要是钦天监选择的漆饰时间各不相同。如康熙二十六年（1687 年）十二月二十五日，孝庄崩，到二十七年正月十四日初祭礼已过，才奏准漆饰；康熙五十六年

（1717年）十二月初六日，孝惠崩，到三七过后，钦天监才择吉漆饰；雍正元年（1723年）五月二十三日，孝恭崩，到六月初六日祭礼后，才奏准漆饰；雍正九年（1731年）九月二十九日，孝敬崩，择祭日漆饰等等。后宫主位的棺具要在不同的地点接受臣子的拜祭，因而，在未入葬之前，是流动的，称为暂安，所以，漆饰地点不可能不改变。档案记载，同治皇帝棺椁漆饰地点在景山观德殿，慈禧棺在紫禁城内皇极殿漆饰。有的墓主则要在陵寝所在地漆饰，如寿安固伦公主在大清河公主园寝内漆饰，道光帝常嫔、祥嫔金棺在慕东陵东、西配殿同时漆饰等。这些都与钦天监选择的漆饰日期有关系。

漆饰时，不是工匠独自操作，要派出官员监视，一是看其质量，二是看油饰的次数是否够。其监视人员级别高低，既有"恭理丧仪王大臣，"也有"工部堂官，工部司员，"这要看亡者身份。一般恭理丧仪王大臣为皇帝钦派，工部官员则由工部奏闻。

清代皇家棺具的漆饰等级森严，要严格按规制办，不可逾越。丧礼规定：列圣梓宫漆饰49次，列后梓宫漆饰各有区别，"列后大丧在圣子皇帝嗣位后者，梓宫外椁漆饰49次，在正位中宫时者，梓宫外椁漆饰47次。"这则记载，前半句正确，史有佐证，后半句则应考证，因为典籍中多有记载当朝皇后梓宫亦漆饰49次。如雍正孝敬皇后崩，"梓宫照例漆饰四十九次，"乾隆十三年（1748年）三月十一日，孝贤皇后崩，"梓宫照例于本月初七日起，漆饰四十九次。"

但《则例》中所记皇后梓宫漆饰47次，并非无中生有。嘉庆十三年（1808年）正月二十一日，孝穆皇后崩，当时她为皇子绵宁的福晋，所以，其棺具漆饰减略，绵宁继位后，一方面追封她为皇后，另一方面将其棺具启出，"漆饰47次。"可见，太后和当朝皇后的棺具漆饰49次，而只有追封皇后的棺具才漆饰47次。

皇贵妃金棺漆饰35次，贵妃、妃、嫔、贵人、常在、答应及众皇子、皇子福晋的外棺均漆饰15次，皇太子与皇贵妃一样，为35次。漆饰时，不但要准备各色漆、金粉，还要备有灰粉，同时，还要准备高丽夏布，档案记载："玉贵人彩棺照便漆饰十五遍，需用高丽夏布十五匹。"

漆饰的程序很复杂，有的也不尽相同。嘉庆八年六月，记载了白太贵人彩棺漆饰做法，依次为：钻生油、粗灰、细灰、披麻、押麻灰、披麻、押麻灰、披麻、押麻灰、水磨钻生、粗灰、细灰、垫光油、漳丹油、朱油。而同样漆饰 15 次，但每次漆饰会因等级不同而有所区别，如光绪二十一年（1895 年）闰五月二十日，漆饰王敷妃金棺时，做法为：头次钻生，二次通灰，三次满布，四次押布灰，五次满布，六次押布灰，七次满布，八次押布灰，九次中灰，十次细灰，十一次浆灰，十二次糙漆，十三次垫光漆，十四次退光漆，十五次金黄漆。但是，到清代末直至民国年间，由于经济和社会两方面的原因，这些传统的规制被打破，即使是尊贵的皇贵妃的棺具，在漆饰时也大为减缩。

由于漆饰复杂，需用时间很长。同时，每次漆饰完以后，还要通风放气，促其干燥。漆饰一具棺椁需用数月的时间才可完成。漆饰时，在棺具旁边放一块板，每漆饰一次，匠役在木板上也同样漆饰一次，以便监视王公大臣或工部堂官验收质量。

清代皇家棺具最外层漆饰，为代表等级的最终之漆，因而非常重要。文献中明确记载了各级棺具的外层漆色：列圣、列后浑饰以金；皇贵妃髹以黄，绘金云龙纹；贵妃髹以金黄，绘金云龙；妃嫔髹以金黄；贵人、常在、答应皆髹以朱；皇太子髹以黄，绘金云龙纹；皇子髹以朱，绘金云龙；福晋髹以金黄。规制虽如此，但在实际操作中又各有区别。如同为皇贵妃金棺，温靖皇贵妃画大赤金龙，而端康皇贵妃则为平金开墨画金龙。同是皇后梓宫，慈禧太后的梓宫为浑金，而隆裕皇后的梓宫则刻画有图案。

清代皇家棺具，既沿袭了入关之前本民族的特征，又在一定程度上吸收和融进了汉文化，同时，也夹杂有宗教的内容。因而，这些棺具是我们认识和了解清代宫廷秘史的重要实物资料。这些豪华的皇家棺具有四个特点：

一、浓郁的民族特点。说它具有民族特点，是与汉材相比较而言的。如明嘉靖帝的棺具是直帮平顶，前大后小的形制。而清代皇家棺具则"盖如屋脊，中间隆起，两边倾斜，内部高大。棺头置一木质葫芦，挂整貂一具"。棺具的这种形制，在满洲称为旗材。入关前，游牧民族的满洲出于实际的需要，而在棺具末端置一葫芦，挂一些狩猎品来祭奠先人。入关后，虽然仍在棺具中保留了葫芦，但已失去了它的实际用意。

二、复杂而森严的等级特征。入关以后，满洲贵族很快吸收了汉文化的精华。在其棺具的制作过程中，主要体现在森严的等级制度上。在选材上，楠木、杉木的区别使用，在漆饰中，三六九等的不同待遇，以及内棺衬布的细微区别等，都体现了等级制度的森严。

在称谓上，则更加细化。帝后之棺称为梓宫，其中包括太后或太皇太后，而皇贵妃、贵妃、妃、嫔的棺具称金棺，贵人、常在、答应则只可称为彩棺了。在棺具的体量上，则等级越高，其棺具越高大，反之，则低矮。这是这时期棺具明显的外部特征。

三、宗教内容的重要体现。其实，清代皇家崇信佛教，已毋庸置疑。但在棺具的制作上，则只能通过实物来验证。从档案中知道，其棺具内的数层棺衬，均有陀罗尼经；在实物中，我们发现，慈禧、乾隆、淑嘉皇贵妃内棺表面均雕有梵文金刚经咒等，这些都是佛教内容在棺具中的反映。

四、高超的工艺水平。毫无疑问，皇家的棺具，尤其是帝后的梓宫，是清王朝丧礼中众臣拜祭的中心，按照事死如事生的原则，一定是制作精良。首先在承做部门上，由内务府、工部等相关部门选择天下精良的物料，再由技艺高超的工匠精工细做而成。所以，这些棺具，在一定程度上代表了当时最高的工艺水平。就已挖掘的棺具来看，乾隆内棺为凸雕经文，是一件十分难得的剔红作品。慈禧内棺为阴刻，然后填金，华丽无比。

不仅如此，各棺具的密封度也很好。帝后死后，殓入内棺，外椁尚未漆饰，要供放很长时间，但无论春夏秋冬，都不能发生尸体腐臭的现象，这就要求内棺必须密封良好。孝仪皇后、慈禧太后、孝哲皇后的尸体过去多年后而保存仍很完好，就足以证明这一点。

清代皇家棺具也随着清王朝的变化，而悄悄地发生着或多或少的变化。在关外，因为常年打仗，屡次迁都，加之顺治以前实行火化，其棺具无论多么华丽，也要付之一炬，因而棺具十分朴素。康熙以后，随着土葬的实行，棺具将永远保存下来，因而从上至下十分重视，礼臣便依制定出各个等级。但到清朝末年，随着西方文化的进入，对清代皇家棺具也产生了一定影响，比如用料上，就选择了西洋漆；在外棺的漆饰上，也不再拘泥于固定的次数。森严的等级制度有所松动了。

出殡礼仪

皇家一旦有人薨逝，宫内会马上采取行动。先是按死者等级组成一个治丧组织，具体负责一切丧事活动。其中，皇帝、太后、皇后属于国丧，要由礼部负责，整个国家都要有所举动；皇贵妃以下的后宫主位，则由内务府主持，只在宫内治丧。不管哪一级的妃嫔去世，都会通知她的家人前来看视，然后才可以入殓，装入棺椁之中，否则，在险恶的宫廷之中，没有经过家人看过就给大殓的妃嫔，会认为是非正常性死亡。

明朝时，帝后妃死去，有浴尸后再小殓的记载，而清代，则没有浴尸的记载。所以清代后妃死后，没有复杂的浴尸过程，很快就会进入小殓程序。

小殓，其实就是为死者穿上衣服，即穿寿衣。在小殓之前，按例允许后妃至亲之人或娘家人看视，尤其是死在皇帝之前时，皇帝要看视小殓，皇太后健在，也要前往看视。

为死者穿戴整齐，是小殓的重要内容。而且，这种穿戴要能反映出墓主人生前的地位或身份。皇帝死后，其穿戴是朝服那一套。如乾隆帝死后，头戴天鹅绒绣佛字台正珠顶冠，身穿绣黄宁绸锦金龙袍，佩雕珊瑚嘛呢字朝珠，足蹬青缎凉里皂靴。

皇后的穿戴与皇帝大致相同，不过清代皇后死去，尚未发现有戴"凤冠"字样的记载。皇后的头上，一般为金累丝点翠镶珠石钿，大概这就是所谓的"凤冠"吧。同治帝孝哲皇后和光绪帝孝定皇后无不如此。

皇贵妃以下至嫔位，居东西六宫。她们死后，均头戴吉祥帽，身穿各式蟒袍，戴朝珠，蹬朝靴。如咸丰帝婉贵妃死后"头戴吉祥帽……（穿）金黄缎绣五彩金龙锦蟒袍一件"；嘉庆帝淳嫔死后"头戴吉祥帽一顶……（穿）缂丝棉蟒袍一件……伽楠香小朝珠一盘……"

至于贵人、常在、答应，在后宫中地位低下，其死后，无特旨只穿寻常夔龙衣服入殓。如乾隆帝白贵人死后，"头戴吉祥帽……（穿）石青缎绣八团有水夔龙锦褂一件……"

这些穿戴看似简单，实际上每一件物品如首饰等，均镶有不同名目的各色宝石、珍珠等，十分考究，令人眼花缭乱，尽显皇家气派。

小殓完毕，要做两件事情，一个是含口，一个是开光。

含口，就是在死者口中含物，称为"口头实"。古人认为，死者辛苦一生，儿孙不忍心要他们空口而去，故而，在死者嘴中放一些东西，不做饿死鬼。另外，放入一些东西，把舌头压住，也免得到另外一个世界里乱说话，惹口舌之灾，因为古人深信舌头是万恶之源。含口的内容，历代有别。春秋之制，天子以珠，诸侯以玉，大夫以碧，士以贝。清代，宫中的含口也有明显的等级之分。

皇帝的含口在档案中未见记载。但清理乾隆地宫时，发现一枚雕成蝉状的玉片，基本确认为乾隆帝含口。郭沫若先生在其考证文章中，也提过皇帝口含应为玉蝉。蝉应节蜕皮，寓可以转世超生之意。但其他帝王是否如此，有待考古后佐证。

皇后的含口，亦无明确记载，只是孙殿英盗墓时，发现慈禧口含一颗大的夜明珠，两块组成，价值连城。其他皇后想必没有如此奢华的含口。

皇贵妃以下的含口，在档案中却有一些记载，如道光帝彤贵妃死后，"口含小正珠一颗"。珍珠向为满洲贵族所喜爱，各个等级的妃嫔死后，口含珍珠属正常现象。当然，是否有依礼含金木屑、金银屑、银屑的妃嫔，就有待证实了。

皇后冬朝冠

乾隆皇帝裕陵地宫出土的玉蝉

开光，其实就是古人的一种认识问题。古人认为，人死以后，生前的喜怒哀乐都会聚于眼前，这是凡俗的东西，是赃物，要将其擦掉，才能清静地进入西方极乐世界。开光的做法是：由死者的子女（一般为长子）用筷子夹住棉花，蘸着干净的水，擦拭死者的眼圈，与其做最后的告别。此外，开光还有抿目的作用，如果死者睁着眼睛，古人认为对死者和生者都没有好处。所以，通过开光，使其瞑目，一举两得。

小殓完毕，就要由钦天监择吉时大殓了。大殓就是把死者抬入棺具之中，这是死者与生者最后的告别了，因而，大殓反映出严格的制度。最为明显的，便是棺中的殉葬品。

后妃大殓之后，她的大棺材是丧事活动的焦点，人们的眼光会一直盯着它，直到它葬入地宫为止。可是，皇家不比民间，要经过一系列的繁文缛节后，才将大棺材葬入地宫。

出殡分为小出殡和大出殡。小出殡是从宫中移到殡宫，大出殡是由殡宫移到陵寝。出殡的日期由钦天监测算，选择黄道吉日。因为棺具不可能总停留在宫中。在宫中停棺时间最低为3天。

小出殡就是由宫殿到殡宫的过程。列后的殡宫地点并不一样，所以，抬棺人数会多少不等。孝庄、孝惠、孝懿在朝阳门外殡宫；孝康在坝上殡宫；孝诚则初在西华门外殡宫，后又移至都城北沙河巩华城；孝昭初在武英殿，后也移到都城北沙河巩华城；孝恭在寿皇殿；孝敬在田村殡宫；孝圣在圆明园的九经三事殿；孝贤、孝和、孝德则均在景山观德殿；孝静在绮春园迎晖殿；孝哲在永思殿殡宫。

梓宫在移送的过程中颇费人力。有卤簿前导，卤簿可以说是梓宫出殡时的庞大仪仗队，由于内容众多，在此不必赘述。卤簿之后为丹旐，异旐、举幡的人分为6班，每班32人，由部院官、内务府官各4人，共8人管辖。旐、幡之后为梓宫，梓宫的抬运是关键，首先要讲究排场，但又受条件的限制，如果用人太多，出门过桥摆布不开，因而要预设大舆和小舆，在京城之内，大舆80人，小舆32人。由宫内到殡宫一般为6班，每班80

人，这些抬棺之人，首班与末班用銮仪卫、校尉，以示庄重齐整，其他班次之人，要由五城之内选用健壮的青年民夫，发给衣和鞋，令其洗澡，衣服用红绣团花，头戴插黄翎毡帽，称为逊衣或驾衣。梓宫所过门或桥，都要祭酒，焚香钱。在殡宫大门外，还要预设鹰和狗，这可能与满洲早期习俗有关，带有满洲特色。

大出殡就是由殡宫到陵寝的过程。皇后棺椁停留在殡宫，时间长短不一。可是，梓宫不能无限期地停留在殡宫，当陵寝工程完毕之后，钦天监就要择日选时，恭请朝廷安排出殡日期。

梓宫出殡前，要做好充分的准备，首先要准备好32人小舆及80人大舆、128人大升舆。然后要选用抬棺的匠役，从京畿选用。由皇帝、太后到皇后，俱选用7920人为抬棺夫役。这些年轻的夫役一旦被选中，要发给衣、鞋、帽，并给予银两。

出殡时，由于恭送人员众多，身份又不同，要修有不同的道路，称为御路。凡御路所经，无论什么建设都要拆除，黄土铺垫，以备应用。梓宫所走路线为一条，人员众多，路宽而平坦；皇帝走另一条路，在梓宫启行后，皇帝走另路，提前到芦殿等候，一旦灵驾到来，要跪迎；皇太后、皇后等女眷，要在灵驾起行后，瞻望，俟灵驾走远，随后而行。

从京师到东西陵，一般分作5程，每程一个芦殿，日暮以后，停棺其中，凡遇雨也停驻在此，或临时扎搭罩棚。芦殿，称黄布城、黄幔城、黄网城等。灵驾到时，陈卤簿于门前，皇帝率王公大臣，跪于北门外，太后是这样，灵驾由北门进，奉灵驾于殿内正中，陈册宝于左右案上，行夕奠礼，早晨行朝奠礼后，皇帝跪送灵驾启行。

灵驾所过御路，两边百里内文武大臣，预先跪迎于路右百步外，候灵驾过，随至宿次，在黄幔城外行三跪九叩大礼，夕奠礼时，文官在正蓝旗末，武官在镶蓝旗末。灵驾过门桥时，要派内大臣2人轮流祭酒，焚楮城。

灵驾到东西陵，其梓宫并不马上就入葬地宫，要暂时安奉。

大葬，即将梓宫随葬地宫，是清帝后丧礼中最为关键的，也是最隆重的礼仪，称为永安大典。届时，皇帝、后妃、王公百官要云集陵寝，按序排立。奉安前一天，皇帝要率群臣行迁奠礼，然后，梓宫登小舆，皇帝亲引梓宫由殿之中阶降，循殿东行。梓宫走陵寝中门，皇帝扶棺上方城前平台上，奉安梓宫于芦殿正中的龙輴上，没册宝于左右案上。第2日，梓宫安奉地宫，由皇帝亲自扶棺下去，前面有10名太监执灯引导，钦点之王大臣随梓宫后进入，敬视永安于石床之上，然后撤出龙輴车。

如果皇后是陪葬在帝陵里面，皇帝尚未去世，那么石门就不可掩闭，要等到皇帝葬入后，才可由北而南逐道掩闭石门。否则，就会铸成大错。

嘉庆八年，孝淑皇后准备葬入昌陵地宫，拟仪注时，办事大臣有"掩闭石门，大葬礼成"这样的糊涂话。嘉庆帝看后十分震怒，当即下旨严斥："试思石门岂可闭？既闭不可复开。此吉地乃皇考赐朕之地，非赐皇后之地，若关闭石门，欲朕另卜吉地乎？"结果处置了一批承办丧事大臣。

在进入到地宫之后，有几个特点很有意思。

其一，是帝陵地宫中的后妃陪葬。皇帝至高无上的地位，决定了他们生前或死后都要有人陪伴。清代康熙朝以前的帝陵，基本上沿袭了明代人殉的陋俗，殉葬者或后宫主位，或奴仆或婢女。但他们殉主后，所葬方位要根据生前地位而定，只有极少数地位尊崇的后妃，才可能与皇帝合葬，这就是皇帝地宫中多具棺椁的原因。

自努尔哈赤到光绪的陵寝地宫中，合葬后妃情况如下。努尔哈赤福陵：孝慈高皇后、大妃；皇太极昭陵：孝端文皇后；福临孝陵：孝康章皇后、孝献皇后；玄烨景陵：孝诚仁皇后、孝昭仁皇后、孝懿仁皇后、孝恭仁皇后、敬敏皇贵妃；胤禛泰陵：孝敬宪皇后、敦肃皇贵妃；弘历裕陵：孝贤皇后、孝仪皇后，慧贤、哲悯、淑嘉三位皇贵妃；颙琰昌陵：孝淑睿皇后；旻宁慕陵：孝穆成皇后、孝慎成皇后、孝全成皇后；奕詝定陵：孝德显皇后；载淳惠陵：孝哲毅皇后；载湉崇陵：孝定景皇后。

其二，是清陵地宫中，关于棺材方位的几个标准。居中为大，左为贵。早在春秋战国时代，我国即形成了鲜明的古代宗法制度，在宗族的家庙排序中，即是始祖居中，以下父子递为昭穆，于左右两侧，按序排列。《周礼》中，有"先王之葬居中，以昭穆为左右"的记载。

清代的陵寝，就清东陵而言，充分体现了昭穆葬法，落成于康熙三年的孝陵，以其墓主为入关第一帝顺治皇帝，位尊而显赫，占据清东陵中心位置，他的儿孙分左右次序排列。按这一法则，顺治帝生母孝庄文皇后，辈分虽最高，但由于其子顺治帝已占据陵区中心位置，便无法安置孝庄的陵址，所以，只好在风水墙外，单独建陵，自成体系。

就陵寝的建筑而言，也充分体现了这一法则，神功圣德碑楼中，满、汉两体文字，左满文右汉文；小碑楼中的满、蒙、汉三种文字，满文居中，左蒙文，右汉文，反映出清代统治的民族种类中，尊卑有别的等级次序。就陵寝宫门而言，中门为神门，走棺椁或墓主人，两边则左为君门，右为臣门，方位卑尊，判然可知。

其三，预留和卑不动尊。皇帝后妃众多，帝陵地宫内宝床格外宽大，且有垂手床，将一些地位高的、死于皇帝之前的、较受宠爱的后妃与皇帝合葬。所以，在地宫宝床之上，要预留一些位置，以备使用。可是，大多数妃死于皇帝之后。按惯例，皇帝死后，一般不超过三个月，最迟不过四个月，即入葬地宫，一旦葬入地宫，即关闭石门，永不开启。那么，遗下的皇太后将葬于何处呢？只好根据卑不动尊的原则，在帝陵左近另卜茔城了。雍正帝死后，于乾隆二年三月奉安泰陵地宫，当时，办理丧务王大臣上奏："世宗宪皇帝梓宫奉安泰陵地宫……其随入地宫之分位，并万年后应留之分位，相应请旨。"这里共有两层含义，一是入葬地宫，后妃的位置如何，二是是否为皇太后留有棺位，以备将来使用。孝圣宪皇后立即下了一道懿旨："世宗皇帝梓宫奉安地宫以后，以永远肃静为是，若将来复行开动，揆以尊卑之义，于心实有未安。况我朝昭西陵，孝东陵成宪可遵，泰陵地宫不必预留分位。"这样，孝圣以卑不动尊为由，在泰陵左侧，另建泰东陵。

其四，棺材可动。按照中国传统的做法，人死之后，就要葬入地下，即入土为安。一旦葬成，应永不启动。可是，清代皇族的墓地，却经常发生葬后复行启动棺木的现象。如孝东陵修建以前，顺治的一些妃嫔死后，葬在了风水墙西门外，黄花山脚下，有贞妃、恪妃、悼妃等，直到康熙五十七年，才移葬孝东陵，康熙帝敬敏皇贵妃，死于康熙三十八年七月十五日，当时封为敏妃，据考证，她死后葬于景妃园寝内，雍正帝继位后，由于他实行了严酷的政策，众叛亲离，只有敏妃所生怡亲王允祥十分得宠，雍正帝为报答他，将允祥生母敏妃追尊为敬敏皇贵妃，将棺木由妃园寝起出，堂而皇之地祔葬景陵地宫，经考证，这就是景妃园寝内空券的来历。

最后，是地宫中棺材摆放位置的办法。顺治帝孝陵为清东陵第一陵，还保留着关外火葬习俗，其地宫内为三坛骨灰。康熙二年六月初六日，康熙帝为其父行宝位安葬地宫礼，"世祖章皇帝宝位奉至地宫，安设宝床上正中，奉孝康章皇后宝位安设于左，奉孝献皇后宝位安设于右毕，掩闭元宫石门。"

康熙景陵地宫棺位的摆放推测。康熙帝景陵地宫中，葬有五位后妃，分别是孝诚仁皇后赫舍里氏，因康熙十三年五月初三日生皇二子理密亲王允礽难产而死，康熙二十年三月初八日葬景陵；孝昭仁皇后钮祜禄氏，康熙十七年二月二十六日崩于坤宁宫，康熙二十年葬入景陵；孝懿仁皇后佟佳氏，康熙二十八年七月初十死去，同年十月二十日葬景陵；孝恭仁皇后乌雅氏，死于雍正元年五月二十三日，九月初一与圣祖同日入葬景陵；敬敏皇贵妃章佳氏，于雍正元年六月二十五日，追封为皇考敬敏皇贵妃，祔葬景陵地宫。

考证大殿神牌位次，圣祖居中，孝诚居左，孝昭居右，孝懿次左，孝恭次右，敬敏皇贵妃在西暖阁内。进一步验证了上述所记大殿神牌的位次。由此推断景陵地宫宝床棺位：圣祖居中，孝诚居左，孝昭居右，孝懿次左，孝恭次右，敬敏皇贵妃在左侧垂手宝床上。

雍正帝泰陵为清西陵第一陵，内葬有三人，雍正帝、孝敬宪皇后、敦肃皇贵妃。乾隆三年二月初三日，世宗、孝敬后梓宫先后由龙辒车载入地宫之中，世宗居中，孝敬居左。按雍正帝谕旨，敦肃皇贵妃丧仪以皇贵妃例行，所以，皇贵妃金棺也葬入地宫。按封建宗法制度，皇贵妃虽比皇后仅差一级，但皇后为六宫之主，一人之下，万人之上，皇贵妃则不可与之同日而语。所以，推断敦肃皇贵妃棺位有两种可能，一是在世宗之右，一是在左侧垂手床上。

裕陵地宫棺位考证。按居中为大的原则，乾隆帝棺居棺床正中金井之上，按左为贵说法，乾隆元后孝贤应葬于高宗之左，两个位置已定，乾隆右边应是谁呢？

孝贤皇后死后乾隆十三年，过了一年，乾隆帝晋娴贵妃为皇贵妃，摄六宫事，到乾隆十五年八月，正式册为皇后，即乌喇那拉皇后。乾隆十七年，孝贤后葬入地宫后，居高宗左，那么，高宗之右应是那拉皇后的预留分位。可是，乾隆三十年，那拉皇后失宠，死于乾隆三十一年，高宗诏以皇贵妃礼，降格葬入纯惠皇贵妃地宫棺床左侧。在以后的几十年中，高宗一直未封后，这个位置便不知何属了。

直到乾隆三十八年，乾隆遵照密建家法，亲书皇十五子颙琰之名，密定皇储，这样，他的母亲皇贵妃魏氏，在高宗死后，其子继位，她必然封为皇太后，所以，高宗之左的棺位，应为之预留。魏氏死于乾隆四十年，自然应葬于高宗之右。

地宫内其他三位女子，除慧贤外，生前都不是皇贵妃，均为死后追封，这就是根据具体情况，确定其棺位。哲悯死得最早，高宗在藩邸时，于雍正十三年死去，乾隆十年追封为皇贵妃；慧贤死于乾隆十年，其死前三天，即乾隆十年正月二十三日，晋封为皇贵妃。乾隆十七年十月二十七日，孝贤、慧贤、哲悯三位同日葬入地宫，慧贤与哲悯虽同为皇贵妃，但慧贤生前封号显赫，自然应高于哲悯，故此，其棺位应于孝贤之左，哲悯应于孝仪之右，至于死在乾隆二十年的淑嘉皇贵妃，葬入地宫稍晚，自然在垂手床上。

所以，裕陵地宫宝床上棺位如下：居中为高宗，左为孝贤，右为孝仪，孝贤左为慧贤，孝仪右为哲悯，西侧垂手床上为淑嘉皇贵妃。

嘉庆帝昌陵地宫内葬有两人，嘉庆帝居中，孝淑睿皇后居左侧。

道光慕陵地宫内葬一帝三后，宣宗居中，三位皇后按时间先后，孝穆成皇后居左，孝慎成皇后居右，孝全成皇后居孝穆成皇后之左。

咸丰帝定陵地宫葬二人，文宗居中，孝德显皇后居左。

同治帝惠陵葬二人，穆宗居中，孝哲毅皇后居左侧。

光绪帝崇陵地宫葬二人，德宗居中，孝定景皇后居左侧。

总之，封建时代宗法制度极严，礼制等级不可逾越。清帝陵地宫中，葬位的基本规律是，帝棺居中，皇后按左为贵的原则，以时间先后分葬左右；皇贵妃则按死亡先后从葬两旁。当然，由于皇族内部钩心斗角，宫闱秘闻极多，在葬法位置中，也可能出现颠倒，甚至随心所欲的现象。

可是，那些或许是死在皇帝之后，或许是级别较低下，或许是皇帝根本就不太喜欢的后妃，就没有与皇帝葬入同一地宫之中的荣幸之事了。而死在皇帝之后的太后们则要单建陵寝。

清代共建有7座皇后陵，分别为：孝庄文皇后的昭西陵、孝惠章皇后的孝东陵、孝圣宪皇后的泰东陵、孝和睿皇后的昌西陵、孝静成皇后的慕东陵、慈安皇太后和慈禧皇太后的两座定东陵。这些陵墓均在丈夫帝陵的旁边，成依偎之状，拱卫在帝陵的东边或西边。

最低档次的是妃园寝。入关以后清朝皇室陵寝形成了两大区域，即东陵和西陵。其中共有8座妃园寝，即：景陵妃园寝、景双妃园寝、泰妃园寝、裕妃园寝、昌妃园寝、定妃园寝、惠妃园寝和崇妃园寝。

在这些妃园寝中，是一群守望的女人，她们生前在深深的宫墙中守望着唯一的皇帝；死后，葬入了皇帝陵园之中，同样被那高高的陵墙圈住，不可逾越，只是在那里等待着和守望着皇帝灵魂的到来。

3. 随葬品

后妃去世后，要按照皇家的规矩制度，进行一系列的丧事活动，级别高的诸如皇后、皇太后，便从此进入大丧，也称国丧期，全国为之致哀，丧期也长；而皇贵妃以下，则仅在宗室或皇宫内举行丧事。等级和规模有着明显的区别。

大殓是与死者做最后的告别，因而，大殓反映出严格的等级制度。最为明显的，便是棺中的殉葬品。

清后宫主位死后，大殓时，要有部分殉葬品随葬。这些殉葬品会因时代不同，亡者身份不同而各有差异。由于惧怕后人盗陵，地宫殉葬品这些宫闱秘密为世人鲜知。尽管如此，清宫档案、清人笔记等文献中还是留下了蛛丝马迹，是我们研究清宫殉葬品的宝贵资料。

清宫的殉葬品，有一个历史的发展过程。早期，由于受客观条件的制约，并没有殉葬品，尤其是实行火化，地宫中只有一些骨灰坛子，就不会有殉葬品，因为清代宫中殉葬品主要是放在巨大棺椁的缝隙之中。

火葬的特点，是早期满洲随葬品极少的原因。"木棺火葬，多是先将尸体火化，把骨灰及随葬品装入木棺，再在墓穴内将木棺、骨灰、随葬品一同加以焚烧，然后封土成冢。"从已开放的清陵中，也可以证实这一点。这些棺具的头部都有一个葫芦状的东西，是早期满洲习俗的物化表征。这个葫芦的作用，相传"挂整貂一具"。作为对逝者的随葬物品，既朴素简单又庄重大方，因为在满洲人心目中，貂是珍贵的动物。而在棺内，则殊少放置随葬品。

可见，在努尔哈赤和皇太极时代的丧葬活动中，是很少有随葬品的，清宫档案和发掘实例中也未见记载。直到顺治帝崩逝，清王朝底定中原已20多年了，这种简朴的丧葬习俗才有所改变。

一向风流不羁的顺治帝死后，孝庄文皇后为其举办了隆重的丧礼。尽管仍保持关外火葬的习俗，但在随葬品上却并不吝啬。死后第7天，在乾清宫外举行"小丢纸"，焚烧顺治帝用过的冠袍带履、珍玩器皿。有人这样记载，"十四日焚大行所御冠袍器用珍玩于宫门外……所焚诸宝器，火焰俱五色，有声如爆豆。人言每焚一珠，即有一声，盖不知数万声矣。"不仅如此，顺治帝的梓宫内，尸身周围仍充满了各种珍玩玉器，出殡时，"命八旗官二三品者轮次升柜，与舁者皆言其重"。待过百日后，棺中这些珍宝于景山殡宫内火化掉了。

顺治帝火化后，将其骨殖殓入骨灰罐中，再葬入地宫之中。关于地宫中的随葬品，清孝陵大碑楼中这样记载，"皇考遗命，山陵不崇饰，不藏金玉宝器"。其实，倒不是顺治帝下过这样的简葬遗诏，而是在一个瓷坛子中，也确实无法放置什么金宝玉器。

康熙中叶，玄烨废除了火化和人殉，在丧制上进行了大规模的改革。土葬的实施，为在棺具中附有陪葬品提供了便利和可能。自康熙景陵开始，直到光绪帝崇陵止，清陵中均有不同程度的随葬品存在。

清陵的随葬品不似明陵那样复杂，只是在棺中放置些死者生前用过的珍玩，或日常用品。而尸体周围的随葬品则视其地位高低，随意填充，基本无定制。随葬品的表现形式大体上分为穿戴、含口、塞棺、金井安放、覆盖经被、册宝几种。穿戴和含口前文已经作过叙述，这里不再赘述。

塞棺。对于清陵来讲，就是用随葬品来填补棺缝，于是，大量的珍宝便被倒进棺中，尸身周围塞满随葬宝物。这些宝物在清宫内务府白事档中一般都留有记录。

这些随葬品，其来源一般可分为三类。一类为墓主生前日常所用或珍玩。这部分包括四季衣服、首饰、朝珠、头面、被褥或面料、戒指、如意及各式珍玩。如同治皇后阿鲁特氏棺中就随葬有：珊瑚等各式朝珠、金扁簪等各式首饰、镯子、镏子、甲套等各式佩饰、棉马褂等各种衣物，共计多达100余件。

生前的衣物及大部分可回收的金银制品，本着节俭的原则，宫廷要一

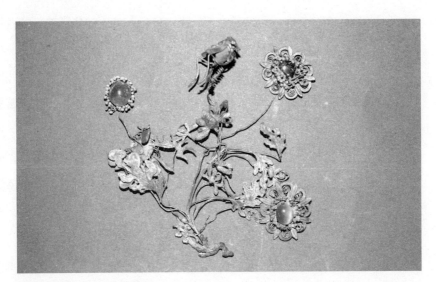

乾隆裕陵地宫出土的金花蝈蝈。

乾隆裕陵地宫出土的金团花。

律收回，或赏人或熔化重铸。只有一小部分随葬品中，在大、小丢纸及上坟时焚化。如容妃在初上坟时，将"无簪花素钿一顶、石青素缎夹褂一件、绿缎银领袖棉袍一件……"焚化。而乾隆帝死后，其生前华丽昂贵的衣物竟分19次焚化。

另一类随葬品则为宫中主位在大殓时赠送。大殓即将结束，在盖棺前，其生前亲属，无论长幼，均可赠送东西，放入棺中。这些赠品也要记录在档。如孝哲毅皇后在光绪元年二月二十日大殓前，咸丰帝丽皇贵太妃、婉贵妃、祺贵妃、玫贵妃、吉妃、禧妃、寿庄和硕公主；道光帝佳贵妃、成贵妃、彤妃；同治帝瑜妃、珣妃、王晋嫔；光绪帝及各王府主位都纷纷向阿鲁特氏棺中赠送礼品，以表达他们对大行皇后的思念。这些赠送的东西极其简单，一般为荷包、烟壶、玉石坠等小玩意，只是表达心意而已。

值得一提的是，1928年7月，乾隆和慈禧的陵寝被盗。关于随葬物品，世间众说纷纭，尤其有一本民间笔记《爱月轩笔记》，将慈禧棺中珍宝记录得神乎其神，煞有介事。不过这份笔记与清官方档案的记录几乎全部不同，在《内务府档·慈禧皇太后殓入及山陵供奉珠宝、玉器账册》中，记录物品大部为朝珠、头饰、玩意，以及各色宝石、珍珠等物，全然没有所谓翡翠白菜、西瓜、甜瓜、荷叶、荷花及各色宝石的水果等物。如此大相径庭，使人们对《爱月轩笔记》的真实性顿生疑窦。

从发掘实例来看，殉葬品中，绝少有纸制品，就嗜好字画的乾隆帝后梓宫中，也未有随葬字画的先例，档案中也未见记载。究其原因，可能与清陵中地宫较浅，道光陵以前又没有渗水孔，地宫比较潮湿等有直接的关系。

帝后妃生前的头发、牙齿和指甲被剪掉后，往往收集起来，有的在死后随葬棺内。如慈禧棺中，就发现有一包她生前的指甲和几颗牙齿。

第三类是先帝的遗念。先帝死后，其日常所用要赏给遗孀，作为纪念。后妃死后便将一些遗念，带进棺中随葬，这在宫中是允许的。如道光帝彤贵妃棺中就安放有宣宗遗念：青玉暖手一件、玛瑙烟壶一件、沉香手串一盘（随红玛瑙佛头塔、松石坠角）、发二包。

陀罗尼经被。是覆盖于死者尸身上的被子。陀罗尼，佛教名字，梵文的译音。意译"总持"，表示地所闻法，能总摄忆持，不会忘失。佛教密宗认为其咒语能包含众多经义，称之为"陀罗尼"。陀罗尼经被为佛教密宗圣品，清代，从皇宫到王公大臣奉旨使用。

这种经被上满印梵文密咒，即梵文陀罗尼大悲咒。书写形式多为旋转或盘旋。有的是印上去的金字，有的是织上去的。经被的质地多为绫、绸、颜色各异。

后宫主位死后，棺中宝物均已安放完毕，最上面就要盖一床陀罗尼经被了。盖上这种经被，是对死者的敬重和安慰，可为死者超脱苦难，尽快进入极乐世界。

慈禧陵被盗后，她的经被幸存下来。这床经被制作精美，幅面又大，图文布局得当，华丽无比，上面原来缀有 820 粒珍珠，弥足珍贵。

金井随葬品。金井位于清陵地宫金券之内，在墓主棺具的正下方，是一个中心探井。其深不过 1.5 米，直径约 40 厘米。金井对清陵的营建至关重要，它决定着地下各券及地上各建筑的位置。

为求得息壤，清宫主子们生前多次将自己珍爱之物放入金井之中。清宫档案中，明确记录下了慈禧太后生前分别于光绪五年三月二十五日、十二年三月初二日、十六年闰二月十九日、二十八年三月初十日、三十四年十月十二日、三十四年十月十五日，共 6 次向金井中投放大量珍宝。主要是珠类制品和金银器。其中，光绪十六年中投进的正珠手串一盘最为名贵，此一件在光绪二十四年闰三月初五日，奉懿旨取回。可惜，这些珍宝于 1928 年被匪徒劫掠。光绪帝金井中，投放有 250 多件随葬品，主要是子母球、怀表、各类宝石制品等物。

册、宝。作为地宫随葬品，册、宝虽然不是名贵物品，但在清代却是很神圣的。"册"是册文，"宝"为印玺。有绢、玉、金、银、木等不同质地。后宫主位们生前死后都要用册、宝。

死后所用册、宝，根据质地不同，所用地方不同。玉质册、宝，要供

慈禧陵出土的陀罗尼经被纹样

奉在太庙之中；绢册、宝，供奉完后要焚化掉；只有香册、宝用完后要随放在地宫之中。

地宫随葬册、宝由檀香木制成。陈放时，皇帝陵陈于穿堂券之中（光绪帝册宝在金券），皇后陵则陈于金券之中，都是左册，右宝。册、宝放在各自的箱子中，箱子陈列于石座之上。慈禧的香册、香宝都保存下来，是我们研究清代丧葬典制宝贵的实物资料。

从殉葬品透视出来一定的文化信息是不言而喻的，因为古代的一切丧葬活动都被列入文化的范畴里。丧葬文化无不打上时代的烙印。清陵也是一样，从那些出土的地下物品中，完全可以透视出当时最先进的文化特征：

首先是浓郁的满族文化特色。这是不言而喻的。这也证明了后来的汉化，汉文化的强大影响，却并没有完全掩盖满族统治者自身的民族特点。

如满族妇女有留指甲、戴甲套习俗；不论男女都有闻鼻烟醒神的习惯。嘉庆帝淳嫔棺中便放有指甲套一对、玛瑙鼻烟壶一个。而荷包、香囊多为满洲青年男女的定情之物，入关后，这一习俗始终未变。宫廷中各位主子都有腰间佩挂饰物的习俗，因而，阿鲁特氏皇后的棺中有许多这样的荷包随葬。

其次是相对简朴的随葬习俗。简朴是相对而言的，无论清初或中后期，皇家丧葬的随葬品都会比同期官僚贵族的多。但同其他朝代相比，清朝皇家随葬相对简朴。以明朝为例，这个农民起义后建立起来的政权，却并不简朴，不但明英宗前仍保留着野蛮的人殉习俗，而且，在随葬品上也是极尽豪华。在明定陵发掘中，就出土了善翼冠、凤冠等3000多件价值连城的随葬品，不但棺内塞满宝物，还有数个大随葬箱设置地宫之中，这在清陵中确实没有。

清帝也有生前安排随葬品的先例。但其所定随葬物并不以华丽昂贵取胜，而是一些很有纪念意义的东西。以雍正为例，雍正八年，身患重病的胤禛以为大限将至，便降旨安排随葬品，"当年太皇太后赐朕数珠一盘，现在养心殿收着，还有圣祖阿玛赐朕数珠一盘，尔等察来，同此小匣内玻璃鼻烟壶一件归于一处，交在自鸣钟好生收着……如朕万万年之后，将此三件安于梓官内"。在此后的10多天内，他又命人将金托碟白玉杯一分、黄地珐琅杯盘一分、《日课经忏》书一部收入自鸣钟处备用。这些东西或为孝庄、圣祖所赐，或为宠臣怡亲王允祥遗物，并不珍贵，但有纪念意义。

其三，备受青睐的珠玉随葬品。珍珠、美玉例来为我国古代劳动人民所喜爱，古帝王丧葬中已屡见不鲜，但清皇室的随葬品表现得尤为突出，尤其在乾隆二十二年，新疆准噶尔部叛乱平定后，新疆玉源源不断进入清廷，清宫殉葬品中葬玉便成为司空见惯的事了。

同治帝皇后阿鲁特氏棺中就随葬有玉戒指3枚、绿玉圈1个、绿玉镯子2个、白玉圈1个、白玉镯子2个、白玉钳子2个、玉手串1个等玉器，后宫主位、宗室又送各式玉器达300余件。

在清东陵所葬玉制品中，最有名气的要数康熙景陵的九龙玉杯和慈禧棺中的翡翠白菜了。但这些玉制品至今还未重现于世。

至于珍珠，清廷看得更为重要。尤其是产于东北地区的珍珠，晶莹圆润，被称为东珠或正珠。这些珍珠随葬地宫中，有朝冠、朝珠以及各类饰物上的佩珠，多得数不清。

慈禧陵出土的文物中，她的三件寿衣上就有近3000粒珍珠，其所盖陀罗尼经被上缀820粒珍珠。可惜这些珠都已被匪徒掠走。此外，塞棺用、铺棺用、各种饰物用珠多得很。

其四，日常生活用品屡见不鲜。清陵殉葬品中，有许多为日常生活用品，而且大部分为其生前使用过。这体现出一种质朴和务实精神。

如道光帝彤贵妃棺中就随葬有板表、各式朝珠、各式头饰、各式首饰（甲套、戒指、镯子、戒箍等）、手巾、烟袋、扇子、烟壶以及各式生前穿过的衣物。有的甚至把生前用的漱口盂、餐具等也一并葬入。在乾隆裕陵地宫出土文物中，就有各式金头花、各式簪子、烟壶、戒指等。

最后，宗教信仰随处可见。作为一个少数民族，满洲贵族笃信佛教。在丧葬上表现得尤为突出。比如裕陵地宫中，许多佛教题材像"五方佛""八大菩萨""二十四佛""五欲供""三世佛"，以及三万多字的佛学经文，遍布地宫各处，被称为"地下佛堂"。

在随葬品上，慈禧有一件绣满"佛"字的寿衣和一件绣有"佛"字的龙袍，其盖身之陀罗尼经被上更是以经文为主要内容。

在清宫档案中，也发现了与宗教有关的随葬品记录。道光彤贵妃棺中就有"菩提念珠一盘（随珊瑚佛头塔）、经二本"；咸丰帝婉贵妃随葬品中

堪称"地下佛堂"的乾隆皇帝裕陵地宫

就有"护身佛一尊"等。

殉葬品将大棺塞得满满的，后妃似乎可以瞑目了。于是，便要用钉子将棺盖钉死，封住内棺了。然后，再将巨大的外棺套住。那些活在世上的后宫之位们便只有通过种种丧仪来表达对逝者的思念了。

4. 不腐女尸之谜

按通常的想法，皇帝尸体入棺时，一定做了防腐处理，使尸体永不腐烂，因为民间屡有出土的先例。从马王堆汉墓辛追女尸的出土，到2001年安徽砀山神秘香尸的出土，都给人留下了这个印象：皇帝一定会对尸体作防腐处理。

可是，这两具不朽的女尸都不是皇家成员。

清宫后妃在大殓时作防腐处理吗？从现有资料看，答案应该是否定的。无论从中国第一历史档案馆的白事档还是从清宫廷典籍《钦定大清会典》

中的"大丧"部分中，都未曾发现过对尸身防腐的只言片语。可见，清宫廷在处理死者尸身时是不考虑防腐问题的。这主要源于以下几点缘由：

一是受早期火化习俗的影响。

满洲的火化沿袭金代女真，而女真的火化，则主要是由游牧民族的生活习性决定的。居无定所，试想亲人去世，晚辈若总拖着先人的棺具走来走去，总不是办法，而将其焚化，所谓"遇父母之表，弃之不忍，携之不能，故用火化"。灵魂升入上天，就可以随处祭奠亡灵，何乐而不为呢？

清初，努尔哈赤和皇太极去世后都采用火化的方式。努尔哈赤火化后，其尸骨贮于瓷坛之中，皇太极的尸体则于顺治元年八月初九日，以国礼焚化大行皇帝梓宫。直到入关后，顺治皇帝及其妃嫔死后，仍按例实行火化，火化地点为景山，典籍记载，焚化大行皇帝梓宫时，爆出一声声的巨响，那是珍宝在焚烧时发出的声音。孝陵地宫中，就葬有顺治帝、孝康章皇后和孝献皇后的三坛骨灰。而顺治帝的皇后陵——孝东陵中，也同样有骨灰埋葬，如殉葬而死的贞妃，以及顺治十五年就已死去的悼妃，死于康熙六年的恪妃石氏等。这些妃嫔，在孝东陵未成之前，统统葬于东陵西之黄花山下，称为悼妃园寝。比孝陵营建的时间要早。直到康熙五十七年四月初七日，孝惠章皇后葬入时，一同迁入陵园。所以，在孝东陵内，既有汉化的土葬，也有清初火化的骨灰坛，是个混葬的区域。

入关后，至康熙时代，深受汉族士大夫文化影响至深的玄烨，逐步废弃了火化，尤其是平定三藩以后，战事渐息，驻防趋于稳定，便摒弃了火化习俗，把火葬视为不孝、不道的行为。康熙帝的孝诚皇后崩于康熙十三年五月初三日、孝昭皇后崩于十七年二月二十六日、孝懿皇后崩于二十八年七月初十日，三位都是采用了土葬的办法。但这一时期，也不排除民间例用火化的俗成。直到乾隆年间，乾隆帝明令不准火化，下旨："一概不许火葬，倘有犯者，按律论罪。"火化之风才被刹住。

虽然如此，但由于早期火化中烧掉尸体习俗的影响至深，满洲人就不可能像汉人那样渴望百年后尸身永远不腐。

二是对宗教世界的崇拜。

满洲人崇信萨满教。萨满教认为大千世界分为上、中、下三界。上界为天，乃众神的居所，具有超自然的功能；中界为人间，是人间万物，包括动植物，大自然是这些物质世界的居所；下界为阴间地狱，是亡灵及妖魔的居所。而居于中界的人受着神灵的赐福与鬼神的布祸，须祈福求祥，避祸趋吉，就要寻求一个能与上界和下界沟通的使者，于是萨满诞生了。

早期女真的萨满多为女性，由女人来充当萨满，带有母系氏族社会的遗风。这些萨满不仅能媚神灵，驱恶鬼，而且可以包治百病，预知未来，几乎能解人间万种愁绪，而且，能道神语，无所不通。满洲完全继承了这一神道。

萨满教内容的剪纸

萨满的主要活动内容是祭祀，包括祭种、祭时、祭地、祭器、祭仪、禁忌、咒语等。这些宗教活动神秘而庄重，要穿戴特有的服饰，包括神帽、神衣、神裙、神鞋、腰铃等。还要有神鼓、神刀、神杖、神杆等各种法具。这些法具通过萨满祭祀神灵，请神驱邪的仪式而发挥出极为神奇的作用，因而，称其为"跳神"。

入关后，满洲统治者感觉到汉族人崇信的佛教更为新奇，比之区域性的萨满教更具有意义，因而对佛教的崇拜，使原始的萨满教日趋衰落。随着统治区域的扩大，统治民族和人数的激增，在关外那种带有浓郁特色的萨满教已不再适应形式的要求了。于是，满洲统治者转而崇信影响力更为广大的佛教，借以教化黎民百姓。比如顺治、乾隆都是虔诚的佛教徒。清朝的帝王不仅在宫中置有豪华的佛楼坛城，还带头现身佛界，祈求与佛结缘。崇信佛教最为虔诚的当属顺治帝。他坚信与佛有缘，幸五台，驻嵩洛，拜佛求缘。在顺治八年和顺治十六年，他两次巡幸遵化，到京畿一带的佛寺如景忠山中去访僧问法，收获颇丰。尤其在宠妃董鄂妃去世后，他万念俱灰，竟想剃度出家，幸被孝庄及时制止，才没有演绎成不爱江山爱美人的闹剧。

再如乾隆帝就曾自称为文殊菩萨转世，并请人画下了他的文殊菩萨扮相，而他的裕陵地宫中头道石门之左，即刻有文殊菩萨的立像，在承德等地建置了殊像寺。不仅如此，这些宫中帝后死去的陵寝中，还在其隆恩殿中建有佛楼，供奉佛像，佛前供有各式佛器珍宝。而清陵做法中，佛教内容更是随处可见，如所有建筑的基座为须弥座、地宫石门上雕八大菩萨、四大天王，五方佛、二十四佛、五欲供等佛事造像。雕有密宗佛教的各式法相，如金刚杵等。裕陵地宫中还雕有 30111 字的经文，其中梵文达 647字，内容涉及金刚咒、菩萨咒等，以及各位尊佛的咒语，琳琅满目，不可胜数。而他们（她们）的棺具中又都有佛经的文字雕刻，在棺具四周雕有四大天王咒语、忏悔经等。

乾隆裕陵地宫石门菩萨像

佛教内容充斥在方方面面，尤其是在乾隆裕陵地宫中的佛教雕刻，充分反映出清统治阶级企图利用佛教来达到教化人民，并借以证明自己统治的正统性。同时，由于佛教中对佛身的尊崇，强调灵魂世界的存在，进一步弱化了人们对死后肉身的尊崇，相信人死后，灵魂升入天堂，经过修行转世，进入极乐世界。

三是对道教的崇信。

清廷信仰很复杂，很难说是单一的宗教信仰。而道教就是清宫信奉的宗教之一。最崇信道教的清帝，就是雍正了。他坚信道教的神奇，并献身其中，亲自炼丹烧药，并将道士请进宫中，与其讲道说法，宫中留下许多雍正帝扮道士的画像。

所以，清宫中这些对神灵世界的崇拜，使他们更加坚信精神世界的重要性，进一步弱化了对肉身不腐的追求。

与宗教崇拜相伴而生的则是对灵魂世界的尊崇。所谓灵魂世界就是人死之后的魂魄。清宫主位十分重视和崇信灵魂世界的重要性，坚信人死之后就是升天了，灵魂脱离了肉身升天而去。因而，清帝之死称为"宾天""升暇"，而帝后崩御之后，其官书称谓改称"大行"某某，使人感到肃然。

有了这样一种信仰，本着事死如事生的原则，清廷在丧事中的突出表现就是焚化衣物和各种宝器，称为"烧饭"。烧掉这些东西，死者可以在另一个世界继续享用，因而，清廷在焚化宝物时会毫不吝啬，认为这样才会更有孝心。而基于对宗教和神灵的崇拜，也进一步弱化了清帝后妃们对肉身不腐的信念。

清陵的发掘实例证明了这一点。清东陵经历过多次大的盗案。从流氓军阀到当地土匪，甚至平民百姓因受其影响，也参与盗掘活动，大批珍宝随葬品被洗劫一空。期间，东陵发生的盗案中，那些被盗墓主，不仅丢了珍宝，连尸骨也被拖出了棺外，在东陵的档案记录中，披露了内幕。

东陵盗案无数，其结局均为劈棺扬尸，大多数帝王、后妃的尸体都已化为了一堆朽骨，这也是正常现象。但数年以后，却有 4 具不朽的女尸，存于世上，却是让人吃惊不小。

一是慈禧太后。慈禧太后崩于光绪三十四年十月二十二日，随即被殓入早已准备好的金丝楠木大棺之中。1928年，孙殿英手下的兵匪悍然盗掘了慈禧陵。将金丝大棺劈开，兵匪们发现：

"西太后面貌如生，手指长白毛寸余……"（某连长口述）

"老佛爷像睡觉一样，只是见了风，脸才黑了。"（孙殿英回忆）

"慈禧为什么死后二十年尸体不变呢？因为她口中含有一颗很大的夜明珠，这颗珠子分开是两块，合拢起来则透出一道绿色寒光，夜间在百步之内，可照见头发。"（孙殿英回忆）

可是，过一个月，到8月24日，载泽、恒煦、溥忻、溥侗、宝熙、耆龄、陈毅等人来到慈禧地宫时，又发现：

地宫中散发着一股令人窒息的气味，棺木已被劈得七零八落，慈禧尸体侧卧在一块薄木板上。她脸朝下，头朝北，脚朝南，左手搭在后背上，发色青黑，散而不乱，发根系有一根红头绳。慈禧上身赤裸，附体之衣被脱去，白皮贴于骨头之上，身上布满拳头大小的数点斑痕，似青似褐，还生有白毛，约有一寸长。

再缓缓旋转她的尸体，使其转过身来，只见她面色灰白，两目无珠，深陷成两个坑，其颧骨隆高，不异昔表，只是唇下有一大刀痕，是土匪为从口中扣夜明珠时，用刺刀砍成的。

二是乾隆帝孝仪皇后，嘉庆帝生母魏佳氏。她生于雍正五年，卒于乾隆四十年，享年49岁。从乾隆四十年（1775年）正月二十九日死后，当天殓入大金丝楠木棺具之中，到1928年7月孙殿英盗墓，已历153年。可是，陵墓被盗后，1928年8月29日，重殓善后小组随员徐榕生等下到地宫中，发现金券石床西边两棺之间，有一具女尸，身着黄色龙袍，尸体完好无损，急命4位旗人女差将女尸由泥水中请起，安于木板（如意板）之上。细审视这女尸，但见她两腮和嘴的下面多有皱纹，牙齿没全脱落，年龄约五六十岁。皮骨俱存，丝毫不朽，脸上笑容可掬。其身旁又拣到一只明黄地绣凤女朝靴，用水一洗，颜色如新。

三是同治帝皇后阿鲁特氏。蒙古正蓝旗人，生于咸丰四年，同治十三年十二月初五日，年仅19岁的同治帝死后，她在宫中越发受到冷落，于75天后，默默死去，时年22岁。阿鲁特氏在崩后，入殓于金丝楠木双层大棺之中，再过5年，于光绪五年三月二十六日，与同治帝棺椁一同葬入惠陵地宫之中。

可是，天有不测风云，直到1945年10月8日，距她入葬地宫已过去了71年，由于日本人投降，东陵地区无人管理，一群地痞流氓盗掘了惠陵，当打开同治帝棺时，已是一堆朽骨，而再打开皇后大棺时，皇后尸体却没腐烂，有长发，便扒光了衣服，遍身搜宝。然后，把她从棺中拉出来，搜尽一切珍宝，因听说她是吞金而死的，便割开了她的肚子，肠子流了一地。

四是同治帝的慧妃富察氏。慧妃与皇后阿鲁特氏同时进宫，她虽然没能成为后宫之主，却因为慈禧的宠幸而走红后宫。直到同治十三年年底，她一跃而成为皇贵妃，令人侧目。可是，她身体不好，光绪三十年正月二十八日，惠妃去世，年仅46岁，第二年葬进惠妃园寝。23年后的1928年春天，慧妃地宫被盗掘。据民国档案记载是被当地刘姓父子盗掘的，当时他们发现慧妃没有腐烂，皮肉俱存，俨若活人。

这4具不烂的女尸，在不同人物的口中，尤其是当事人，反复传说，当为不假。但既无防腐措施，为什么这4位会过多年而不腐呢？试作如下分析：

就慈禧太后和孝哲皇后而言，两人死时肚子中都已空然无物，慈禧太后是痢疾，脱水而死，因为她本来就肠胃不和，临死前更是不进食物；而阿鲁特氏则传闻因不满于慈禧的淫威，绝食身亡，肚中自然也是空然无物了。

另外，两人棺中有许多玉器，据记载慈禧太后棺中有：

红蓝宝石85块，祖母绿2块，碧玺白玉203块，翡翠荷叶一个，碧玺大莲花一个，各色宝石3370块，各色宝石佛27尊，共108尊，玉藕一枝，珊瑚树1枝，翡翠西瓜1个，甜瓜4枚，翠桃10个，黄宝石李子

100 个，红黄宝石杏 60 个，红宝石枣 40 枚，翡翠白菜 2 棵，玉制骏马 8 尊，玉罗汉 18 尊，珍珠无数。这些宝石玉器，是否会释放出一种射线来杀死细菌呢？因为古人有握玉以防腐的说法，故而有中山靖王刘胜的金缕玉衣出土。而且，古人死后，在两鼻孔、嘴、两耳孔、生殖部位和肛门部位都塞上玉器，称为"玉塞子"，为的是防止尸体腐烂。至于孙殿英认为慈禧太后不腐的原因是她口中含有大的夜明珠，就不得而知了。

至于阿鲁特氏，死后在其棺中也曾安放有白玉圈、白玉钳子、玉珮等玉器达 300 余件，加之她腹中无物，可能是其尸体不朽的原因。

而孝仪皇后的遗体，为什么时隔 153 年尚未腐烂，目前没有找到一点蛛丝马迹。

在 1928 年大盗案中，除了慈禧、孝仪尸身未腐之外，余者概为朽骨一堆，尤其是乾隆皇帝的头骨的下颌已碎为两半，其上下牙齿 36 颗尚全，只是骨骼皆呈紫黑色，有的骨头上还粘着皮肉。虽尸骨大部存在，但其手指及足趾骨已无从寻找了。头骨上，两眼只有深眶，呈螺纹状，好像有白光从眼眶中射出来，让人不寒而栗。

除孝仪皇后外，还有孝贤皇后、慧贤、哲悯、淑嘉三位皇贵妃，这些人早已化为一堆朽骨，由于匪徒在黑暗中捞宝时，没有灯光，只好用筛子在水中捞，然后到外面去捡宝。把那些后妃的骨头扔得到处都是。善后人员曾在大门外拣到肋骨一、脚骨二、膝骨一，在裕陵隧道开口处又拾到脊骨一、胸骨一。这些骨头的颜色都已黑乎乎的了。

综上所述，4 具不烂女尸，其实并非刻意安排，而是种种客观原因造成的事实。而就一代盛世君主乾隆尸骨已然腐烂来讲，可以得出这样的结论：清代帝后妃的后世安排中，并不对尸体防腐作过多考虑。

最后的宫殿

清代的后妃较之前朝来讲真是太幸运了。不仅在入关之初就废除了殉葬制度，使这些死于皇帝之后的女人得以寿终正寝，而且，殁后的丧葬也尽量做得风风光光，称得上死后哀荣。后妃的陵寝或典制大备，或等级森严，使人深感皇家丧葬的威严、秩序和富有。这些生前尽心侍奉皇帝的后妃们，死后又规矩地来到各自的墓穴里，静静地守望着、期盼着，使肃穆安静的陵园里更增加了一份唯美主义的凄婉。

1. 皇后陵

老皇帝死了，新皇登基，新皇帝的母亲如果还活在世上的话，那就是名副其实的皇太后了，被称为圣母皇太后。这个时候的皇太后会觉得前所未有的威风，自己辛苦带大的儿子如今成了万民之主，真是名副其实的扬眉吐气了。于是，在享受荣华的同时，开始像新皇登基后要为自己选择万年吉地一样，也要为皇太后选择墓地，成为百年后的永远归宿。

这个时候，新皇帝真的是心甘情愿地为母后做事了。

其实，清代建造皇后陵是一个独创。清代陵寝制度源于明代，可是，明代没有皇后陵，那么，死在皇帝驾崩以后的皇太后要葬在哪里呢？原来，明陵地宫有三条隧道。可各自应时启闭。如《明史·后妃传》记载，"（明英宗孝庄皇后）成化四年九月合葬裕陵，异隧，距英宗玄堂数丈许，中窒之，虚右圹以待周太后"。1957年，发掘明定陵地宫，证实了这一记载。

和明陵地宫不同，清代帝陵地宫只有一条墓道，皇帝入葬地宫之后，地宫墓道就要关闭石门，永世不再打开了。所以，为健在的皇太后建陵，也是现实的需要。

宁静的守护——昭西陵

清代在关外没有建造皇后陵，包括死在皇太极后面的孝端文皇太后。顺治六年（1699年）四月十七日，皇太后驾崩，终年51岁。遗体运回盛京后，火化为一坛骨灰，葬入昭陵地宫之中，这就为早已对汉文化感兴趣的孝庄文皇后所不能接受了。因为，汉族士大夫很鄙视火葬，认为那样把先人的尸体烧掉，野蛮而无情。所以，孝庄文皇后决定死后不要火化自己尸体。可是，如果要同皇太极葬同一地宫之中，既有骨灰坛子，还有巨大的棺椁，很不成格局。还是不要和皇太极葬在同一地宫中吧，这是孝庄文皇后的想法。于是，她临终前很神秘地把康熙帝叫到跟前，商量解决的办法。康熙帝听从了祖母的意见，在东陵为祖母建了一处暂安奉殿。这个"暂安奉殿"一直延续了37年，直到雍正帝继位，才将其改造为"昭西陵"。

然而，昭西陵中的墓主人孝庄文皇后死后不归葬东北昭陵，而葬在东陵，引来人们议论纷纷，其中最著名的就是关于"太后下嫁"的传闻。可以说，所有持"太后下嫁"观点的史学家们都到昭西陵来寻找依据，好多史家认为这是"太后下嫁"的铁证：

首先，孝庄所谓的临终遗嘱引来后世的诸多质疑。康熙二十六年十二月二十八日，康熙帝谕："太皇太后疾大渐时，谕朕曰：'太宗文皇帝梓宫安

这座昭西陵如同主人孝庄文皇后一般，默默守护在清东陵风水墙之外。

［第十一章］最后的宫殿

奉已久，不可为我轻动，况我心恋汝皇父及汝，不忍远去，务于孝陵近地，择吉安厝，则我心无憾矣。'谆谆降旨，朕何敢违！伏思慈宁宫东，新建五间，太皇太后在日，屡曾向朕称善，乃未及久居遽尔遐升。今于孝陵近地择吉修建暂安奉殿。"

孝庄的这番话，是其死后由玄烨转述的。可是，雍正即位之初，于雍正二年二月初五日，再次转述孝庄这些话时，除了玄烨所述内容之外，又加入"若另起茔域，劳民动众，究非合葬之义"的内容。同是一道谕旨，何以前后有如此大的差异？如果真像雍正所说"恐劳民动众"，那么，康熙在筹建暂安奉殿时，却将禁城内新建五间特地拆运至遵化，择地修建，其大殿为重檐庑殿顶，在东陵所有陵寝中规制为最高。而雍正在改扩建昭西陵时，添建了方城、明楼，又建其他后陵所没有的小碑楼，这难道不是劳民动众吗？

为了否定合葬昭陵，雍正帝直言不讳道："朕惟礼经云'合葬非古礼'，先儒又云'神灵有知，无所不通'。是知合与不合，惟义所在。今昭陵安奉日久，若于左近另起山陵，究非合葬之义。"雍正的这些话，在清朝典籍，确实查之有据。尽管这些理由言之凿凿，可是，死于顺治六年（1649 年）四月十六日的孝端文皇后，同是在关内，却于翌年三月二十六日，葬入昭陵，与太宗合葬。孝庄即便不能与之合葬，但陪葬一帝却是符合古礼的。

就孝庄而言，临终找了两条并不太重要的理由，就决定与丈夫异地而葬，显然有些理屈，而康熙父子在转述孝庄遗嘱时，前后不一，也给孝庄葬地蒙上了神秘莫测的面纱。

其次，这样的安排与传统的夫妻合葬习俗背道而驰。西周时，诸侯国君的王墓出现夫妻合葬的现象。这种合葬，书中释："合葬之礼，非古昔之法，从周公以来始有合葬，至今未改。"所谓合葬，典籍解释："帝后同茔，则为合葬，不合陵也。"即帝后坟墓只要在同一茔域，就是合葬，不一定同在一个坟头之下。那么，皇帝先死，皇后另建坟墓葬于旁边，也属合葬的范畴。所以，古礼中对合葬的解释，就同孝庄、康熙、雍正等的看法大相径庭。

孝庄在临终遗言中，还曾提到"惟世祖之兆域匪遥，母宜从子"。这实际上是个荒唐的理由。若论舍近求远，古礼所无；若论母宜从子，夫妻之宜则显然相悖。就连对孝庄备极孝顺的康熙帝对此也是顾虑重重。"奉暂安处至三十八年之久，盖慎之也。"虽然玄烨遵遗命选择遵化昌瑞山，但圣祖在以后的三十几年中，迟迟未解决孝庄陵地，而只以暂安奉殿称之，既遵循了祖母的遗嘱，又没有明确葬地，真是一个聪明的两全之策。

从另外一个角度讲，康熙帝多次对臣子说"朕以孝治天下"，于是，选择昌瑞山为其葬地，"以便岁时奠献"。可是，玄烨为了尽孝道即将祖母葬于遵化，那么此种做法对于太宗来说，使他们在九泉之下夫妻未能相聚一处，是否算是一种孝道呢？

康熙帝的心里不可能没有这种顾虑，也怕后人指责其做法荒谬，因而准备了许多理由备考后代追问，让后人谅解其不得已的苦衷。

最后，许多观点认为，昭西陵的选址没有"风水"可言，孝庄葬地太将就。

顺治帝的孝陵在昌瑞山主峰南麓，始建于康熙元年九月，其规模从南至北达 5 公里多，占据了这里的中心至尊地位。按这种安排，顺治以后的诸帝后陵及妃园寝，都要以此为中心，即所谓《周礼》中"先王之葬居中，以昭穆为左右"的葬法。孝庄要葬在这里，确实为玄烨出了难题，即在孝陵的左右两侧，无法安排孝庄陵寝。

玄烨选择了风水围墙之外的左侧为暂安奉殿，将孝庄陵寝与围墙内的陵寝划分成两个体系。但即使如此，若以孝陵为中心，其东南左侧位置仍低于孝陵的至尊地位，就不能说是一种孝道之举。再者，玄烨所说暂安奉殿之地，是一处毫无风水可言的平坦之地。

关于风水，专家解释："所谓风者，取其山势之藏纳。土色之坚厚，不冲冒四面之风；所谓水者，取其地势之高燥。无使水近夫亲肤。"清代，众多陵寝均有龙脉、方向、砂山、案山、朝山、水脉等风水要素。以此看

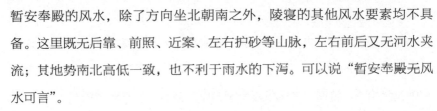

暂安奉殿的风水，除了方向坐北朝南之外，陵寝的其他风水要素均不具备。这里既无后靠、前照、近案、左右护砂等山脉，左右前后又无河水夹流；其地势南北高低一致，也不利于雨水的下泻。可以说"暂安奉殿无风水可言"。

在清陵营建之初，朝廷都要派出精通风水的大臣相度踏勘，写出详细的风水说帖上报皇帝。同时，要选择几处，皇帝细心地加以对照，选择十全十美的地点作为葬所，有时会因为一点小小的瑕疵而抛弃费尽心血选择的吉地，乾隆、雍正等诸帝无不如此，就连妃园寝福地的选择也是这样。作为大清至尊而备受崇敬的孝庄太后的葬地却如此将就，不得不使后人揣度议论。

为此，人们以昭西陵为依据，认为太后确实是下嫁了。

关于太后下嫁给睿亲王多尔衮的故事，史学界历来争论不休，就连史学家孟森先生在其专著里也论及此事。实际上，早期的满洲婚姻的确比较自由，"婚嫁不择族类，父死而子妻母"。如果是丈夫死去，则"其家男子收为妻，父子兄弟不论也。他适，则人笑其不能赡其妇"。后来，满洲的婚姻受汉文化的影响逐步走入正轨，但这种收继婚还是不同程度地存在着。

所以，如果太后出于种种目的，或政治的，或情欲的，而下嫁（或曾私通）并不是一件十分新奇的事情，不过是这种事情出在皇家而有失脸面。加之后来多尔衮被论罪削爵，因而在皇家史书中此事隐匿不记。

那么，太后如果真的下嫁给多尔衮，就太后本身而言，她留下遗言不合葬昭陵，其心情可以理解。将陵寝建于遵化而不归沈阳，这么大的事情，都不是以懿旨的形式出现，而只由康熙帝在一次谕旨中顺便指出，那么，孝庄是否下过这道谕旨就值得怀疑。即使真的下过，孝庄出于面子上的原因，由皇帝下旨转述，或许是出于某种忌讳？就玄烨而言，祖母下嫁他人，固然不便合葬昭陵。但由于清廷并不承认下嫁实有其事，所以，将二人分葬，于理不通。况且，死于顺治六年的孝端文太后，已有祔葬昭陵的先例。这样，分葬等于给后人留下了话柄或悬念。直至今天，这个悬念还没有真正解开。

第一座皇后陵——孝东陵

清朝第一座真正意义上的皇后陵，其实是康熙帝嫡母孝惠章皇后的孝东陵。孝东陵是顺治帝的后妃墓地，位于孝陵东侧，内葬顺治皇帝的 29 位嫔御。

墓主人孝惠章皇后，博尔济吉特氏，是顺治帝生母孝庄文皇后的侄孙女，蒙古科尔沁贝勒绰尔济之女。她的入宫，其实是孝庄一手促成的，而顺治帝并不喜欢她。后来，由于董鄂妃的进宫，孝惠章皇后的地位更是岌岌可危，虽然有婆婆孝庄太后的极力维护，但还是被丈夫冷落了。顺治帝死去时，她年仅 21 岁，成了年轻的寡妇。可是，漂亮的她却从此时来运转，康熙帝一直很尊重她，尊其为嫡母，每次皇帝出巡，都会带上这位太后，以此为其消遣。康熙五十六年（1717 年）十二月初六日，皇太后崩，终年 77 岁。

孝东陵里面还葬有顺治帝的其他妃嫔：7 位妃子、4 位福晋、17 位格格。这些女子，大都很年轻就去世了。有汉女恪妃、以身殉主的贞妃、宫

清东陵孝陵神道石像生

中待年的悼妃等。这些可怜的女子，一生默默无闻地侍奉皇帝，一般没有生育。空有美丽的容颜而没人欣赏，当皇帝死去时，那些深感前途无望的妃嫔便也只能孤独终老。

孝东陵坐北朝南，其主要建筑从南到北依次为：陵前马槽沟正中建三孔拱桥1座，西侧石平桥2座，一座为9孔，一座为3孔。东西朝房各5间，东西值班房各3间。隆恩门1座、东西燎炉各1座，东西配殿各5间，隆恩殿1座，面阔5间。陵寝门3座，石五供1座、方城、明楼、宝城、宝顶，宝顶下是地宫。方城前神道两侧各有两行纵向宝顶，各14座，两侧共28座。神厨库位于三孔拱桥东侧。南墙外有井亭一座。孝东陵神道与孝陵神道相接。上述建筑的规制、功用均与孝陵的相同。

从建筑的规模和数量上看，孝东陵比皇帝陵大为缩小，不建大碑楼、石像生、龙凤门、神道碑亭、五孔拱桥、二柱门、哑巴院。三孔拱桥仅为一座，方城、明楼、宝顶的体量明显收小。孝东陵的规制为清朝后世皇后陵奠定了基础，成为后世效仿的蓝本。

由于孝东陵是第一座皇后陵，无前例可鉴，所以在规制上存在着一定的不足：一是孝东陵未设下马牌。二是方城两侧未建面阔墙，因此也就没有宝城后院。三是妃嫔也随葬在内，形成了皇后陵兼妃园寝的格局。四是大殿月台上未设铜鹿、铜鹤。这些不足，在后来营建其他皇后陵时，都得到了完善。

孝东陵有三个特点：一是宝顶不是横向排列，而是纵向排列，带有关外妃园寝遗风。二是孝东陵后院全部铺墁澄浆砖。三是孝东陵院落极为宽敞，即使皇帝陵也不能与它相比。

孝东陵建成后，初称"新陵"，这是针对孝陵而言的。因为它比孝陵建得晚，是新建的，面貌一新。这"新陵"并不是由朝廷正式命名的，是临时的，带有很大的随意性。康熙五十七年（1718年）四月初七日，孝惠章皇后入葬地宫，改称为"孝惠章皇后陵"，这个名称也不是正式名称，只使用了不足一年的时间。康熙五十八年（1719年）二月二十一日，礼部专为孝惠章皇后的陵寝命名一事，向康熙皇帝上了一道本章，说："古来帝、后有不合葬而自为陵者，俱就方位定名。今孝惠章皇后陵即在孝陵之东，不必另立陵名。臣等恭拟'孝东陵'字样，仰候钦定。"康熙皇帝表示同意，挥笔朱批"是"。从此，孝惠章皇后的陵寝正式称为"孝东陵"。

礼部给皇后陵命名的方法，具体地讲是这样的：凡皇后陵都建在本朝皇帝陵的东旁或西旁（因为清陵都是坐北朝南），皇后陵是皇帝陵的附属陵寝，所以没有必要另立陵名，只根据皇帝陵的名称而命名。皇后陵的第一个字用皇帝陵的第一个字，皇后陵的第二个字用皇后陵与皇帝陵的相对方位字，位于皇帝东旁，则用东字，位于西旁，则用西字。用这种方法给皇后陵命名，从字面上就可以知道陵内葬的是哪位皇帝的皇后，这座皇后陵位于皇帝陵的哪一旁。以后，清朝所建的皇后陵均按此命名，成为定制。

孝东陵的产生，为以后皇后陵的产生奠定了基础，做出了范本。不过，随着时代的发展，建制皇后陵时会增减相关建筑，那要看实际需要。总之，要与时俱进。在清一代，共产生了7座各有特色的皇后陵：皇太极孝庄文皇后的昭西陵、顺治帝孝惠章皇后的孝东陵、雍正帝孝圣宪皇后的泰东陵、嘉庆帝孝和睿皇后的昌西陵、道光帝孝静成皇后的慕东陵、慈安太后的普祥峪定东陵、慈禧太后的菩陀峪定东陵。

这些皇后陵与身边的丈夫帝陵毗邻而建，同样的建筑名称，同样的黄色琉璃，使人很难分清伯仲。这就是皇太后的特权，是其他宫里女人很难企及的。

声名显赫的"凤上龙下"

在清东陵的定东陵内，埋葬着大名鼎鼎的慈禧太后和慈安太后。普祥峪定东陵和菩陀峪定东陵共同组成了这座特殊的皇后陵寝。

普祥峪定东陵内葬有咸丰帝慈安皇太后。慈安，钮祜禄氏，满洲镶黄旗人，广西右江道三等承恩公穆扬阿之女。生于道光十七年七月十二日，初入侍文宗潜邸，咸丰二年二月封贞嫔，五月晋贞贵妃，十月册立为皇后。

咸丰十一年七月，咸丰帝崩，载淳即位，慈安被尊为母后皇太后。

慈安这个女人，世称其"德容言工俱全"，堪为封建社会的妇女典型。那么，慈安到底漂不漂亮呢？有她的画像传世，读者可以自己下结论。有人说慈安懦弱，但据考证慈安并不像传闻所说的那样优柔寡断，懦弱怕事。她为人贤德，待人宽厚，遇事忍让，顾全大局。

这些性格特征既是她的优点，同时也将她推入无尽深渊，因为忍让在政治斗争中是不会占优势的。其实，慈安权力欲望并不小，无论是咸丰十一年，她决定发动北京政变（虽然受到了慈禧的蛊惑，但毕竟她起到决定性的作用），还是同治五年，她悍然下令秘密处死了慈禧的宠监安德海，都证明慈安并不是甘于摆布的政治俘虏。不过是由于她的政治谋略远逊于精明的慈禧太后，才在光绪七年突然暴崩于深宫之中，年仅45岁。

菩陀峪定东陵里葬有举世闻名的西太后慈禧。慈禧，姓叶赫那拉氏，满洲镶黄旗人。生于1835年，死于1908年，其父为安徽徽宁池太广道惠征。慈禧是一位"无冕女皇"，几乎没有哪一个中国人不知道她的。

咸丰元年大选秀女，那拉氏中选，咸丰二年五月初九日入宫，时年18岁，封为兰贵人。四年二月二十六日内阁奉谕旨：贵人那拉氏晋封为懿嫔；十一月命协办大学士贾桢为正使、礼部左侍郎肃顺为副使持节赍册晋封贵人那拉氏为懿嫔。咸丰六年三月二十三日未时，叶赫那拉氏生爱新觉罗·载淳（同治帝）于储秀宫，第二天便由懿嫔晋升为懿妃。七年正月，内阁奉谕旨晋懿妃为懿贵妃；十二月命大学士裕诚为正使、内阁学士黄宗汗为副使晋封懿妃那拉氏为懿贵妃。咸丰十一年七月十六日咸丰帝病危，召御前大臣载垣、端华、景寿、肃顺和军机大臣穆荫、匡源、杜翰、焦右瀛承旨立载淳为皇太子；第二天咸丰帝崩，懿贵妃时年27岁。九月，大学士桂良等奏遵旨谨拟崇上母后皇太后徽号曰慈安，圣母皇太后徽号曰慈禧。这就是她发迹前的简单经历。谁也不会知道这个妖冶的女人，日后会成为中国的最高统治者，而且，她的影响会至深至远，直到今天。

慈禧太后是同治、光绪两朝实际统治者，统治中国达48年之久。她的权力欲望极盛，同治十二年，虽然载淳已18岁，开始亲政，但慈禧仍然把持着朝政，这个傀儡皇帝当政不到一年就病亡了。同治帝无子，按清制规定，应在载字辈之下的溥字辈中选择继承人。慈禧为了揽权，竟将道光帝第七子、咸丰帝之弟、自己的妹夫醇亲王的独生子载湉立为皇帝。载湉是同治帝载淳的堂弟，所以载湉既是慈禧的侄子，又是外甥。这样亲上加亲，便于慈禧的控制。1875年，年仅4岁的载湉登基，年号光绪，成为又一个任人摆布的傀儡，由慈禧"训政"，二度垂帘，至光绪七年，慈安暴亡，从此慈禧愈加大权独揽，为所欲为了。

光绪三十四年（1908年）十月二十日，在慈禧的授意下，光绪帝之弟醇贤亲王载沣之子溥仪入承大统，继承穆宗同治帝，兼祧德宗光绪帝。溥仪是光绪帝的亲侄，也是慈禧的侄孙，溥仪之母为慈禧亲信、后党核心人物荣禄之女。溥仪进宫第二天，即光绪三十四年十月二十一日，光绪帝崩。次日，即十月二十二日，慈禧太后因痢疾而亡，卒年74岁。

慈禧一生垂帘听政达48年之久，将晚清国柄牢牢操在手中。发动过两次政变，镇压了三次农民起义，经历了四次对外战争，在她的操纵下，

定东陵的两座皇后陵并列而建，这在历代皇陵建筑中绝无仅有。

清廷产生了许多离奇的谜案，直到今天，还很难解开。

慈禧陵为清东陵中最晚构置的建筑，因此，它综合了清代帝后陵寝的诸多特点，成为集大成的最为完备的后陵。宝城作长圆式，围墙前宽后窄，取法于定陵格式。地宫构造为5券2门，取自道光帝慕陵规制。地宫庑殿顶用新样城砖灰砌，取法于道光帝宝华峪慕陵和咸丰定陵。宝城与方城之间隔以卡子墙，并辟东西角门，则仿自昭西陵、泰东陵及除慕陵以外的各帝陵。隆恩殿前月台之上鼎、鹤、鹿，是循于泰东陵之成规。而神道碑亭的建立，则完全仿照了昭西陵。

而慈禧陵中最具标志性的部分，是将隆恩殿前陛阶石的图案搞成了凤上龙下的格局，为清代及历代封建社会所仅见。这种图案，将两宫皇太后追逐名利与权势的政治图谋形式化、表面化。

豪华逾制、典制大备的慈禧陵，已为世人所瞩目。但是，贪婪成性的慈禧太后并不满足。光绪七年三月初九日，慈安皇太后染病，暴亡于钟粹宫，再也没有谁能约束慈禧的行为了。于是，她决心重修自己的陵寝，在规制上压过慈安一头。

慈安陵与慈禧陵于同治十二年八月二十日午时破土兴工，于光绪五年六月二十二日完工。慈安陵耗银2665743两，慈禧陵耗银2275818两，慈安陵比慈禧陵多近40万两白银。这种状况对当时的慈禧太后来说，是无奈的，也是不甘心的。

可是，慈禧并未在慈安死后就急忙改修自己的陵寝，而是沉寂了近15年的时间。在这期间，她曾来过东陵，仔细看过每座建筑，她要等机会。

光绪二十一年八月，东陵守护大臣溥龄等摸准慈禧的脉搏后，上书记述了慈禧陵的残破情况：渗漏、糟朽、吊落、酥碱等。慈禧太后急忙派出心腹大臣来东陵查勘具体残破情况。也正是在这种情况下，奕劻、荣禄、徐桐、李鸿藻等善于投机钻营的新老大臣，鼓动慈禧将陵寝拆除重建，并争相献计献策，在规模、用工、用料等诸多方面大做文章，将一般的岁修工程逐步升级扩大为重修大工。

重修工程是逐步铺开的，起初只是一些诸如筑打宝顶、拆修沟嘴、修补琉璃花门等细小工程，最后，竟至将隆恩殿、东西配殿等处拆除重建。这次重修工程涉及到慈禧陵的方方面面：大殿、配殿、方城、明楼、宝城，拆除重修；朝房、班房、神厨、井亭、省牲亭、宫门、碑亭，揭瓦大修；焚帛炉、五供、各处海墁砖、月台，及地宫内金券、门洞券、石门、闪当券、扒道券、隧道券、罩门券、石床等部分修补。整个重修工程于光绪二十一年十一月二十四日破土，于二十二年二月二十五日正式开工，一直到光绪三十四年十月全工告竣，历时13年。

重修之后的慈禧陵，金碧辉煌，极尽奢华。三殿所用木料均为黄花梨木。黄花梨木又名海南檀，纹理细密，质地坚硬，十分昂贵。施工时，不用披麻挂灰，而是显露木之本色，罩笼罩漆。

三殿所用黄金数目巨大，装修种类繁多。三殿共用掉叶子金4592两1钱4分3毫。使用形式分为三类：一是镀金，重修后的三殿共有64根明柱，每根柱子上盘绕一条半立体的镀金铜龙，这些盘龙都是尾上头下，龙须中巧施弹簧，每当打开殿门，龙须就会微微颤动，活灵活现。二是三殿雕砖墙壁的扫金，三殿雕砖花墙有凹凸之分，扫金时凹进部分用黄金粉，色为浅黄，凸出部位用红金粉，色呈深黄，造成色调亮度反差，交相辉映。三是三殿的贴金彩画，其方法是将叶子金凿成薄薄的金帛，再做成龙、云、蝠、寿等图案，直接贴于梁枋架木之上，三殿共贴彩画金龙3177条，形式有行龙、卧龙、升龙、降龙，形态各异。

三殿内壁雕砖图案精美，内容丰富。中心图案是五蝠捧寿，5只蝙蝠向中心飞翔，拱卫一个团寿字。4角为盘肠和绶带，锦地为万字不到头，边框为回纹、连珠纹、缠枝莲。其寓意是"万福万寿""福寿绵长"。

慈禧陵石雕独特，带有政治寓意。封建时代，向来以龙为天子的化身，至高无上；凤依附于龙，是皇后的化身。可是，慈禧陵隆恩殿前的石雕图案，却一改传统做法。丹陛石图案为凤上龙下，称"凤压龙"，采用了高浮雕加透雕的手法，将龙的腿、尾、须，凤的嘴、冠、脚等10余处透雕，增强了立体感。不仅如此，大殿周围的石栏杆、栏板及抱鼓石上，也雕有类似的图案。石栏的望柱头雕凤，其柱身内外两面各雕一条升龙；栏板的两面雕有龙凤及水浪浮云图案，都是彩凤飞翔于前，蛟龙追赶在后；抱鼓石上雕刻的仍是龙凤图案，彩凤张翅伸爪，立于山石之上；腾龙穿云破浪，浮于波涛之中。

慈禧陵三殿的外墙磨砖对缝，干摆到顶，超越于帝陵规制。一般外墙的传统做法，是上身糙砖灰砌，抹饰红泥，提刷红浆；下肩则澄浆砖干摆。慈禧陵则全部干摆到顶，其拔檐看面雕刻"卍"字、蝙蝠、流云，称"万福流云"。

慈禧陵在重修的过程中，虽没有展拓它的建筑尺寸，却在用料、装修及雕刻的图案中大做文章，屡破祖制，有的地方甚至达到无以复加的地步，真正是"普天之下，唯我独尊"了。

这块玲珑剔透的丹陛石是我国石雕艺术中的珍品，凤上龙下的图案设计也是慈禧野心膨胀、权势独揽的外在表现。

私人笔记《爱月轩笔记》将李莲英的记忆清楚地记录下来。观后令人瞠目结舌。书中记录慈禧不仅把地面建筑搞得异常豪华，地下的棺椁陪葬品也是举世罕见。企图到另一个世界里继续享用人间的奢华。

在棺底，先铺上3层金丝串珠绣花锦褥和1层珍珠，厚1尺多。慈禧身穿金丝串珠彩绣袍褂，头戴珍珠串成的凤冠，冠上缀一颗大如鸡卵、重4两的珍珠。慈禧的衾被上有一朵大牡丹花，是用珍珠串成的。其手镯是用钻石镶成的1朵大菊花和6朵小梅花连缀而成。

在慈禧尸身周围，有秩序地放入葬品。头部上首为一翡翠荷叶，脚下为一朵碧玺大莲花，脚下左右各踩翡翠西瓜1个、甜瓜2个、白菜2棵。这几件玉石制品极为名贵，其中的翡翠西瓜为绿皮红瓤黑籽白丝；翡翠甜瓜各不一样，一对为青皮白籽黄瓤，一对为白皮黄籽粉瓤；两棵翡翠白菜均绿叶白心，菜心上伏着一只满绿的蝈蝈，叶旁伏两只黄马蜂。

慈禧尸体的左边，放着一枝玉石莲花，三节白玉石藕上，长有天然的灰色泥污，节处长出绿荷叶，开粉红莲花。尸体的右边，放着一枝玉雕红珊瑚树，上绕青根绿叶红果实盘桃一枝，树顶伏一只翠鸟。

为了填补棺缝，又向棺内放入大量珍宝：18尊蚌佛，金佛、翠佛、玉佛、红宝石佛各27尊，翡翠桃10个，红黄宝石杏60个，黄宝石李子100个，红宝石枣40个，番佛48尊，珍珠4升，红蓝宝石2200块，玉制十八罗汉。所有这些宝物放好后，最上面盖一件网珠被，被上缀2分重珍珠6000颗。

这些珠宝，将慈禧的内棺填充得满满当当，慈禧在这些奇光异彩的光环之中，得以"超生"。

慈禧生前的奢华成性，已是中外闻名。地面建筑的富丽堂皇更是人所共知。她死后随葬珠宝的秘密历来被人揣测，成为不法之徒觊觎的目标。1928年，盘踞在蓟县马伸桥一带的兵匪孙殿英，决心盗掘慈禧陵。

盗掘慈禧陵的是孙殿英手下的师长谭温江。这伙人来到慈禧陵后，进行扫荡式抢劫。先将慈禧陵地面上的宝物巡视一遍，只见三殿的64根明柱

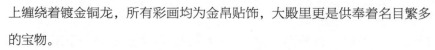

上缠绕着镀金铜龙，所有彩画均为金帛贴饰，大殿里更是供奉着名目繁多的宝物。

匪兵们将64根柱子上的金龙全部拆走，又将大殿所供之物尽行掠去。看看再没可拿之物，匪首命令将大殿天花板拆下。细看这些天花板，正龙图案，周边祥云，全为金帛贴饰；其木质为黄花梨木，十分珍贵。在大殿我们今天所能见到的5块半天花板，就是当年盗劫后的遗存。

潭温江率兵进入宝城后院，几经周折，找寻到地宫的入口处，即下令用炸药炸开缺口，一班兵匪蛇行而入，撞开两道石门，来到金券。金券面积并不大，正面有一棺床，床上有一金光闪闪的棺椁，闻名中外的慈禧太后就躺在里面。

匪徒们小心地撬开了内棺，几名荷枪实弹的兵士围在外面，枪口对准棺内，以防慈禧诈尸伤人。一掀开棺盖，满棺的珠宝放射出奇光异彩，竟掩去了手电筒的光芒。慈禧躺在棺木中，披金挂玉，细看面目，毫无朽变，如活人一样，而她的手指上，却已长出一寸长的白毛。过了约十几分钟，慈禧的尸体面目由于见了光和空气，变黑了。

审视棺中宝物，四角所置翡翠大西瓜绿皮紫瓤，中间切开。瓜子黑色，霞光由切口处射出；太后头枕玉枕，放绿光；太后口中所含夜明珠放白光，这颗珠子分开是两半，合拢是个球，夜里寒光四射，百步之内可照见头发。兵匪见财起意，将慈禧尸体拉出棺，扔在地宫西北角，头朝下，尽取棺中宝物。

东陵盗案发生后，逊帝溥仪怒火万丈，他电告蒋介石和阎锡山，请求惩治孙殿英。可是，孙殿英为了脱身，便四处送礼，将棺中所盗最为珍贵之物慷慨馈送国民政府大员：将裕陵所盗朝珠送给了戴笠，乾隆的九龙宝剑送给了蒋介石，朝靴上的部分宝石送给了孔祥熙，将慈禧口含夜明珠送给了宋美龄。这样，孙殿英得以逍遥法外。

灰头土脸的逊帝溥仪，只好派人重殓西太后遗体。遗臣们发现，慈禧太后的尸体侧卧在西北角的棺盖下面，脸朝下，头北脚南，左手反搭于背后，青黑色的头发散而不乱，发根系有红头绳。慈禧上身裸露，贴身内衣全被扒去。肉皮贴骨，身上出现拳头大小的数点斑痕，遍体生有白毛。

妇差们用黄绸束紧慈禧尸身，慢慢转过来，只见慈禧面目苍白，二目无珠，深陷成坑。唇下有伤痕，相传是匪兵为抠出口含宝珠所致。妇差将棺内擦净，将慈禧尸身先放入，再将其生前剪下的头发及指甲、牙齿包好，放于左右，胡乱殓葬完毕。

1984 年，国家文物局派专家来清理慈禧内棺。发现自 1928 年孙殿英盗陵，清朝遗臣重殓后，再未被盗过。当年丰盈的尸体早已干枯，缩水大约 10 厘米，只有 153 厘米了。慈禧头朝北脚朝南，头稍向左偏，头发散披，散而不乱。胸部干裂成许多口子，左肢的上肢骨已露出来，慈禧上身无衣，下身穿一条裤子。两只脚只穿了一只袜子。

煊赫一时的西太后，生前何等霸道，死后竟落到这种地步，这是她生前始料不及的。

不仅仅是慈禧陵被盗掘了，在清东陵还有孝庄文皇后的昭西陵、孝惠章皇后的孝东陵、慈安陵以及景陵妃园寝、景陵皇贵妃园寝、裕妃园寝、定妃园寝、惠妃园寝等也都先后被盗掘，清西陵的珍妃墓和关外的福陵妃园寝、懿靖大贵妃园寝在中华人民共和国成立前也相继被盗掘。那些贪婪成性的盗墓贼，把这些曾经华贵美丽的后妃恣意践踏于脚下，却毫不留情地掳走她们身上的全部珍宝。

2. 妃园寝

皇后作为皇帝的正妻大多比较矜持，不会像一般妃嫔那样主动而热情。相反，妃嫔们则会争相巴结皇帝，以求能够得宠晋升。所以，皇后虽然在每年的年初有几天可以独占皇帝，但是，她们却殊少有怀孕生子的，这反映出皇帝对皇后的态度。而那些得宠的妃嫔，却如雨后春笋般竞相怀孕。所以，清代皇帝的生母几乎没有正宫皇后，而都是普通妃子。

然而，在封建社会森严的等级制度下，妃嫔的地位与皇后相差甚远，死后的陵寝也是无可比拟，只是一群妃子葬在很小的院落里。但是，有一点是皇后陵无法比拟的，那就是妃园寝是和皇帝陵一起修建的。妃园寝就是皇帝陵的附属品，从一开始就伴随着皇帝。而皇后陵的修建则远远晚于妃园寝，所以，在风水上有的皇后陵是不如妃园寝的。比如，咸丰定陵修建时，定妃园寝同时修建，基址选在了定陵东边的顺水峪。到同治初年，为慈安、慈禧选择吉地时，定陵以西是西大河，无法建陵；以东是妃园寝，而再往东就是低洼的沼泽了。所以，两宫太后不得不使用这处低洼之地。

毁于战火的关外妃园寝

最早的妃园寝在关外，尚处在雏形阶段。因为这个时候，后宫制度都没有确定，后妃人数都没有定数，她们的妃园寝就更没有固定的规制了。

首先说寿康妃园寝，又称太妃坟，是努尔哈赤福陵的妃园寝。营建于康熙初年，在福陵之右的陵堡村附近。努尔哈赤一生有记载的后妃达14位，实际情况可能会更多。但葬在寿康太妃园寝内的仅有3位，即寿康太妃、安布福晋、绰奇德和母，至于其他嫔御，除了福陵内葬有孝慈和大妃外，就不详其葬地了。

寿康妃园寝建筑早年被毁，其规制只能从资料上加以考证。据记载，该园寝周围47丈，坐北朝南，长方形，前有宫门3间，内有享殿3间，东西有茶膳房、果房等，后院有坟3座。大殿为单檐歇山顶建筑，顶覆绿琉璃瓦，内供墓主神位。

寿康太妃园寝历经磨难。光绪三十一年（1905年）二月二十一日，日、俄两国在中国东北开战，俄军占据福陵，日军向太妃坟靠拢，俄军猛轰，由于日军炮火的猛烈还击，太妃园寝被夷为平地，守陵官兵、陵户多被重伤，陵寝只剩3座坟丘。近几十年，坟丘亦被平毁，如今已很难确定建筑的具体方位了。

第二个就是皇太极懿靖大贵妃等的园寝，被称为宸妃、懿靖大贵妃园寝，又称为懿靖大贵妃园寝，其实就是昭陵的妃园寝。内葬皇太极的 10 位嫔御。其位置在昭陵西约 100 米处。

贵妃园寝内墓主的身份各不相同，相差悬殊。其中比较著名的有两位：一是宸妃，名海兰珠，博尔济吉特氏，最受皇太极宠爱，生前居住在关雎宫。二是懿靖大贵妃，名娜木钟，姓博尔济吉特氏，蒙古阿巴亥部郡王额尔齐格诺颜之女。她初嫁北元末代蒙古大汗（林丹汗），称囊囊太后。天聪六年，林丹汗兵败身亡，囊囊太后率部投奔皇太极，皇太极娶入宫中，崇德元年封为西宫大福晋，居麟趾宫。

这两处妃园寝距今年代久远，加之战乱年代的破坏，如今也很难知道它们的真面目。

最热闹的景陵妃园寝

真正意义上的妃园寝还是在大清朝入关以后修建的。终清之世，东西陵共营建了 8 座妃园寝：景陵妃园寝（康熙帝 48 位后妃与 1 位阿哥）、景陵皇贵妃园寝（康熙帝的两位皇贵妃）、泰陵妃园寝（雍正帝 21 位妃嫔葬于其中）、裕陵妃园寝（乾隆帝 1 位皇后和 35 位妃嫔）、昌陵妃园寝（内葬嘉庆帝 17 位妃嫔）、定陵妃园寝（咸丰帝 15 位妃嫔葬于陵园，有著名的"圆明园四春"和丽妃）、惠陵妃园寝（同治帝 4 位皇贵妃葬入其中）和崇陵妃园寝崇陵妃园寝（内葬光绪帝的瑾妃和珍妃）。

妃园寝建成，秩序井然，这些或荣宠或失落的妃嫔殁后，一律鱼贯而入，抛却了世间的浮华，宁静而默默无闻地守候在帝陵的旁边，也许在诉说着一生的荣幸与不幸。

景陵妃园寝是康熙朝后宫妃嫔的一座墓园，坐落在景陵以东 0.5 公里处，是清王朝定鼎中原后在关内营建的第一座妃园寝，属开山之作，对后世影响深远。景陵妃园寝同康熙皇帝景陵一道，建于康熙十五年至康熙二十年（1676—1681 年），初称"妃衙门"，雍正元年（1723 年）改今名。园寝内葬康熙皇帝的 48 位妃嫔和十八阿哥允祄，共 49 人，是清代园

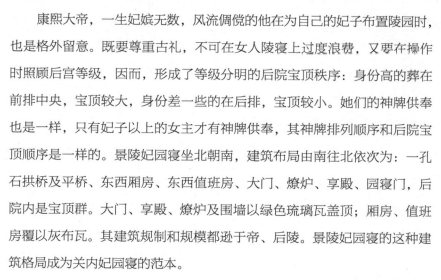

寝中埋葬人数最多的一座。

康熙大帝，一生妃嫔无数，风流倜傥的他在为自己的妃子布置陵园时，也是格外留意。既要尊重古礼，不可在女人陵寝上过度浪费，又要在操作时照顾后宫等级，因而，形成了等级分明的后院宝顶秩序：身份高的葬在前排中央，宝顶较大，身份差一些的在后排，宝顶较小。她们的神牌供奉也是一样，只有妃子以上的女主才有神牌供奉，其神牌排列顺序和后院宝顶顺序是一样的。景陵妃园寝坐北朝南，建筑布局由南往北依次为：一孔石拱桥及平桥、东西厢房、东西值班房、大门、燎炉、享殿、园寝门，后院内是宝顶群。大门、享殿、燎炉及围墙以绿色琉璃瓦盖顶；厢房、值班房覆以灰布瓦。其建筑规制和规模都逊于帝、后陵。景陵妃园寝的这种建筑格局成为关内妃园寝的范本。

在景妃园寝的后院里，共建筑了大小宝顶49座（其中1个是空券），分前后7层排列。宝顶下墓室结构有石券、砖券、砖池3种，精致与简约并存，宏敞与卑陋互现，对比鲜明。园寝中的49人包括贵妃1位、妃11位、嫔8位、贵人10位、常在9位、答应9位、皇子1位。这些人各按身份排定葬位：地位高者在前，居中；地位低者在后，列两侧。

乾隆皇帝的"偏心"之举

还有两座华丽超凡的妃园寝，建于乾隆年间。就是康熙帝景陵皇贵妃园寝和乾隆帝裕陵妃园寝，这两座妃园寝超越了规制，建得异常豪华。

也难怪，乾隆帝在位时，处在康乾盛世的巅峰，国家有钱，加上乾隆帝好大喜功的个性，他为自己喜欢的女人修建园寝时，怎么可能受到祖制的约束呢？这就是他的裕陵妃园寝超越规制的理由。

裕陵妃园寝始建于乾隆十年即1745年，当时的裕陵妃园寝并没有超越规制。可是，乾隆二十五年，因为要葬入他的宠妃纯惠皇贵妃，于是就命令扩建妃衙门，到乾隆二十七年，扩建工程结束，历时近3年。

这里介绍一下纯惠皇贵妃，苏佳氏，一个典型的汉女。她进宫很早，弘历还是皇子的时候，她就侍奉在侧。乾隆帝非常喜欢这个汉女，雍正十三年，弘历即位前夕，苏佳氏生皇三子永璋，乾隆二年，被封为纯妃，这是很好的开端；乾隆八年生皇六子永瑢，乾隆十年晋封为纯贵妃，这一年，再生皇四女；乾隆二十五年一跃而成为皇贵妃，是深宫中罕见的晋封。所以，纯惠皇贵妃死后，一旦葬入妃园寝，就成为这里的核心人物了。

扩建的建筑共两组，一是增建方城和明楼，这组建筑由方城、明楼、宝城、月台、礓磜组成，全部为砖石结构。明楼建在方城之上正中，是整座园寝的制高点。建筑形式为单檐歇山顶，楼顶覆绿琉璃瓦。明楼内有朱砂碑一统，碑阳刻"纯惠皇贵妃园寝"字样，碑额刻"大清"字样，这些文字，充分体现了纯惠皇贵妃的墓主地位。二是增建东西配殿，配殿的建筑形式为单檐歇山顶，面阔5间，有前廊，屋顶覆绿琉璃瓦。其作用，东配殿为存放祝版、制帛的地方，当享殿维修时，又是临时的祭祀场所；西配殿是祭祀时，喇嘛念经，为死者超度亡灵的地方。

乾隆皇帝为纯惠皇贵妃扩建裕陵妃园寝，以示恩宠。同时，这里也悄无声息地埋葬着遭受乾隆厌弃的乌喇那拉皇后，命运起伏，令人叹息。

这些添置的建筑，花费大量的银两，不计算物料银，光工时费，一次就支去 13444.65 两。由于银两短缺，工程紧，不得不支用胜水峪工程的银两。

裕妃园寝内葬有乾隆皇帝的 1 位皇后、2 位皇贵妃、5 位贵妃、6 个妃、6 个嫔、12 个贵人、4 位常在，共计 36 人。这 36 人，从乾隆十七年起至道光三年止，按照死亡的先后，共分 17 批葬入，前后历时 71 年之久。其中著名的"剪发"皇后乌喇那拉氏和香妃就葬在这座陵园里。

乾隆为自己的宠妃扩建陵园，是人们预料之中的事；那么，他为康熙的妃子修建超越规制的妃园寝，就匪夷所思了。

原来，景陵皇贵妃园寝的两位主人——悫惠皇贵妃和惇怡皇贵妃曾经看护过年幼的乾隆帝。弘历自幼蒙皇祖康熙垂爱，于康熙六十年（1722年）被接进宫中，期间得到这两人提携照顾，这段经历成为少年弘历终生难忘的美好回忆。乾隆二年（1737 年）五月二十日，乾隆帝发下朱谕：

"朕自幼龄仰蒙皇祖慈爱，抚育宫中，又命太妃皇贵妃、太妃贵妃（指悫惠、惇怡两人）提携看视。两太妃仰体皇祖圣心，恩勤备极周至，朕心感念不忘，意欲为两太妃千秋之后另建园寝，令王大臣稽查旧例。王大臣奏称，古有另建园寝之制，今若举行，于典礼允协。朕奏闻皇太后，钦奉懿旨允行。可传谕该部，于景陵稍后附近处敬谨相度，择地营建。其规制稍加展拓，以昭朕敬礼之意。"

随后，乾隆帝委派正在东陵主持陵工的淳慎郡王弘暚、工部右侍郎柏修会同钦天监监副李廷耀一起到景陵附近相度园寝福地。最后，景妃园寝以东，姚家坡以西七棵树地方被相中为两位的福地。景陵皇贵妃园寝约建于乾隆四至八年间（1739—1743 年）。该园寝在以下四点上是出类拔萃的：

第一，标准妃园寝，各宝顶通常建在长方形砖石月台上，不建方城、明楼，而双妃园寝中却并排建了两座方城、明楼。

第二，一般妃园寝不建东西配殿，而这里不仅建了配殿，而且都是面阔5间，比昌西陵、慕陵、慕东陵配殿规模还要大（以上诸陵配殿仅为3间）。

第三，在享殿月台前添置了一块"丹凤朝阳"的丹陛石，丹凤振翅昂首，口衔灵芝，昂日骞云，立于崖石之上，上有祥云朵朵，下衬海水江崖，周缘饰以蔓草、艾叶、梅兰之属。整块丹陛构图精雅，堪称佳作。清代妃园寝安设丹陛，仅此一例。

第四，其他妃园寝的厢房向无前廊，而双妃园寝的厢房设有前廊，等同帝、后陵。这样，乾隆皇帝就将这座园寝建成了有清一代等级规制最高的一座妃园寝了。

3. 寄托哀思的谒陵

后妃陵寝修建完成后，最荣耀的事情就是皇帝亲自祭祀。但是，皇帝亲自祭祀陵寝，也只有皇太后的陵寝能够享此殊荣，而一般的妃园寝则没有这种待遇。比如康熙帝就多次来昭西陵，拜祭孝庄文皇后，此外，同治皇帝和光绪皇帝也曾多次来到慈安陵寝进行虔诚的拜谒。

东陵各陵寝分别设奉祀礼部，专门负责陵寝的祭祀活动。各帝后陵中奉祀礼部所设郎中1人，员外郎2人，读祝官2人，赞礼郎4人，执事人役130人左右，包括牛吏、挤奶人；酒、油、糖、酱、粉等匠人；校尉、屠户、扫院人等。郎中、员外郎职衔与内务府同，为文职正五品，各陵礼部衙署建在一起。据光绪会典记载，东陵各陵礼部人员，合计达1600人左右。

礼部主要负责的事务是：生产和供应祭祀所用的面、糖、酒、果、畜等；主持祭礼、监礼、赞礼、读祝文、焚化祝版、制帛、纸锞；割除杂草、清扫地面、管理金银器皿库。此外，还要有陵寝工部和兵部的员役进行配合，参与各种祭祀活动。每逢皇帝、皇后、王公或官员行谒陵、敷土、大祭礼时，内务府、礼部、兵部等部门共同合作，以保证三大礼仪的顺利进行。

首先，行"谒陵礼"。谒陵，分为皇帝亲自谒陵或遣员恭代谒陵，即派遣王公大臣代替皇帝谒陵。清朝皇帝谒陵，多是利用某种机会举行，如巡边，驾幸避暑山庄，奉太皇太后幸汤泉，送大行皇帝、太皇太后、太后、皇后梓宫奉安山陵，也有时是国有庆典或专程前往陵寝敷土、大祭之前行谒陵礼。如康熙二十年，云南三藩叛乱平定、二十二年收复台湾、圣祖均亲自至孝陵拜谒告祭。可以这样说，皇帝谒陵次数常常是没有什么限制的，可以根据自己的需要，随时举行。可以数年谒陵一次，也可以一年谒陵数次。

每次皇帝恭亲谒陵，在前几个月内，就需颁发谕旨，公布谒陵日期，通知有关部院衙门做好准备。接谕旨后，礼部要进《皇上谒陵仪注》《所有道路里数缮折》。皇帝谒陵所带物品等由内务府下属广储司、武备院、上驷院呈报，其中有马具、凉棚、仪杖及生活、祭祀用品。即使小到蜡烛、茶叶、纸张等，也要详细开列。

这些物件单、缮折等，尽管繁琐细碎，但有关人员却不能掉以轻心，必须小心谨慎地办理，倘若有些许差错，就难免身遭横祸。

以同治十二年礼部给内务府（系指朝廷之礼部、内务府，非指陵寝礼部、陵寝内务府）来文为例，可知皇帝谒陵时的安排是何等细密，也可知皇帝参谒东陵时，一般所经路途。照录如下：

向导大臣为咨行事。本年三月，皇上恭谒东陵，本处将所有往返行宫、尖营道路里数缮折于同治十二年正月十四日具奏，奉旨："知道了"，钦此钦遵。相应咨行贵衙门，今将本处奏准路程开写粘单，一并咨送贵衙门，凡有应行之处，由贵衙门一体转行可也。须至咨者，右咨内务府。

每次谒陵，均需按内葬人物辈分，从高到低依次举行，如光绪年间皇帝或官员谒陵，就需先由孝庄皇帝的昭西陵开始，以下依次为世祖孝陵、孝惠章皇后孝东陵、圣祖景陵、高宗裕陵、文宗定陵、文宗孝贞显皇后普祥峪定东陵，最后为穆宗惠陵。

谒陵时的礼节如下：

皇帝谒陵时，首先要在隆福寺行宫身穿青长袍褂。当接近所谒之陵时，随行的贝勒以下宗室、大臣、侍卫、三品以上官员，在未至下马牌处就下马步行；亲王、郡王在下马牌处下马步行；皇帝则"未至碑亭，即降舆恸哭"，由前导大臣引导，从左门即东偏门"步入隆恩门"，绕隆恩殿东旁，经陵寝门左门进至明楼前，王公大臣等则在陵寝门外按序排列。

司拜褥官将拜褥在石祭台南铺好，皇帝在拜褥上行三跪九拜礼，然后起立，东旁西向站立。内务府官员进奠几、酒、爵后退下，皇帝再跪，奠酒三爵，每奠一爵酒行一拜礼。奠毕东旁西向站立，恸哭举哀。陵寝门外的王公大臣要同时行礼举哀。

礼毕，两名前引大臣引导皇帝从原路退至陵外，到原降舆处升舆，王公大臣亦退出。随即其余各个陵寝，其礼仪与谒第一座陵寝时完全相同。

其次，行"敷土礼"。

敷土礼，是每逢清明时节给皇帝、皇后、妃嫔宝顶上增添净土的礼节。清代制度，敷土礼多由进行派遣的承祭官来主持和实施。

关于敷土的数量，康熙三年议准："每岁清明于各陵上土十有三担，承祭官、总管、掌关防官率官兵共十有三人，升宝顶上土，豫于界外取土，储各陵垣外洁净处候用。"乾隆二年又奏准："清明山陵增土，因沿袭前明旧制，俱负土十三担，并无取义，嗣后每年清明，于各陵寝皆增土一担，由西登道升至石栅，并为一筐，令承祭官一人，敬谨奉筐而升，祇跪上土于宝顶，仍由西登道降，庶践踏不致多人，足资保护巩固。"

自此以后，清代陵寝无论皇帝亲行敷土礼，还是遣员恭代行敷土礼，均只增土一筐，以期既申哀慕之情，又使宝顶免遭践踏。

敷土礼仪式，虽有祖制，但各代皇帝施行时也不尽相同。以光绪博士年德宗载湉至普祥峪定东陵（慈安陵）行敷土礼为例，可见敷土礼一般程序：

皇帝行敷土礼时，石门工部预先于清明节前一天，专门预备洁净的

"客土"盛于两只小筐之内，贮放在陵寝罗圈城外洁净之处以备使用。清明之日，皇帝乘舆到隆恩门外隆舆处降舆，然后在更衣幄次内更换缟素。随行的王公大臣等，全部身穿素服，并去冠缨。随后，由礼部堂官奏请皇帝行敷土礼。皇帝在前引大臣的引导下，走隆恩门东门，经陵寝门东门进至明楼前排列。扈从大臣和帮扶添土大臣，随皇帝进至方城前。陵寝内务府官员进黄布护履，皇帝及随行人员着黄布护履后，从东登道上宝城，至东石栅栏门外，陵寝内务府大臣已提前将土筐担到那里等候，俟皇帝到来，即将两筐土并为一筐，跪捧给帮扶添土大臣，由其捧筐随皇帝走至宝顶敷土处，跪献给皇帝。皇帝跪接土筐，双手举过头顶，然后毕恭毕敬地将净土添于宝顶之上，将筐交给帮扶大臣。从宝城下来后，除去黄布护履，由前引大臣引导，经原进门退出，到更衣幄次内更换礼服。随后，隆恩殿大祭礼就即将开始了。

再次，行"大祭礼"。

又称大飨礼。清东陵陵寝大祭礼，从康熙二年建世祖孝陵时就开始了。当时题准："孝陵每年以清明、孟秋望、冬至、岁暮为四大祭。"以后所建帝后陵，皆沿用此四时为大祭日期。雍正十三年十月十三日，刚刚登基的高宗皇帝下谕，将帝后忌辰定为大祭。

陵寝的四时大祭，在乾隆时已经定下规制："各陵寝四时大祭，牲用太牢，献帛爵，读祝文，致祭于隆恩殿，具朝服行礼。从前圣祖仁皇帝于孝庄文皇后忌辰，此礼行之最久，原与各陵忌辰传神之礼不同。至圣祖仁皇帝忌辰，系照周年至祭，礼特加隆，曾奉大行皇帝谕旨，不得奉为成例。今详酌典礼，十一月十三日圣祖仁皇帝忌辰，应照陵寝四时大祭礼，遣官承祭，在陵官员，咸令陪祀永远遵行。并请嗣后恭遇列祖列后忌辰，均照陵寝四时大飨礼举行。"自此，帝后忌辰之祭就由小祭而升为大祭，陵寝四大祭就变成五大祭了。

这五大祭和每月朔日、望日的小祭活动，一直延续到清朝覆亡后许多年。直到抗日战争后期，清皇室设立的"东陵办事处"被撤销以后，这些祭祀活动才宣告彻底结束。

清明、中元、冬至、岁暮、帝后忌辰这五大祭，大多数时候由太常寺奏请派王公致祭，但也是有皇帝亲临陵寝主持大祭礼的。

除以上礼节外，每逢皇帝或皇后忌辰之日举行的大祭，还要从隆福寺派来十三名喇嘛，在陵寝西配殿内念经，以超度死者亡灵。

行完大祭礼之后，皇帝还要在更衣幄次内更换青长袍褂，然后到宝城前三跪九拜，并奠酒三爵，行辞谒礼。当然辞谒礼举行与否，也有着很大的随意性，须按照皇帝意志而定。

清朝皇帝到东陵行谒陵、敷土、大祭礼，耗资甚多。仅同治十二年穆宗载淳谒东陵，一次就耗用白银12000两，这还是在清王朝已面临覆亡之日。在王朝盛世，谒陵时所浪费的银两，当大大多于此数。